编委会

全国高等院校旅游管理类应用型人才培养“十三五”规划教材

全国高等院校旅游管理类应用型人才培养“十三五”规划教材

总主编◎马 勇

国家文化和旅游部“杨蕴杰导游大师工作室”项目成果
校企合作教材

导游开封：导游服务理论与实践

Tour Guide Kaifeng：Tour Guide Service Theory and Practice

主 编◎李 惠 张彦歌 杨蕴杰

副主编◎王振鹏 王 启 王露瑶

華中科技大學出版社
http://www.hustp.com
中国·武汉

内容提要

本书为校企合作共同开发教材，适用于高等职业院校旅游管理大类专业及应用型本科、成人教育、中职学校、培训班等，也可作为开封市导游人员培训参考书与工作指南。

本教材以导游服务的流程为主线，将理论知识融入地陪接待的各个具体环节，分别从导游接团服务、导游讲解服务、导游送团服务等3个情景，共8个模块28个任务真实再现了地陪导游的带团程序及技巧，并在《开封导游词》(原开封市旅游局2008年版本)的基础上进行修订，整理汇编了开封市现有59个景区景点的导游词。

书中案例均改编自开封地陪导游工作中的真实案例，内容丰富，涉及面广，具有很强的实用性，对提高开封地陪导游的理论知识和业务能力大有裨益，更加直观、生动地展现了地陪在导游服务的各个环节所遇到的问题以及应对措施。

图书在版编目(CIP)数据

导游开封：导游服务理论与实践/李惠，张彦歌，杨蕴杰主编. —武汉：华中科技大学出版社，2020.1
全国高等院校旅游管理类应用型人才培养"十三五"规划教材
ISBN 978-7-5680-2916-2

Ⅰ. ①导… Ⅱ. ①李… ②张… ③杨… Ⅲ. ①导游-旅游服务-开封-高等学校-教材
Ⅳ. ①F590.633

中国版本图书馆CIP数据核字(2020)第018312号

导游开封：导游服务理论与实践 李 惠 张彦歌 杨蕴杰 主编
Daoyou Kaifeng: Daoyou Fuwu Lilun Yu Shijian

策划编辑：王 乾
责任编辑：倪 梦
封面设计：原色设计
责任校对：张会军
责任监印：周治超
出版发行：华中科技大学出版社(中国·武汉) 电话：(027)81321913
武汉市东湖新技术开发区华工科技园 邮编：430223
录 排：华中科技大学惠友文印中心
印 刷：武汉科源印刷设计有限公司
开 本：787mm×1092mm 1/16
印 张：15.75 插页：2
字 数：384千字
版 次：2020年1月第1版第1次印刷
定 价：49.80元

总 序

Introduction

伴随着旅游业上升为国民经济战略性支柱产业和人民群众满意的现代服务业，我国实现了从旅游短缺型国家到旅游大国的历史性跨越。2016 年 12 月 26 日，国务院印发的《“十三五”旅游业发展规划》中提出要将旅游业培育成经济转型升级重要推动力、生态文明建设重要引领产业、展示国家综合国力的重要载体和打赢扶贫攻坚战的重要生力军，这标志着我国旅游业迎来了新一轮的黄金发展期。在推进旅游业提质增效与转型升级的过程中，应用型人才的培养、使用与储备已成为决定当今旅游业实现可持续发展的关键要素。

为了解决人才供需不平衡难题，优化高等教育结构，提高应用型人才素质、能力与技能，2015 年 10 月 21 日教育部、国家发改委、财政部颁发了《关于引导部分地方普通本科高校向应用型转变的指导意见》，为应用型院校的转型指明了新方向。对于旅游管理类专业而言，培养旅游管理应用型人才是旅游高等教育由 1.0 时代向 2.0 时代转变的必由之路，是整合旅游教育资源、推进供给侧改革的历史机遇，是旅游管理应用型院校谋求话语权、扩大影响力的重要转折点。

为深入贯彻教育部引导部分地方普通高校向应用型转变的决策部署，推动全国旅游管理本科教育的转型发展与综合改革，在教育部高等学校旅游管理类专业教学指导委员会和全国高校旅游应用型本科院校联盟的大力支持和指导下，华中科技大学出版社率先组织编撰出版“全国高等院校旅游管理类应用型人才培养‘十三五’规划教材”。该套教材特邀教育部高等学校旅游管理类专业教学指导委员会副主任、中国旅游协会教育分会副会长、中组部国家“万人计划”教学名师、湖北大学旅游发展研究院院长马勇教授担任总主编。

在立足旅游管理应用型人才培养特征、打破重理论轻实践的教学传统的基础上，该套教材在以下三方面作出了积极的尝试与探索。

一是紧扣旅游学科特色，创新教材编写理念。该套教材基于高等教育发展新形势，结合新版旅游管理专业人才培养方案，遵循应用型人才培养的内在逻辑，在编写团队、编写内容与编写体例上充分彰显旅游管理作为应用型专业的学科优势，全面提升旅游管理专业学生的实践能力与创新能力。

二是遵循理实并重原则，构建多元化知识结构。在产教融合思想的指导下，坚持以案例为引领，同步案例与知识链接贯穿全书，增设学习目标、实训项目、本章小结、关键概念、案例解析、实训操练和相关链接等个性化模块。为了更好地适应当代大学生的移动学习习惯，本套教材突破性地在书中插入二维码，通过手机扫描即可直接链接华中出版资源服务平台。

三是依托资源服务平台，打造立体化互动教材。华中科技大学出版社紧抓“互联网＋”发展机遇，自主研发并上线了华中出版资源服务平台，实现了快速、便捷调配教学资源的核心功能。在横向资源配套上，提供了教学计划书、PPT、参考答案、教学视频、案例库、习题集等系列配套教学资源；在纵向资源开发上，构建了覆盖课程开发、习题管理、学生评论等集开发、使用、管理、评价于一体的教学生态链，真正打造了线上线下、课堂课外的立体化互动教材。

基于为我国旅游业发展提供人才支持与智力保障的目标，该套教材在全国范围内邀请了近百所应用型院校旅游管理专业学科带头人、一线骨干“双师双能型”教师，以及旅游行业界精英共同编写，力求出版一套兼具理论与实践、传承与创新、基础与前沿的精品教材。该套教材难免存在疏忽与缺失之处，恳请广大读者批评指正，以使该套教材日臻完善。希望在“十三五”期间，全国旅游教育界以培养应用型、复合型、创新型人才为己任，以精品教材建设为突破口，为建设一流旅游管理学科而奋斗！

马勇

2017.1.18

前言

Preface

近年来，我国旅游业发展如火如荼，旅游业作为国民经济的重要组成部分正广泛而深刻地影响着我国经济社会发展。同时，旅游业作为五大幸福产业之首，已经成为衡量现代生活水平的重要指标，成为人民幸福生活的刚需。旅游产业的不断发展与转型升级带来了旅游人才的大量需求。导游人员作为旅游行业的代表，是知识与文化的发掘者、优化者、保护者和弘扬者，导游人员素质的高低直接影响旅游活动质量的高低，从而影响旅游目的地在旅游者心目中的形象与地位，甚至影响到整个旅游行业的发展。随着人们对精神生活追求的不断增长，越来越多的旅游者正跨入深度旅游阶段，可以认为高标准和人性化的导游服务是解决广大游客深度品质游"最后一公里"的关键因素。要打通这"最后一公里"，需要我们培养更多具有职业认同感和工匠精神的高素质导游人员，需要旅游院校、旅游专业将更多的资源投入导游人才的实践能力培养中，提升他们的实际操作水平，更好地服务于新时代旅游工作的需要，服务于广大人民对于美好生活的追求。

本教材以导游业务流程为主线，精心设计教学模块，培养学生专业技能。

一、学历证书与职业证书相结合

本教材体现"学用结合"的要求，以实用为基础，把地陪导游工作程序融入开封导游接待工作中来，既有导游技巧的讲解、导游能力的培养、导游实训的演练，又有详尽的开封导游相关知识，内容丰富，资料翔实。国务院近期颁发的《国家职业教育改革实施方案》中明确指出要在职业院校、应用型本科高校启动"学历证书＋若干职业技能等级证书"("1＋X"证书)试点工作，这本教材对于旅游专业的学生来说，能够帮助他们实际掌握导游职业技能，考取导游从业资格证书；对于持证在岗的导游来说，能够帮助他们拓展开封导游知识，规范服务流程与标准。

二、能力培养与精神塑造相结合

本教材以导游服务的流程为主线，将理论知识融入地陪接待的各个具体环节，分别从导游接团服务、导游讲解服务、导游送团服务等 3 个情景 8 个模块 28 个任务真实再现了地陪导游的带团程序及技巧，并在《开封导游词》(原开封市旅游局 2008 年版本)的基础上进行修订，整理汇编了开封市现有 59 个景区景点的导游词。

本教材始终坚持把"立德树人"作为教育的根本，在理论知识、实践能力提升的同时，注重对学生正确价值观的引导和对职业信念的塑造，提升旅游管理专业学生和旅游从业人员的政治认同、国家意识与文化自信，增强学生主动服务与创新的意识，培养学生精益求精的工匠精神。

三、专业性与普及性相结合

本教材可以用作高等职业院校旅游管理大类专业“模拟导游”“导游业务”“导游讲解”等课程的教学教材，也可用作“旅游资源开发”“旅游文化”“旅游策划”等课程的辅助教材，适用于应用型本科、成人教育、中职学校、培训班等，同时也可作为开封市导游人员培训参考书与工作指南。

在本教材情景二的开封模拟导游当中，共分 9 个导游讲解实训任务。“菊香宋韵，八朝古都”专题讲解中包含了开封历史、市花、名人、节庆、方言、胡同、饮食、今日开封 8 个子任务；“时空穿越，梦回千年”主题公园讲解中包含了清明上河园、龙亭、万岁山 · 大宋武侠城、开封府、中国翰园碑林、启封故园、山陕甘会馆 7 个子任务；“大河涛声，北方水城”自然景观讲解中包含了大宋御河、汴西湖、黄河游览区、东京极地海洋馆 4 个子任务；“廉洁奉公，青史留名”红色名人讲解中包含了包公祠、天波杨府、朱仙镇岳飞庙、禹王台、刘青霞故居、刘少奇在开封陈列馆、兰考焦桐、兰考焦裕禄烈士陵园 8 个子项目；“物质文明，历史见证”文保建筑讲解中包含了开封城墙、大梁门、顺天门遗址、开封鼓楼、河南大学 5 个子任务；“兼容并包，和谐发展”宗教文化讲解中包含了大相国寺、铁塔、繁塔、延庆观、朱仙镇清真寺、东大寺、开封耶稣圣心主教座堂 7 个子任务；“七角八巷，胡同寻踪”历史街巷讲解中包含了马道街、书店街、双龙巷、宋都御街、珠玑巷、七盛角 6 个子任务；“招牌字号，艺术瑰宝”风物特产讲解中包含了汴绣、朱仙镇木板年画、彩灯、官瓷、书法字画、盘鼓、戏曲、小笼包、宋茶 9 个子任务；“文化传承，现代开封”旅游展馆讲解中包含了开封博物馆、文化客厅、智慧开封展示体验中心、小宋城、电视塔 5 个子任务。

开封，作为世界驰名的历史文化名城、优秀旅游城市，值得广大游客前来观光游览、深度体验。本教材中导游词汇编模块很好地介绍了开封市食、住、行、游、购、娱等各个传统旅游要素，也向读者展现了开封市商、养、学、闲、情、奇等新业态。语言通俗易懂，为广大游客认识开封、了解开封、走近开封、喜爱开封提供了良好的途径。

四、地方、企业与学校相结合

本教材为校企合作共同开发教材，编者同时具有多年带团实战经验与开封旅游、导游相关研究背景，书中案例均改编自开封地陪导游工作中的真实案例，内容丰富，涉及面广，具有很强的实用性。教材在编写过程中受到了国家文化和旅游部“杨蕴杰导游大师工作室”、开封市文化广电和旅游局、开封市文学艺术界联合会、开封青年国际旅行社有限责任公司、开封市文化旅游投资集团有限公司、开封日报社、开封网、开封市各景区景点的鼎力支持。

本教材由开封大学李惠、张彦歌与国家文化和旅游部“杨蕴杰导游大师工作室”负责人杨蕴杰主编。开封大学李惠老师负责全书策划、大纲编写、任务分工和统稿工作。情景一、情景三由张彦歌负责编写；情景二模块五由李惠负责编写，模块六编写具体分工如下：任务

一、任务二、任务四由李惠负责，任务三、任务七由杨蕴杰负责，任务五由王启（黄河水利职业技术学院教师、国家文化和旅游部“金牌导游”人才培养项目负责人、高级导游员）负责，任务六由张彦歌负责，任务八由王振鹏（开封大学旅游学院副院长、全国导游人员资格考试河南考区口试评委）负责，任务九由王露瑶（开封文化艺术职业学院教师、中级导游员）负责。

在本教材的编写过程中，参阅了大量研究资料和相关网站信息，多位专家学者给予了大量的指导与帮助，在此向各位专家及关心开封文化旅游事业发展的各位同仁表示衷心的感谢。

由于水平有限，时间仓促，教材中难免存在不当之处，敬请广大读者不吝赐教。

编　者
2019 年 4 月

Contents

情景一

导游接团服务

DAOYOU JIETUAN FUWU

【学习目标】

知识目标：了解地陪导游的职责，熟悉迎接服务的主要内容与细节，掌握迎接服务的程序与服务规范，掌握入店服务的程序，掌握欢迎词与首次沿途导游的内容与讲解技巧，掌握核对商定日程的基本方法。

能力目标：能够合理分析接待计划、落实接待事宜，能够根据旅游者特点创作欢迎词，按照地陪导游服务程序完成地陪接团服务。

情感目标：培养学生的主动服务意识与高尚的道德品质，树立自信、热情、敬业的价值观，坚定职业信念，培养学生的职业自豪感与社会责任感，理解细节对于服务工作的重要作用，强化学生利用书籍、网络等资源进行终身学习的意识。

模块一

接待准备

案例引导

导游工作不能随意

旅游旺季，导游小王在接团前一个小时突发疾病，必须马上住院治疗。计调部经理得知情况后急得团团转，因为旅行社的其他导游都已委派带团。这时，刚刚取得导游证，还没有通过上岗培训考核的新手小李主动请缨。情急之下，计调经理决定让小李顶替上团。

旅游接待中，小李手忙脚乱，接站时差点找错了旅游团，行程上又遗漏了景点，接待不符合规范，讲解也是点到为止，并且还不断地打电话请示计调部经理。虽然在经理的指导下，小李总算完成了行程，但游客满意度调查表上惨不忍睹的成绩让小李羞红了脸。

请思考：

1. 案例中的小李已经获得了导游证，是不是就可以持证上岗了？

2. 上岗前，导游人员还需要做好哪些准备工作？

【点评】

俗话说：良好的开端是成功的一半，出团前的准备是否充分是关系到带团任务能否顺利完成的第一步，也是关键的一步。尤其是新导游，准备充分是克服胆怯、害怕，做到胸有成竹、游刃有余的法宝。该案例中小李虽然已经取得导游证，拥有了带团资格，但是知识储备不足，业务素养不够，明显还无法胜任导游工作。

在上团之前，导游需要做好充分的接团准备工作，这是整个导游工作顺利完成的重要保证。地陪的准备工作主要包括熟悉接待计划、落实接待事宜以及相关准备工作等内容。

任务一　熟悉接待计划

旅游接待计划是组团社委托地接社组织落实旅游团活动的契约性安排，是地陪导游了解旅游团基本情况和活动日程安排的主要依据。地陪导游在接受接待任务后，应在旅游团抵达前认真阅读接待计划和有关资料，详细、确切地了解旅游团的基本情况，明确服务项目、日程安排及服务标准，为在旅游接待过程中可能发生的状况做好预案，重要事宜记录在陪同日志本上，确保出色地完成旅游接待任务。地陪导游应从旅游接待计划中熟悉哪些具体细节呢？

一、了解组团社的信息

了解组团社名称，组团社联络人的姓名及联系方式，全陪姓名及联系方式，客源地及其概况，境外团领队姓名、电话、国籍、语种等。可以根据这些信息设计接站牌，与组团社等相关接待部门进行信息确认。

二、掌握旅游团的组成情况

了解游客姓名、性别、人数、年龄、民族、职业、文化层次、宗教信仰等；儿童、老年人、学生、军人等人群的数量及收费标准；老、弱、病、残等需要特殊照顾的游客数量及具体情况。

三、明确全程旅游线路

地陪导游需要明确旅游团在本站的全部旅游行程安排。主要包括以下内容。

(1)住宿服务安排。下榻酒店的概况(名称、地址、电话、星级标准、床位数、房间数)、团队客房预订情况、有无 VIP 房、有无加床或自然单间等。

(2)用餐服务安排。用餐次数、地点、标准、有无特殊要求，熟悉本地特色小吃街及美食种类等。

(3)旅游景点游览安排。熟悉行程中包含的游览景点，确定游览顺序、游览时间、门票收费标准、有无优惠票等信息。

(4)购物与娱乐活动安排。熟悉购物场所名称、地点、停留时间等，熟悉娱乐活动项目名称及活动时间，有无另行付费的娱乐项目、活动时间及收费标准等。

四、掌握交通票据情况

了解旅游团抵达本站所乘交通工具及班次、抵达时间和地点；明确去下一站的交通票据是游客自理还是旅行社代订，是否按计划订妥，与原计划有无变更及变更后的落实情况；境外团还需要了解有无国内段国际机票，票种是 OK 票还是 OPEN 票，是否需要提前确认机票。

五、明确是否有特殊要求

明确是否有住房、用餐、交通、游览等方面的特殊要求；是否有需要特殊照顾的游客；是否需要安排有关负责人出面迎送、会见、宴请等。

知识链接

自然单间

自然单间通常是在团队旅游中产生的，一般旅游团住宿都是按标间收费。如果一个团队的总人数为奇数，就会出现一个人住一间的情况，即产生自然单间。但即使团队总人数是偶数，也会因为有一男一女并非夫妻或情侣而出现自然单间，这种情况会产生两个自然单间。对于这种情况，旅行社一般都会首先考虑安排三人间进行处理，这样可以节约成本，也便于游客接受；如果酒店没有三人间或者游客不愿意住三人间，旅行社就会要求游客补足房价。例如，一间客房价格是 200 元，自然单间的房客还要另付 100 元。

任务二　落实接待事宜

任务导入

地陪应在旅游团抵达的前一天，与旅行社各有关部门或人员联系落实，检查旅游团的交通、住宿、行李运输等事宜。落实接待事宜是地陪在旅行社计调工作基础上进行的一次再确认工作，以确保最大限度地减少旅行社工作中的失误，从而使导游工作变得更加主动。那么具体细节包括哪些方面呢？

任务解析

一、落实车辆安排

地陪应提前与车辆单位联系，弄清接待车辆的车型、车牌号及车内设备的完好程度，并对以上情况作书面记录；与司机约定接头地点、出发时间（准确估计时间，提前半小时到达接站地点）；接待大型旅游团时，须在车上贴编号或醒目标记。

二、落实住宿安排

地陪应熟悉旅游团所住饭店位置、概况、服务设施和服务项目；核实旅游团所订房型、房间数、是否含早餐等。如有必要，特别是接待重点团的，地陪可亲自前往饭店向有关人员了解团队排房情况，主动介绍团队的特点，与饭店接待人员配合，做好接待工作。

三、落实用餐安排

地陪应提前与各有关餐厅联系，确认旅游团的订餐情况。在确认时，须讲明旅行社名称、团号、人数、餐饮标准、用餐日期和餐次、特殊要求等，导游应熟悉餐厅的位置，以便确认行车路线。

四、落实团队行李安排

对于境内旅游团，行李一般随旅游车同行，不必单独配备行李车。接待境外旅游团，旅行社一般都安排有专门的行李车接送行李。如果配有行李车，地陪应提前同行李车司机和行李员联系，落实行李车的安排情况，确认会面时间与地点。

五、与全陪联系

地陪应主动询问全陪情况，并与全陪取得联系，约定碰面地点和时间，提前前往约定地点（如机场、车站）迎接旅游团。

六、了解不熟悉景点的情况

对新开放景点或不熟悉景点，地陪应事先了解其概况，如开放时间、游览线路、游览方式、游览用时，还需要了解景点具体位置、行车路线、景点设施、停车场位置、厕所位置及注意事项等情况，以保证旅游活动的顺利进行。

模拟实训

落实接待车辆

以下是导游员(导)与司机(司)的电话联络。

导:是张师傅吗? 我是青年国际旅行社的导游小强,您明天和我一起接团吗?

司:是的,明天怎么见面呢?

导:明天下午3点的飞机,您看我们明天中午12点半在中州国际饭店门口见面好吗?

司:好,就这样。

导:张师傅,您车上的空调、车载话筒、电视都可以正常使用吧?

司:没有问题。

导:另外,我再跟您核对一下团队的行程。(核对行程)……您的车牌号码? 好,记下了。这次又让您辛苦了,多谢,明天见。

模拟实训

落实住宿

以下是导游员(导)与酒店总服务台(店)的电话联络。

店:您好,这里是中州国际饭店总台。

导:您好,我是青年国际旅行社的导游员小强,麻烦您帮我查看一下我们社明天的预订。

店:好的,麻烦您告诉我一下团号。

导:团号是QL-H—20181206。

店:好,有的,明晚入住,人数36+1,共18间标准间,1个全陪床,对吗?

导:对,请尽量帮我们安排在同一楼层。

店:好的,我在订房要求中备注一下,尽量满足。

导:太感谢您了。

店:您还有什么要求吗?

导:请问这个团队的早餐是自助还是围桌?

店:自助。

导:这个团队明天晚上6点以后入住,请您通知宾馆的行李生做好准备。拜托了,谢谢,再见。

模拟实训

落实用餐

以下是导游员(导)与餐厅(餐)的电话联络。

餐:您好,这里是中州国际饭店中餐厅。

导：您好，我是青年国际旅行社的导游员小强，明天晚上我社有一旅游团在您那里用餐，请问您接到预订了吗？

餐：有的，36＋3，10人一桌，10菜一汤，1桌素食，含酒水，对吗？

导：是的。麻烦您备注下素食那一桌多做些笋类、菌类及豆制品和青菜。啤酒和饮料请提前冰镇。另外，客人是从南方过来的，菜不要放辣椒，不要太咸，清淡一些最好。

餐：好的，帮您备注好了。请问团队大概到店时间是？

导：六点半左右，请提前做好准备，门口留一个大巴车位。

餐：好的，没有问题。

导：谢谢，再见。

任务三　相关准备工作

为了做好导游讲解工作，地陪应尽可能多地准备导游讲解的素材，以便在导游讲解中游刃有余。那么，地陪需要准备的事项有哪些呢？

一、语言和知识准备

在接团前，地陪要根据旅游团的特点和参观游览节目的安排，对自己和旅游团有充分的了解，做到知己知彼。

(1)根据接待计划上确定的参观游览项目，对重点内容，特别是自己不太熟悉的内容，要提前做好外语和导游知识的准备。

(2)对旅游团大部分成员所从事的专业知识，要做好相关专业知识准备。如所接待的旅游团成员为外国游客，还应做好外语词汇的翻译准备。

(3)了解当前的热门话题、国内外重大新闻及旅游者感兴趣的话题。

(4)熟悉并掌握在服务过程中所涉及的交通、通信、货币、海关、卫生等方面的旅行常识。

(5)为防范和化解旅游安全风险，要掌握相关避险和应急处置知识，提高自救和救他能力。

(6)掌握不同类型游客的一般特征规律与普遍诉求，了解政务、亲子、女性、老年、研学等几个较为常见的游客类型特点。

旅游应急常识

1. 防中暑常识

中暑的主要症状是大汗、口渴、头昏、耳鸣、眼花、胸闷、恶心、呕吐、发烧，严重者会神志不清，甚至昏迷。人长时间地处在高热、高湿热环境中容易中暑。所以盛夏旅游，导游要注意旅游节奏，避免游客长时间地在骄阳下活动。

若有人中暑，可置患者于阴凉通风处，平躺，解开衣领，放松裤带；若有条件可让其饮用含盐饮料，对发烧者要用温水擦身散热，遵照医嘱服用必要的防暑药物；缓解后让其静坐(卧)休息。严重中暑者做必要治疗后应立即送往医院。

2. 骨折处理常识

旅游者骨折，须及时送医院救治，但在现场，导游员要做好以下几点：一是止血。止血的常用方法有手压法，即用手指、手掌、拳在伤口附近一侧压迫血管止血；加压包扎法，即在创伤处放厚敷料，用绷带加压包扎；止血带法，即用弹性止血带在伤口近心脏的大血管上止血。二是包扎。包扎前最好要清洗伤口，包扎时动作要轻柔，松紧要适度，绷带的结口不要在创伤处。三是上夹板。就地取材上夹板，以求固定两端关节，避免转动骨折肢体。

导游仪容仪表礼仪

(1)讲究个人卫生。导游员要注意服饰、头发、指甲等的整洁和卫生。

(2)化妆适度。发型适合身体特征、工作特点，体现高尚的品位和情趣，不化浓妆，不用味道太浓的香水。佩戴首饰要适度，不要显得“珠光宝气”。

(3)着装得体。着装要符合本地区、本民族的着装习惯和导游员的身份，衣着大方、整洁。上团时，应将导游证佩戴于胸前。

二、物质准备

地陪在接团前必须进行相应的物质准备，以保证旅游接待任务的顺利完成。物质准备的内容主要包括个人工作必备物品和旅游团需要的物品。个人工作必备物品包括旅游接待计划、导游证、胸卡、导游旗、接站牌、手提扩音器、景区门票结算单、团队结算凭证、行李牌（或行李标签）、必要的费用、记事本、意见表等物品。旅游团所需物品包括形象物品、通信物品、小礼物及其他生活用品等。这部分准备是导游为了保证和提高旅游服务质量而自行决定携带的物品。实践证明，物质准备得越充分，导游员越能够为游客提供细致、贴心的服务。

三、形象准备

导游人员是旅游服务人员，代表着行业的形象，也代表着目的地城市的形象。所以导游人员自身美不仅仅是个人的行为，也在宣传旅游目的地、传播中华文明中起着重要作用。此外，对导游工作而言，给旅游者一个美好的第一印象，有助于在其心中树立导游人员的良好形象，获取旅游者的信赖。因此，地陪要注重自身的形象美。

形象美，主要指人的内在美和外在美。内在美，需长期努力培养，不是一朝一夕可以准备出来的。外在美经过修饰即可达到。所以要求地陪每次上团前要做好仪容、仪表方面的准备。

四、心理准备

导游员需要具备良好的心理素质，在接团前可在以下四个方面做好心理准备。

（一）克服紧张自卑心理

新导游出团之前会比较紧张，其实这是完全没有必要的。导游在出团前，计调已经为团队做了比较周密的安排，一般情况下，不会出现大的纰漏。另外，任何工作都有从生疏到熟练的过程，在这个过程中，出现些小问题，属于正常，不必总和老导游比较，以免产生自卑心理。一些旅游管理专业学生和刚刚上岗的导游认为自己是服务他人的，在游客面前不免低人一等，这就需要树立正确的职业观，明确导游和游客在人格上是平等的。

（二）充分认识职业内容

导游除了要依照导游工作规范，热情地向旅游者提供正常的导游服务外，对需特殊照顾的旅游者，还要提供个性化服务。在接待工作中，常有可能发生各种各样的问题与紧急情况需要导游去面对和处理。因此，这样一项艰苦复杂的脑力、体力劳动工作需要导游做好吃苦准备。认识了导游工作内容后，还应正确认识自己在旅游团队中所承担的角色，导游人员不仅是服务者，也是管理者，需要用自己的管理知识与带团经验帮助每一个旅行团顺利完成游览计划。

（三）正确看待抱怨投诉

在旅游接待过程中，可能遇到下列情况：导游已尽其所能向旅游者提供热情周到的服务，由于其他接待环节出现差错或非人为因素造成旅游过程中的不愉快，导致旅游者的抱怨和投诉；甚至还有一些旅游者会无故挑剔或提出苛刻要求。为此，导游人员必须有足够的心理准备，冷静、沉着地面对，并继续以自己的工作热情感化旅游者。

（四）自觉抵制各种“污染”

在接待过程中，导游必须具备高尚的情操，时刻准备面对各种“污染”，即“精神污染”和“物质诱惑”。导游在工作中会直接面对各色各样的价值观念、生活方式等，有时还会面临金钱、色情、利益、地位等的不断诱惑。因此，身处这样工作环境的导游人员，需要提高政治站位，增强政治意识，锻炼自己坚强的意志，培养自己高尚的情操，始终保持头脑清醒，自觉抵制各种“污染”。新时代的导游，在拒绝负能量的同时要紧随国家的号召，继承前辈们奉献、担当、创新的精神，勇于承担历史使命，将所学知识与蓬勃发展的旅游业相结合，将“游客为本，服务至诚”的旅游行业核心价值观内化于心、外践于行，以此推动开封旅游业持续健康发展。

知识链接

游客为本，服务至诚，开封旅游从业者传播正能量

在开封市全力打造国际文化旅游名城、加快推进旅游产业转型升级的背景下，作为开封旅游形象的窗口，像杨蕴杰、别婷婷一样的旅游从业者们，用生动的案例践行着“游客为本，服务至诚”的旅游行业核心价值观，传播开封旅游行业的正能量。

杨蕴杰：将导游事业融入生命。

杨蕴杰是国家高级导游员、全国优秀导游员。从业20多年，杨蕴杰见证了开封旅游业的发展进步和成长壮大。虽然头顶有很多耀眼的光环，但她从没有离开过导游一线。2015年，国家文化和旅游部（原国家旅游局）以她的名字成立了“杨蕴杰导游大师工作室”。此后，她积极发挥项目的引领作用，加强本地旅游企业间的沟通与交流，与本地高校旅游专业相结合，通过校企合作、师徒帮带、业务研究、培训授课、实训指导、志愿服务等多种形式，促进开封市导游队伍整体素质的优化提升，加速培养精英导游队伍。

杨蕴杰说，工作室虽是以她个人名字命名的，但这并不是她一个人的工作室，而是一个汇聚本地旅游行业精英的平台，希望大家能通过这个平台，更好地弘扬劳模精神、凝聚发展动能、开展校企合作、师徒帮带、实训指导，促进开封导游队伍整

体提升。开封是历史文化名城，这对导游员队伍提出了更高的要求，这就需要导游员加强学习，提高个人综合素质和服务技能，跟上行业发展的步伐，做一名合格的城市形象代言人。

二十年磨一剑，导游工作已经成为杨蕴杰生命的重要表现形式。她立足导游一线，深情讲述开封故事，成为当之无愧的行业标杆。如今，随着“杨蕴杰导游大师工作室”的挂牌，她正式收徒，将自己多年从业经验毫无保留地传授给年轻人，努力培养更多更好的高级导游人才，促进行业健康发展，为开封旅游做出新的更大的贡献。

别婷婷：为不同游客提供个性讲解。

别婷婷是一位89年出生的开封姑娘，在清明上河园从事景区讲解工作，2014年在全省第三届导游员服务技能大赛中荣获第一名的骄人成绩，并获“河南省旅游行业技术能手”和“河南省文明导游”称号。

一年带团400多个，接待人数达3000之多，她不仅没有感到疲惫，而是更加认清了工作的意义，激发了工作的动力与激情。为了进一步提高旅游业良好形象，展示旅游从业人员的风采，别婷婷坚持在工作之余通过勤读历史学和心理学等书籍丰富宋文化知识和对客服务技能，让讲解水平不断攀升，使广大游客通过她生动形象的讲解更好地了解开封。她能够灵活机动地根据不同层次客人的要求变化讲解方式和技巧，多次受到各级领导和普通游客的好评。

工作时不挑不拣、任劳任怨，并能以较强的应变能力妥善处理数不胜数的特殊疑难情况，用心服务游客，以诚信感动游客，以宣传中国、宣传河南，当好“民间大使”为己任，向游客宣传河南省旅游发展欣欣向荣的现状，将老家河南的全貌展示给每一位客人，给客人留下了深刻的印象。

（资料来源：开封旅游网．她将工作融入生命　http://go.kf.cn/2016/0524/200694.shtml；凤凰网．河南省青年岗位能手——别婷婷先进事迹　https://hn.ifeng.com/a/20160111/4184866_0.shtml．）

模块二

迎接服务

案例引导

导游为何会接错团？

5月的一天，导游小李按照旅行社的安排去火车站迎接一个30人的旅游团。火车准时到达。小李简单核对了旅游团名称及人数后，就带领游客上车。当车到达饭店门口时，全陪突然提出疑问说他们合同中要住的饭店不是这一家。全陪拿出团队计划与小李对照后，小李才知道自己接错团了。

请思考：

1. 地接导游小李为什么会接错团？

2. 旅游团抵达后，接站服务应注意哪些细节？

【点评】

在导游接待过程中，常会遇到团名相似、人数相同的情况，很容易出现旅游团错接事故，因此需要导游认真做好接团确认工作。为了避免出现错接事故，导游需要在接到旅游团后，认真核对团队名称、团号、人数、全陪及主要游客的姓名等信息。本案例中，小李虽然核对了旅游团名称，但没有确认全陪姓名、团号、旅游计划等信息，错将同一家旅行社的团接走了。

旅游团抵达后，地陪导游应主动认找旅游团，细心核对旅行社名称、团号、人数、全陪姓名、主要游客姓名等信息，以防止错接。此外，地陪还要注意清点人数与行李，引导游客集合等车。

任务一 接站业务准备

所谓迎接服务，是指地陪前往机场（车站）迎候旅游者，并将旅游者转移到下榻饭店过程中所要做的工作。良好的开端是成功的一半。迎接服务在整个接待程序中至关重要，因为这是地陪和游客的第一次直接接触，是地陪的首次亮相，是给游客留下第一印象的关键环节。这一阶段的工作直接影响着后续工作的顺利与否。因此，地陪应为旅游团提供及时、热情、友好的接待。那么在旅游团抵达之前，地陪应该做好哪些业务准备呢？

一、确认旅游团抵达的准确时间

接团当天，地陪应提前到达旅行社，全面检查准备工作的落实情况，了解旅游团计划有无变更情况，如发现纰漏要立即与有关部门联系落实，做到万无一失。

地陪出发前，应向机场（车站）问讯处问清所接旅游团所乘班次的准确抵达时间。一般情况下，至少应在飞机抵达预定时间前 2 小时，火车、轮船抵达预定时间前 1 小时向问讯处询问。

二、联络旅游车司机

电话通知司机出发的时间，商定碰面地点。与司机碰面后，告知活动日程和具体安排。

在明确旅游团抵达的准确时间后，地陪要立即与为该团提供交通服务的司机联系，与其商定出发的时间，确保提前半小时抵达机场（车站），并确定接头地点。与司机碰面后，地陪应适时告知司机该团活动日程和具体时间安排，确保司机心中有数。

三、提前抵达接站地点

地陪应提前半小时抵达机场（车站），与司机商定车辆停放位置。

四、再次核实旅游团抵达的准确时间

地陪提前抵达机场（车站）后，还须再次确认班次准确抵达时刻。若被通知所接班次晚点，推迟时间不长，地陪可留在接站地点继续等候，迎候旅游团；若推迟时间较长，地陪应立即与旅行社有关部门联系，听从安排，重新落实接团事宜。

五、持接站牌迎候旅游团

在旅游团出站前，地陪持接站标志牌，站在出口处醒目位置，热情迎候旅游团。接站牌上应写清楚旅游团团名、团号、领队或全陪姓名，接无领队或全陪的散客旅游团时，要在接站牌上写上客人姓名，以便客人能主动与地陪联系。

任务二　接站服务

地陪已提前到达接站地点，持接站牌在机场（车站）出口处醒目位置迎候旅游团。那么在旅游团抵达之后，地陪应注意的细节工作有哪些呢？

一、主动认找旅游团

旅游团出站时，地陪要设法尽快找到所接旅游团。具体做法是：地陪高举接站牌站在明显的位置上，以便领队或全陪（或客人）前来联系，同时地陪应根据旅游者的民族特征、衣着、组团社的徽记等做出判断，并主动上前询问，细心核对旅行社名称、团号、人数、全陪姓名、主要游客姓名等信息，一切相符后才能确定是自己所要接待的旅游团。如该团无境外领队和全陪，地陪应与该团成员核对国别、地区及主要游客姓名等。

二、核实人数

地陪在找到所要接待的旅游团后，向领队（或客人）做自我介绍，并介绍全陪，及时向领队核实实到人数。如果旅游团实到人数与计划人数不符，地陪要及时通知旅行社并向饭店退掉多余房间或增订房间。

三、集中清点行李

接到旅游团后，地陪应协助所接待旅游团旅游者将行李集中到指定位置，提醒他们检查各自的行李物品是否完好无损。如在检查过程中发现有行李未到或破损现象，地陪应协助当事人到机场失物登记处或有关部门办理行李丢失登记和赔偿申报手续。

四、询问团队情况

地陪还应向领队询问团内旅游者的身体状况、有无特殊要求，如团队白天到达，则应与全陪、领队商定是先回饭店，还是马上进行游览。

五、集合登车

地陪要提醒旅游者带齐手提行李和随身物品，引导其前往乘车处。旅游者上车时，地陪应站在车门一侧恭候客人上车，协助旅游者上车，对年老体弱者、孕妇、残疾人士等给予必要的搀扶。旅游者上车后，应协助其就座；帮助整理行李架上的行李物品，以免行车途中行李物品从行李架上掉下来砸伤旅游者；礼貌地清点人数，忌用手指点数。等所有人员到齐坐稳后，方可示意司机开车。

知识链接

旅游团队实际人数少于计划人数的处理办法

在接团时，地陪如果发现实际到达的旅游者人数比原计划少，应立即致电旅行社，告知实到人数；如果不会给旅行社造成太大利益损失，就按照原定的计划进行；如果给旅行社造成的利益损失较大，地陪应向团队领队或全陪说明情况，告知对方这种行为构成违约，应弥补相应产生的差价与已产生费用（包括交通费、住宿违约金等）并且签字证明。地陪处理这类问题时，需要耐心说明情况，妥善处理，既维护游客权益，又维护旅行社权益。

模拟实训

认找旅游团

举接站牌，站在明显的地方。见有客人携带行李出站，迎上去。

地陪：您好，请问，您是来自湖南职工旅行社的全陪赵静吗？

全陪：是的，您是开封青年国际旅行社的导游王强？

地陪：是的，欢迎你们。客人全都出来了吗？

全陪：全都出来了。

地陪：一共多少人？

全陪：一共32人。

地陪：怎么？增加了2位？

全陪：是的。一位先生，一位女士。

地陪：要分开住吗？

全陪：不用，是夫妻，同一间房就可以。

地陪：好的，我们先招呼一下客人。（举起导游旗，面向游客）大家好，我是当地的导游，欢迎大家。现在大家带好行李，在这边集中一下。（在出站口旁边较宽敞的地方集中）我们等一下后边的客人，如果有要去洗手间的往左边走（指示）。（集中后，清点人数）人都齐了，大家都检查一下自己的行李，有没有什么物品遗落在飞机上（火车上）？都带齐了，好，请大家现在带好行李（清点行李、行李交接），跟我上车。（将游客引领到停车场处，放好行李）登车出发。

模块三

首次沿途服务

案例引导

初次见面,导游讲什么?

北京某旅游团一行21人于某日由北京市乘火车于12:24抵达开封北站,住中州国际饭店,开封青年国际旅行社安排导游小李接待。为了给游客留下良好的第一印象,在前往下榻饭店途中,小李首先热情问候游客,并介绍了自己和司机,表达了竭诚为大家提供优质服务的愿望。然后,简要介绍了开封悠久的历史文化,并适时地介绍了城市的风光、特色小吃,还介绍了在开封的天气特点及注意事项等。小李积极热情的服务态度、生动灵活的讲解给大家留下了良好的印象。很快,车子就到了中州国际饭店。

请思考:

地陪在首次沿途导游时,哪些是必须讲解的?哪些是需要灵活随机讲解的?

【点评】

地陪首次沿途导游是展示职业素养的大好机会。本案例中,导游小李首先热情地向游客致欢迎词,表达竭诚为游客服务的态度,并介绍了天气、安全等注意事项,让游客产生宾至如归的感受,满足游客安全感的需要。这些都是导游初次见到游客所必须讲到的。从火车站前往饭店的路途大约有半个小时,所以小李选择为游客介绍开封市的历史文化、自然地理、城市建设等基本情况,时间安排得当。由于客人抵达后先安排用餐,所以此时讲解开封特色小吃恰如其分。

任务一 致欢迎词

首次沿途导游服务，是导游带领游客离开机场（车站），前往下榻饭店的行车途中所提供的导游服务。地陪进行首次沿途导游是展示其知识、技能的大好机会，是向游客树立良好形象的重要环节。因此，地陪应认真做好首次沿途导游工作，注重自身的仪容仪表、言行举止，把握讲解的语气、语调、语速与讲解内容。在讲解时要精神饱满，调动游客的情绪，努力给游客留下良好的第一印象，为后续的接待工作赢得主动。那么如何才能开好这个头，在哪儿开好这个头呢？

一般情况下，当游客在旅游车上坐好后，在赴饭店途中，地陪向旅游团致欢迎词。但如果遇到有领导前往迎接或在机场逗留时间较长或旅游团人数较多不能保证每辆车上都有陪同时，则可在机场（车站）致欢迎词。

一、欢迎词创作

欢迎词一般包括以下内容。

(1)问候语：表达诚挚的问候。

(2)欢迎语：代表所在旅行社、本人及司机欢迎游客来到开封参观游览。

(3)介绍语：介绍自己的姓名及所属单位；介绍司机。

(4)希望语：表示提供服务的诚挚愿望。

(5)祝愿语：预祝旅游愉快顺利。

二、致欢迎词注意事项

（一）灵活设计欢迎词内容

欢迎词的内容应视旅游团的性质，旅游者的国籍、年龄、文化水平、职业及旅游季节等不同而有所不同，不可千篇一律。欢迎词内容要符合导游身份，做到诚恳、亲切，切忌做作。

(二)把握致欢迎词的时机

地陪一般应在游客放好物品、各自归位、情绪稳定后再开始讲解。因为游客新到一地，对周围环境有新奇感，左顾右盼，精神不易集中，讲解效果不好。

(三)注意导游语言

欢迎词要求有激情、有特点、有新意、有吸引力，把游客的目光吸引到导游身上来，给游客留下深刻印象。

同步案例

致欢迎词

尊敬的各位嘉宾：

大家好！

中国有句古话，“一天之计在于晨”，早晨的记忆力最好，最适合记忆，下面我介绍下本人和师傅。我是大家此次古都之旅的导游，我叫×××，很高兴能带领大家游览开封市的著名景点，向大家介绍开封悠久的历史和灿烂的文化。这位是本次为我们保驾护航的总舵手，司机××师傅，这几天我们将竭诚为大家提供优质的服务，尽可能地解决大家旅游当中出现的这样和那样的问题。预祝大家此次×××之行玩得安全和开心。谢谢大家！

为确保此次旅游活动的安全、顺利和愉快，我先将行程安排、出行文明及注意事项为大家一一说明。

首先，本次的旅游行程安排是……本周开封天气晴朗，大家着装可单薄些，并注意防晒。晕车的朋友，或提前服用晕车药，或适当坐前面位置。出游中请保持乘车的环境卫生。在旅游活动中，烦请各位朋友配合全陪和我的安排，增强时间观念，按时集合，希望不要出现因多数人等少数人而影响大家游览的情况；每次集中、集合时请主动靠近全陪和我，以便清点人数。

其次，我们提倡文明旅游。最近也总是爆出一些游客不文明旅游的新闻，引发社会热议。所以希望大家能够做到果皮、果核和零食包装不乱抛乱扔；上下车不争先恐后，不抢占座位。在接下来的行程中，我们就按照现在落座的位置，没有特殊情况就不再改变了。团友间互助友爱，相互关照，特别注意关心年长者。希望大家在出游的同时，时刻把文明记在心里，落实在行动中，文明旅游，你我同行，从现在做起。

最后就是注意安全。晚上入住后最好不要单独行动。妥善保管自己的物品，特别是相关证件，我们在乘车、住宿、游览的时候均实行实名制，所以身份证请大家随身携带。相机、手机等贵重物品不要放在车上。尽量避开拥挤人群，拍照时也请团友间互相照管物品。

【点评】

欢迎词是地陪在游客面前的第一次亮相，该团导游精神饱满，充满信心，能够消除导游与游客之间的陌生感。这篇欢迎词除了基本的问候语、欢迎语、介绍语、祝愿语、旅游行程安排等之外，还结合社会热点适当增加了文明旅游及注意事项等内容，弘扬了社会主义核心价值观，也对游客提出了要求，为旅游活动的顺利进行做好铺垫。

任务二　首次沿途讲解

旅游者初到一地，总有求安全心理和好奇心理，也总希望碰上一位知识渊博、处事能力强、值得信赖的导游人员，所以地陪应针对旅游者这一阶段心理特征，做好充分准备，在沿途导游时，充分显示自己的知识、导游技能和工作能力，让旅游者对导游产生信任感和满足感，从而在他们心目中树立起导游的良好形象。那么，沿途讲解应该讲什么呢？

一、首次沿途导游词内容

首次导游的内容主要包括沿途风光导游、本地风情导游和下榻饭店概况介绍等。

（一）沿途风光导游

地陪应在行车途中对道路两边的人、物、景做好风光导游，以满足旅游者初到一地的求知欲。

（二）本地风情导游

在进行沿途景物导游时，地陪应适时地介绍本地（本市）概况，包括行政区划、地理气候特征、历史沿革、经济发展、民俗风情、风物特产等。

（三）下榻饭店介绍

在旅游车快到下榻的饭店时，地陪应向旅游者介绍所下榻饭店的基本情况：饭店名称、位置、行车距离、星级、规模、主要设施及设备的使用方法、入住手续及注意事项等（根据路途距离和时间长短酌情增减，也可在入店时进行介绍）。

二、首次沿途讲解原则

（一）语言简洁，节奏感强

导游在进行沿途风光介绍时，要眼疾嘴快，语言简洁明快，节奏感强，让游客感觉自信、自豪、热情阳光、积极向上，调动旅游的高涨情绪。

（二）同步讲解

沿途讲解的内容要与所看到景物同步，看到什么讲什么；同时也要和游客同步，要分析不同类型游客、不同时间段内的不同心理，确保所讲的内容是游客想要听到的。在介绍时，要把握好观赏时机，原则上沿途景观的观赏以旅游车前方游客视线所及的景观为主，要先让游客看到景观，导游再进行讲解。

（三）先讲景，再讲情

游客初到一个地方，大多会对当地充满兴趣。导游应该抓住游客的这个心理特征，先为游客进行景物景观讲解，然后再适时介绍当地的风土人情，这样就不会显得突兀，游客也比较容易理解和接受。

三、首次沿途讲解注意事项

（1）掌握沿途讲解技巧。可以使用突出重点法，运用凝练的词句概括所游览景点的独特之处，简明扼要介绍本地具有代表性的景观。

（2）若路途较远，应适当增加沿途风光讲解或游客感兴趣的专题讲解。

（3）结合不同类型游客特点，选择恰当的讲解内容、讲解方法及讲解深度。

模拟实训

开封首次沿途讲解

游客朋友们：

大家好！缘分让我们相识，开心让我们相知，快乐让我们相依，友谊让我们相聚。我是大家此次开封之旅的导游员×××，旁边就是我们的安全大使张师傅了。在这几天的游览过程中，大家如果有什么要求，尽可以告诉我，我会尽力为您服务，您的满意就是对我最大的肯定。最后祝愿大家游得开心，玩得尽兴！

今天上午我们将要参观游览的是大型民俗主题公园——清明上河园。在到达景区之前，我先为大家介绍下开封的情况。开封位于黄河中下游冲积平原的东部，北依黄河，南接黄淮平原，东连华东诸省。辖五区四县，总面积6266平方公里，人口510万；市区面积1849平方公里，人口161.89万（截止到2018年9月统计数据）……（此处省略内容为开封历史介绍，详情请参阅本书专题讲解部分）

开封旅游突出宋代特色，宋都御街、清明上河园、铁塔、繁塔、大相国寺、包公祠等景点古朴典雅，与碧波荡漾的包公湖、龙亭湖、铁塔湖和雄伟的城门楼、古城墙交相辉映，建筑风格独特，文化氛围浓郁，形成了“外在古典、内在时尚、宋韵彰显”的新宋风城市风格。

游玩不能饿肚子呀，开封特产也足以让你吃饱喝足。今天中午我们就在开封最具盛名的“第一楼”品尝灌汤包子。特产的话，马豫兴桶子鸡、白记花生糕、兴盛德麻辣花生是大多游客的最爱。如果您觉得带几包花生糕给亲朋好友礼有点薄儿，那么带幅精美的开封汴绣、折扇、官瓷等算是既有价值又有意义的礼物了。

游客朋友们，说话间我们已进入开封市内，大巴车前方就是著名的宋都御街，临街有大小店铺53家，总建筑面积15696平方米，全长四百米，街宽三十米。请大家向窗外看，众多仿宋建筑一字排开，中间是高大的牌楼，牌楼前“宋都御街”的匾额，是前国家主席杨尚昆所题。御街，是皇帝祭祖、举行南郊大礼和出宫游幸而往返经过的主要道路。

现在车窗外看到的是杨家湖。杨家湖和潘家湖与龙亭内的玉带桥连为一体，湖水相通。关于潘杨二湖，民间还有个流传的故事，稍后进入景区再为大家详细讲解。

好了朋友们，清明上河园景区停车场到了，下车之前再次提醒大家，我们的旅游车是白色的宇通车，车牌号是豫B×××××，我们的导游旗是绿色的，我的手机号是136××××××××。请大家关好车窗，携带好自己的随身物品做好下车准备，让我们一起走进这北宋的都城，去领略古代东京的繁华。

模块四

入住酒店服务

案例引导

地陪的做法有何不妥?

由林女士任全陪的江苏J旅游团，于某日19时到达中州国际饭店，地陪小李协助全陪为游客办理住店登记手续，游客便陆续进入各自的房间。等游客安顿好，地陪正准备离开饭店时，一位游客匆匆赶到大堂，请地陪为其在本地的亲友办理随团活动手续。地陪思考片刻后说:“今天时间晚了，有什么事明天再说吧!”

请思考:

地陪小李哪些方面做得不妥?

【点评】

导游员在游客进入饭店时，为其提供周到的服务非常重要，因为饭店是游客“临时的家”。本案例中，地陪小李积极协助全陪办理入住手续，并安排游客进房间。其间，地陪应主动到旅游团的房间查看是否存在诸如房间设施损坏、房间不清洁、空调不工作等问题，帮助游客解决问题，确保游客安心住下。对于游客提出的亲友随团活动，小李应该积极处理，不可以时间太晚为由进行推脱。

任务一　入店服务流程

旅游团到达下榻饭店后，导游应尽快办理入店手续，让游客尽早进入房间，并取得行李，这是检验导游工作能力的一个标志。那么，入店服务的具体内容是什么呢？

地陪在游客抵达下榻酒店后，尽快办理入住手续，适时介绍酒店基本情况、设施及注意事项等，带领游客用好第一餐，宣布当日或次日活动安排，及时协助处理入住后的各种问题，落实叫早等事宜。

一、办理入店登记手续

旅游者抵达酒店后，地陪可在饭店大堂内指定位置让旅游者稍作等候，并尽快向饭店总服务台讲明团队名称、订房单位；将游客的有效证件（可事先让全陪收齐）交与酒店前台。地陪协助填写住房登记表，并向总服务台提供旅游团队名单，拿到住房卡（房间号）后，再请领队或全陪分配房间并发放房卡，并说明旅游团房间情况；地陪应记下领队、全陪及全团成员的房号，并将自己的联系方式或房间号告知全陪和领队，以便有事及时联系。

模拟实训

办理入住手续

地陪小李：宁导，请帮我收一下游客的身份证，谢谢。

全陪小宁：李导，这是游客的身份证，共 30 个，还有我的身份证。请您点一下。

地陪小李：您好，我是青旅的导游小李，我们预订了 15 个标间，此外，还有一间陪同房。

酒店前台：您好，请把客人的身份证给我，我来办理入住手续。房费一共是××××元，押金×××元。

地陪小李：好的。这是身份证（递出身份证）。这是房费和押金。您点一下。请开具发票。

酒店前台：这是客人的 15 个房卡和 30 个身份证。这是陪同房卡和身份证，这是发票和押金收据。请收好。

地陪小李：好的。请帮忙安排这些房间明早7:00叫早，7:30吃早餐。

酒店前台：没问题。

地陪小李：宁导，这是您和游客的身份证和房卡。您给分下房卡吧。

地陪小李：大家都拿到房卡了吧？让我先说下明天的行程安排：明早7:00叫早起床，7:30在一楼西餐厅吃早餐，8:00在酒店大堂集合出发。请大家记好时间点。另外，等下大家到房间，看看有没有什么问题，有问题及时联系我或者前台，没问题早点休息。

二、介绍入住酒店设施

地陪在协助办理完旅游团入住手续后，应向全团介绍饭店内设施。具体包括以下几方面。

（1）介绍外币兑换处、商场、娱乐场所、公共洗手间、中西餐厅等设施的位置。

（2）说明旅游者所住房间的楼层和房间门锁的开启方法。

（3）提醒旅游者住店期间的注意事项及各项服务的收费标准，提醒游客将贵重物品存入酒店保险柜。

（4）如游客需用晚餐，还应宣布晚餐时间、地点、用餐形式。

开封中州国际饭店

开封中州国际饭店是融国际顶尖豪华饭店设计理念、艺术构筑于一体的庭院式温泉饭店。位于开封市金明区主干道大梁路中段路南，毗邻市政府，离开封各大旅游景点车程均10分钟，交通十分便利。酒店客房包括高级客房、豪华商务客房、行政客房、行政套房、女士客房和总统套房等15种房型。所有客房均采用天然地矿温泉，更有双浴设施让您尽情放松和享受。房间配备内置机顶盒网络数字电视，所有客房均接入宽带以及BBC、HBO、CNN、凤凰卫视等卫星电视频道。位于饭店5—6楼的行政楼层，更设有快捷接待处、行政酒廊、健身房、洽谈室、女士客房、3D数字化客房等，为您的商旅生活提供意想不到的超值享受。

三、照顾游客和行李进房

旅游者进房时，地陪必须到旅游团所在楼层，协助楼层服务员做好接待工作，并负责核对行李，督促行李员将行李送至旅游者的房间。

地陪应在本团游客居住区域内停留一段时间，处理临时发生的问题，如打不开房门、房间不符合标准、房间卫生差、设施不全或损坏、卫生设备无法使用等，甚至还可能出现游客调换房间等要求。这时，地陪要协助饭店有关部门处理此类问题。有时还会发生行李没有及时送到，或个别旅游者没有拿到行李、错拿行李、行李有破损等情况。这时，地陪应尽快查明原因，采取相应的措施。

四、宣布当日或次日的活动安排

地陪宜在用餐之前向全团旅游者重申当天或第二天的日程安排，包括叫早时间，用餐时间、地点，集合地点，出发时间，用餐形式和地点等，提醒旅游者做必要的游览准备。如果游客入住后不安排集中用餐，这项工作可提前在车上完成，确保游客了解当日或次日的旅游安排。

宣布旅游行程

开封地接导游小李接到来自山东的旅游团后，带领他们在××酒店用晚餐，游客都落座之后，导游小李高声宣布次日的活动安排："各位游客，请注意。在用餐之前，我先把明天的行程安排告知大家，明早7:00起床，7:30用餐，8:00准时出发前去清明上河园，欣赏清明上河园盛大的开园仪式，并进园游览；游览时间约3小时；中午在××包子店用午餐；下午游览中国翰园和小宋城，晚餐在小宋城品尝风味小吃(费用自理)。明天天气晴朗，最高温度25摄氏度，最低温度13摄氏度。请大家合适着装，提前准备。好了，游客朋友，最具本地特色的菜品已上桌，大家尽情享用吧！"

【点评】

地陪宜在用餐之前向全团宣布当日或次日的行程安排，具体包括集合时间、地点、用餐时间、游览景区及注意事项等，便于游客心中有数，提前准备，旅游顺利。

五、带领旅游团用好第一餐

旅游团第一餐安排在旅游者进房前还是进房后，要根据旅游者入店时间和旅游者的要求来定。地陪应与旅游团全体成员约定集中用餐的时间和地点；等全体成员到齐后，亲自带领旅游者进入餐厅，向餐厅领座服务员询问本团的桌次，然后引领旅游团成员入座；等大家坐好后，应向旅游者介绍就餐的有关规定，如哪些饮料包括在费用之内，哪些不包括在内，若有超出规定的服务要求，费用由旅游者自理等，以免产生误会；地陪还应向餐厅说明团内有无食素旅游者，有无特殊要求或饮食忌讳；并将领队或全陪介绍给餐厅经理或主管服务员，以便直接联系；等客人开始用餐，地陪方可离开并祝大家用好餐；如果所带旅游团的第一餐安排在外宴请，品尝风味或用便餐，地陪必须提前通知餐厅用餐的大概时间、团名、国籍、人数、标准、要求等。

任务二　入店相关问题处理

旅游团入住酒店过程中，可能会出现一些意想不到的问题，诸如房间尚未打扫或打扫不净，客房设备故障，房间里出现蟑螂、臭虫等，餐厅里的饭菜不卫生，游客的行李没有及时送到客房，酒店客用电梯故障，个别服务员服务态度差等情况。那么，遇到这类问题，地陪该怎么处理呢？

一、处理原则

(1)事先与酒店沟通原则。
(2)积极主动协助原则。
(3)宾客至上服务原则。
(4)合理而可能原则。

二、处理技巧

(一)避免与酒店方面相互责备，应积极采取行动解决问题

如遇到入住手续办理缓慢，游客出现不耐烦等问题时，导游就应该以安抚游客情绪，尽快办理入住为首要目标。对于游客来讲，他们只是希望尽快进房，早点歇息，对问题出现的原因与责任并不关心。此时，解决问题比找出问题原因更为重要。导游可以采取有效方法，比如向游客介绍宾馆的设施，第二天游程安排以及叫早时间等方式打发等候时间，或者必要

时设法让每个游客都有座位休息，缓解游客的不良情绪。

（二）协助联系酒店服务台，满足游客的合理要求

如遇到房间中存在异味、不干净等问题，导游员应及时向前台提出换房要求，并且帮助游客调换房间，搬运行李等。如遇到酒店设施设备问题、餐饮卫生问题及服务员的态度问题，导游员要尽快与酒店方沟通协调，避免让游客产生怨气和不满。

同步案例

对客房不满意

晚上七点，地陪小强接到了从北京来的旅游团。游客们拖着疲惫的身躯下了车，进了下榻的饭店——××饭店，一家建造于计划经济时代专用于接待国内一些领导干部的饭店。该饭店占地大，环境也很幽雅，是一家地地道道的老饭店。然而游客进入客房不久，就有几位跑来抱怨：这个说客房冷气不足，那个说客房太潮湿，还有的说客房没热水，纷纷要求换房。其时正值旅游旺季，小强非常清楚这个时节饭店的客房供需状况。怎么办呢？他先来到反映有问题的几间客房，发现冷气不够是因为刚进客房，冷气才打开，且温度开关没有调到位；没有热水是因为热水龙头坏了；而客房潮湿则是因为这间房通风差。小强想：水龙头坏了可以修，客房不一定要换；但潮湿房一定要换。于是，小强来到饭店销售部，销售部人员开始声称没有空余客房，但在小强一再要求下，加上小强平时也很注意和他们建立良好的关系，最后，销售部人员在请示经理后，终于让小强的游客换了客房。问题总算得以圆满解决。

【点评】

导游服务工作的顺利完成，需要与其他部门、其他人员的密切配合。除去旅行社内部不说，和旅行社外部各部门的配合，如饭店、餐馆、民航、铁路、景区景点等等，一点也不能放松。导游员和这些部门的工作人员搞好关系，与之“善交”，有时在非常时候是很能起作用的。本案例中，小强之所以最后能解决潮湿客房的调换问题，应该说一部分原因是功在平时。导游员应该肩挑四“千”斤：“千”方百计、“千”言万语、“千”山万水、“千”辛万苦。“千”方百计意味着碰到各种问题能灵活处理，善于与人打交道，有较强的独立工作能力；“千”言万语是指能说会道，有良好的语言表达能力，善于做对方的工作；“千”山万水是指身体健壮不怕跋山涉水；“千”辛万苦是指工作中不怕苦，不怕累，任劳任怨。这四“千”斤很形象地概括出了导游工作对从业人员的素质要求，值得广大导游员思考。

任务三　核对商定日程安排

旅游团抵达后，地陪应把旅游合同中的活动日程与领队、全陪一起核对、商定，征求他们的意见。若无全陪，地陪应与旅游团的负责人进行核对、商定活动日程。地陪与全陪或游客商定活动日程，是对全陪或游客的尊重，同时地陪也可利用商谈机会了解游客的兴趣及需求。所以，核对、商定日程是做好接待工作的重要环节，也是地陪和全陪之间合作的序曲。核对、商定的日程内容有哪些呢？

一、核对、商定日程原则

（一）宾客至上、服务至上的原则

在商定旅游日程时，本着为游客服务至上的原则，尽量满足游客的游览需求，从为游客提供优质服务的角度出发，商定完美行程。

（二）合理而可能的原则

对全陪或游客提出的调整旅游日程的要求，地陪应本着“合理而可能”的原则进行处理。如果提出的要求合情合理，地陪应视当时的具体环境、时间、实现条件等确定是否能够满足游客的要求。

（三）平等协商的原则

日程安排既要符合大多数旅游者的意愿，又不宜对已定的日程安排做大的变动，因为变动过大，可能会涉及其他部门的工作安排。

二、核对日程的内容

地陪应当与领队、全陪核对、商定的旅游日程内容主要包括地陪、全陪、领队手中的旅游日程是否有出入；每天日程安排的具体内容；特殊活动的安排情况；向领队征求对地接社安排的详细日程的意见；领队、全陪有无新的要求；征求领队对自费项目的安排意见。

三、商定日程注意事项

地陪在与领队、全陪商定日程的过程中，如需要对日程做部分调整，导游必须做到心中有数，对调整原因做出实事求是的说明与解释，切不可为旅行社的利益而对游客进行隐瞒或欺骗。对调整后的日程，导游要有充分的预见和足够的准备，涉及新产生的费用要与领队、全陪和游客认真协商或按有关规定予以确认。对于重大的日程调整，一定要经组团社与地接社的同意，变更及调整的项目或计划要由领队及地接社业务人员或授权导游签字确认。在满足旅游者要求和接受旅游者修改日程、调整计划时，导游一定要谨慎从事，注意规避风险。

四、调整日程的措施

（一）地陪的接待计划与全陪或领队的行程有出入

地陪应及时报告旅行社查明原因，分清责任。倘若责任在我方，地陪应实事求是地说明情况，并致歉。倘若非我方责任，地陪也不应指责对方，必要时，可请领队或全陪做解释工作。

（二）旅游团提出小的修改意见或增加新的游览项目

地陪应及时向旅行社有关部门反映，对合理而可能的要求应尽力予以满足；对无法满足的要求，要做详细解释、耐心说服工作；如需增收费用，地陪应事先向领队或旅游者讲明，并按规定的标准收取；对确有困难无法满足的要求，地陪应向全陪或游客说明原因并耐心解释。

（三）旅游团提出的要求与原日程不符且涉及接待规格

地陪一般应婉言拒绝，并说明我方不便单方面违反合同。如确有特殊情况，并由领队或全陪提出时，地陪必须请示旅行社有关领导，根据领导指示而定。

同步案例

导游员的游览计划和全陪的有出入

小张担任某北京旅游团的地陪。旅游团到了饭店后，小张就和全陪商谈日程安排。在商谈过程中，小张发现全陪手中的计划表比自己的接待任务书上多了两个景点，全陪坚持要按他的计划表来安排行程。为了让全陪和游客没有意见，小张在没有请示地接社的情况下答应了全陪的要求。在游览结束后，全陪和游客较满意。但小张回旅行社报账时却被经理狠狠批评了一顿，并责令他赔偿这两个景点的门票费用。

【点评】

地陪接待计划中旅游行程与全陪手中的行程不一致，出现这种情况，通常有两种原因：一是双方在洽谈过程中发生误会；二是组团社虚假营销，全陪手上的旅游计划是组团社为吸引游客而制订的宣传计划，与实际行程有出入。导游员碰到这类问题时，必须弄清真相，否则，增加游览景点会给旅行社带来损失，按原行程执行会导致游客投诉。本案例中，导游员小张就是因自作主张随意答应了全陪的要求，结果导致旅行社利益受损，吃力不讨好。导游的正确做法是：首先，应及时与旅行社联系，告知情况，请求核实行程安排，并听取旅行社的指示，确认实施哪个接待计划；如确认按地接社计划单上所规定景点游览，则按照计划落实行程安排，并积极主动向全陪或游客解释清楚，做好说明和安抚工作；其次，如果游客愿意自费增加游览景点，在全体游客同意，签署增加自费协议书并收取费用后，应予以满足。

同步案例

导游小夏的尴尬

2018年5月，导游小夏受青年国际旅行社的委派，接待一个来自山东的旅游团，该团要游览郑州洛阳开封三地。根据计划行程，小夏顺利从火车站接团，在返回酒店的途中，小夏热情向游客致欢迎词，并进行了简单的沿途导游讲解，介绍了该团队在开封的日程安排以及下榻的酒店概况。抵达酒店后，他未与全陪商量，就通知游客第二天早上六点叫早，七点钟准时出发游览。当时全陪马上就说："六点太早了，不行。"导游小夏说："那就七点叫早好了"。全陪又说："七点也太早了，你没有看到大家这么晚才到开封，你应该给大家留出足够的时间休息，让大家恢复体力"。导游小夏又问："那你看几点合适？"气氛十分尴尬。

【点评】

核对、商定日程是旅游团抵达后的一项重要工作，可视作地陪与全陪合作的开始。旅游团开始参观游览之前，地陪应与全陪商定本地游览的具体安排，商定日程并由全陪宣布活动日程。在本案例中，地陪小夏通知游客叫早时间安排，没有与全陪进行商定日程，也没有让全陪向旅游团宣布行程安排，未给予全陪足够的尊重，让全陪非常反感，自然也就无法取得全陪的配合。

本章小结

本章主要介绍了地陪导游的接团程序，并重点学习了准备工作，接站服务，入店服务，核对，商定日程等内容。学生要熟悉以上的程序规范，并通过模拟训练和教师指导，真正地掌握并能在实际中运用。

知识训练

一、选择题

1. 通常情况下，分配房间和分发房卡由（　　）负责。

A. 全陪　　B. 领队　　C. 地陪　　D. 服务员

2. 地陪导游抵达车站迎接旅游团应提前的时间是（　　）。

A. 2 小时　　B. 90 分钟　　C. 1 小时　　D. 半小时

3. 进入酒店后，地陪应建议游客将贵重物品（　　）。

A. 随身携带保管好　　B. 存入酒店保险柜

C. 放在房间里　　D. 交给酒店前台

4. 当地陪发现接待计划与领队手中的接待计划有部分出入时，首先应该做的事是（　　）。

A. 马上报告旅行社　　B. 马上向领队赔礼道歉

C. 马上向旅游者赔礼道歉　　D. 马上想办法分清责任

5. 将叫早时间通知饭店总服务台，办理叫早手续的人员是（　　）。

A. 全陪　　B. 领队　　C. 地陪　　D. 旅游者

二、问答题

1. 接团前，地陪应做哪些准备工作？

2. 在由机场（车站）到饭店途中，地陪应做哪几项工作？

3. 地陪应如何防止接错团？

4. 进入饭店后，地陪应如何做好入店服务工作？

5. 商定日程的原则是什么？在核对、商定日程时，针对客方所提出的不同意见应采取哪些措施？

能力训练

1. 你将于明早 5 点前往新郑机场迎接一个来自新疆的旅游团，请根据他们的特点，简述你的接团准备工作。

2.你将接待明天下午3点到火车站的北京旅游团，你该如何准备接团工作？

3.分小组扮演酒店前台服务员、地陪导游、全陪导游、游客，模拟入住饭店服务。

4.完成了一天的行程后，旅游团在酒店用餐。突然，几位游客找到你，反映他们是回族同胞，对餐桌上已经上齐的饭餐表示不满，你该怎么处理？

情景二

导游讲解服务

DAOYOU JIANGJIE FUWU

【学习目标】

知识目标：全面掌握导游词的表述方法与讲解技巧。掌握开封市概况、景区景点基本情况、特色旅游商品情况等。

能力目标：提高搜集信息、辨别信息真实性、处理信息的能力。提高语言表达能力与沟通技巧，能够针对不同情景、不同游客撰写导游词，适当改变讲解内容与讲解风格，提升学生的创新思维能力。能够进行包含沿途、景区、购物等环节的各项开封市导游讲解。

情感目标：在导游词资料搜集与创作的过程当中使学生提升政治认同、国家意识、文化自信、专业兴趣，形成正确的价值观和共同的职业信念。通过根据不同游客调整讲解内容与风格的练习，增强学生主动服务与创新的意识，培养学生精益求精的工匠精神。

模块五

导游讲解服务基础知识

案例引导

为什么游客们都不认真听讲呢？

小王是开封某大学一名旅游管理专业的学生，今天是他获得导游证之后第一次受旅行社委派带团。因此，他非常兴奋，在上团之前认真进行了大量的知识准备。在接到游客开始沿途讲解时，小王从开封市的历史、地理讲到民俗、文化，可以说是包罗万象，应有尽有。然而，游客们对小王的热情讲解似乎并不买账，有些人在和同伴聊天说话，坐在靠后的游客已经开始昏昏欲睡，少有听讲的几位似乎也只是为了避免冷场的尴尬，因为从他们的表情中，小王难以看到认同。小王竭力保持自己的情绪，却难以掩盖失落和委屈。

请思考：

1. 为什么游客们都不认真听小王讲解呢？

2. 在带团讲解中，有哪些技巧可以提高游客的兴趣，让他们主动听讲呢？

【点评】

带团讲解中，导游员不能要求所有游客都完全按照自己的希望行事。如果是个别游客不认真听讲，则应该委婉地提醒，避免打扰到其他游客听讲。如果是大部分游客都不认真听讲，那么导游员就应该从自身寻找答案，是讲解内容不符合游客的喜好？讲解词不够生动灵活？还是自己讲解的技巧不够，音量音色需要调整？在找到答案后进行有针对性的改进。

小王是首次带团，实践能力还需提升。只有通过长期的实践，才能很好地针对不同旅游团开展独具特色的讲解。

任务一　导游词的撰写

初踏入导游工作的人员，肯定要遇到导游词创作与撰写的问题。导游词应该写什么、怎么写？导游词是否具有固定的模式？什么样的导游词才会受到游客的欢迎？

一、导游词的结构

一篇完整的书面导游词包括标题、欢迎词、沿途讲解、景区景点讲解与欢送词五个部分，但在实际撰写过程中，通常是分模块独立创作，再根据实际带团路线进行串联组合，根据实际带团客情进行有针对性的二次创作。

（一）标题

选题时，要遵循整体性、独特性、创新性等原则。

同样是一篇介绍开封美食的导游词，如果是用于实际带团资料准备，简单明了地直接命名为“开封美食”方便查找和阅读，但若是参加比赛，“舌尖上的开封——解锁开封美食”就更具有独特性。借用近几年火遍全国的“舌尖体”来吸引注意力，更能引发游客的共鸣。同样，“汴梁霁日迎清秋，满城尽带黄金甲”比之“开封菊花”，“千年古街，氤氲书香”比之“书店街”就显得更为生动。

(二)欢迎词

欢迎词部分是导游带领大家游览前,向大家表示问候、欢迎,进行简单介绍的内容,表达一段旅程的开始,一般包含表示欢迎、介绍人员、表示态度、预告节目、预祝成功等内容。欢迎词既要简单明了,又要态度亲切,起到引起下文、同游客拉近距离等作用。

(三)沿途讲解

用精练的词句对即将参观游览的目的地进行整体性介绍,对游客感兴趣的地方进行专题讲解,让游客对目的地进行初步了解。在开封进行沿途讲解时,就可以选取开封历史、开封名人、开封饮食、开封节庆等为主题进行专题讲解。此外,要进行重点景区景点简介,让游客知道不可错过哪些游览内容。进行日程安排介绍,有助于游客合理调配体力,保持游兴。

(四)景区景点讲解

一些旅游景区的吸引物要素繁多,在有限的旅程当中到底为游客讲解哪些内容就需要导游按照游客不同、旅游主题不同将景区景点作主次之分。在讲解过程中,导游人员要集中精力,重点讲解景区中最具有代表性的景点和景物。在进行取舍时,一方面要遵循常规的重点,另一方面必须考虑游客的需要,尽量做到一团一词,不能仅凭导游人员的主观意志来进行导游词的撰写。

(五)欢送词

导游词的结语是简单的送别词。如果说欢迎词给游客留下了美好的第一印象,那么好的欢送词则会给游客留下深刻的、持久的,甚至是永生难忘的印象。结语包含表示惜别、感谢合作、小结旅游、征求意见、期盼重逢等意思。

二、导游词创作原则

(一)科学性原则

一篇优秀的导游词必须有丰富的内容,应融入各类知识并做到旁征博引,融会贯通,引人入胜。不同地域、景区导游词涉及的专业领域不同,范围较广,这就需要导游人员发挥钉钉子精神,咨询相关领域专家学者,查找专业文献,逐个突破每个难点,保证导游词内容准确无误,令人信服。

同步案例

现在,在我们的上方悬挂着两块匾额,这块写着“恪守清真”,“恪守”意为谨遵不违之意。“清真”二字,可谓是伊斯兰的代称,这两个字高度浓缩了伊斯兰教义的精华。所谓“清”乃洁而不污，而“真”乃诚而不违，既概括了伊斯兰教的正本之源，又彰显了穆斯林的人生观和价值观。

【点评】

在讲解宗教景区时，导游一定要具备相应的宗教知识，不能够根据自己的理解向游客讲述，既要尊重宗教信仰，又要清楚我国的宗教相关政策知识。

（二）趣味性原则

为了增加导游词的趣味性，引起游客的兴趣，可以从以下四个方面入手。一是在导游词创作中不失时机地穿插趣味盎然的传说和民间故事。二是恰当地运用修辞方法，使静止的景观深化为生动鲜活的画面。三是运用幽默风趣的语言使游客感受到轻松的氛围。四是导游词中充满情感，用友好和富有人情味的口头语言让游客感觉到赏心悦耳、亲切温暖。

（三）创新性原则

首先，创新性应体现在跟随时代背景上。文化传承，既需要薪火相传、代代守护，更需要顺时应势、推陈出新。导游人员要坚定文化自信，承担起记录新时代、书写新时代、讴歌新时代的使命。在导游词创作时，要把握时代脉搏，聆听时代声音，不仅要从历史文化中找寻创作灵感，更应该从开封创新发展中发现时代主题。

其次，创新性应体现在针对不同游客创作导游词上。导游词不能是以一代百，千篇一律的，同一内容的导游词在创作时必须从实际出发，因人、因时、因地而异。要有的放矢，有时需要根据不同的游客以及讲解时的情绪和周围的环境进行现场创作。

（四）品位化原则

强调思想品位。首先，弘扬爱国主义精神是导游员义不容辞的职责，在导游词创作中不得出现损害国家利益和民族尊严的言语。其次，导游词的语言应该是规范的，文字是准确的，结构是严谨的，内容层次是符合逻辑的。尽管好导游能够现场根据讲解对象的不同更改导游词，但不能够为了迎合个别旅游者的低级趣味，在讲解、介绍中掺杂庸俗下流的内容。

讲究文学品位。在导游词中，适当地引经据典，引用一些著名的诗词、名句和名人警句等，就能相应地提高导游词的文学品位。导游词的内容不能只满足于一般性介绍，还要注重深层次的挖掘，如同类事物的鉴赏、有关诗词的点缀、名家的评论等。

同步案例

余秋雨说，开封“像一位已不显赫的贵族，眉眼间仍然器宇非凡”。这些老街巷就像这位贵族身上的环佩抑或珠宝，尘土掩饰不住熠熠生辉的灵光，在现代化的进程中，唯有开封的这些老街巷，是重新唤醒古都气质和重新招揽街市繁荣的现实载体。

【点评】

用我国著名文化学者余秋雨对开封的描述作为引入，使这段导游词得到了升华。

（五）口语化原则

书面导游词是为现场口语导游而准备的，而导游语言是一种具有丰富表达力、生动形象的口头语言。因此，在导游词创作中要注意多用短语短句、口语词汇和浅显易懂的书面语词汇，不用容易引起歧义的、冗长的书面语词汇和过于专业的、音节拗口的词汇。一些导游员，喜欢将导游词写成优美的散文，读起来悦耳动听；另一些导游员，喜欢为了营造特定气氛，刻意煽情，但这些在实际带团环境中并不一定适用，使用不当，则会变成导游一个人的表演，让游客难以融入。

同步案例

各位游客，我们现在参观的便是国家AAAA级旅游景区——龙亭风景区。龙亭风景区坐落于古城开封西北角，为六朝皇宫遗址所在地。它是一处集皇家园林、历史文物和秀美风光于一体的旅游风景区。龙亭景区是按清万寿宫布局而建的古建筑群体，自南向北由午门、玉带桥、嵩呼、朝门、照壁、龙亭大殿等建筑组成。

【点评】

如果导游在给游客实地讲解的过程中死记硬背这段书面导游词，就会给人生硬的感觉，可以根据不同游客群体将“各位游客”改为“叔叔阿姨们”“各位领导”等亲切的称呼或敬称，应将“便是”“坐落于”“为”等书面语改为轻松的口语。另外，近年来开封向西发展迅速，“古城开封西北角”这样的方位表述会引起歧义，常住开封的市民自然会将此理解为城墙以内的西北方位，游客则可能将“古城”理解为整个开封，将此理解为整个开封市的西北角。

任务二　导游讲解方法

同一主题、景区景点的导游词都大致相同，那在讲解的时候，用什么样的方法才能将相同的内容讲解得与众不同，让游客喜欢呢？

导游词撰写完毕之后，还要能够在适合语境的基础上，运用特定的方式将语言内容巧妙地表达出来。

一、分段讲解法

分段讲解法是指将景点分为前后衔接的若干部分来分段讲解。规模小、次要的景点可采用平铺直叙法；规模大、重要的景点就应采用分段讲解法。

同步案例

（至拂云阁）我们再来看这座高大楼阁，它高 31.99 米，雄伟端庄又不失隽秀舒展，是宋代存放宫廷重要文件及国画书籍的地方，也是园内登高远眺的绝佳去处。阁外看为四层，内夹三个暗层，实为七层，取名“拂云”，叫拂云阁。取名拂云，一是说明此阁高耸，轻拂白云；二又暗含“吹拂红尘烟云，洗出清明世界”之意。（至四方院）这座小院叫四方院，院子面积不大，庭院不深，殿宇不巍，然而却是一个重要所在。从名字就看得出来，“四方”显然不仅仅是指面积形状，而是指“君临四方”的显赫地位和帝王气度。如今在这里你可以亲身参与大宋科举考场的场面。着古装、入号舍、答考题，品位考试之苦涩艰辛、享受中榜之欢欣鼓舞。

【点评】

清明上河园占地面积较大，各个景点之间有一定的距离，且中间穿插民俗表演，在对这类景区进行导游讲解时，可以采用分段讲解法，让游客既有知识的摄入，又有丰富的体验。

二、重点突出法

重点突出法指在照顾全面的情况下，突出重点进行讲解，对于一些次要方面，有选择地省略，不追求面面俱到。一般选择突出讲解的内容有大景区中最具代表性的景点、景点特征的与众不同之处、游客最感兴趣的内容，以及突出“之最”。在导游讲解时，应有一根主线贯穿整个讲解，根据每个团队人群不同、时间安排不同合理突出重点，这样才能牢牢抓住游客的注意力，给游客留下鲜明的印象，使他们从游览活动中获得知识，并留下美好深刻的记忆。

三、虚实结合法

虚实结合法就是在导游讲解中把抽象的述说与具体的描述结合起来，或者是把眼前的实物景观与历史背景、民间传说等结合起来，穿插在一起进行讲解与介绍。该方法与典故传说法有相似之处，但虚实结合法要求必须从“实”出发，见物言物之后方可展开引申联想。这种手法非常适用于开封市这类历史文化名城、古都讲解，此法可以收到烘托讲解气氛、增添游客兴趣、引起对方共鸣和思考的效果。

四、情景交融法

情景交融法是指在讲解中要使感情和景物达到和谐统一，让游客感到景中有情、情中有景的方法。要做到情景交融，导游员在游览前一定要尽可能地寻找、发掘景物中所隐含的深层文化及其引申意义。首先，培养自己与景物的情感交融，同时通过不同途径，尽可能了解客源地的景物与文化，寻找客源地与旅游目的地的文化关联；其次，要充分了解游客，分析游客的情感。通过领队或与游客交谈，了解游客的经历和情感世界，在讲解中有的放矢，这样才能做到真正的情景交融。

同步案例

在中国古代历史上商品经济最发达的北宋时期，都城东京就有了以各种小吃经营为主的夜市，其繁华程度令人叹为观止。因此，夜市文化对于开封来说，多了一种传承的魅力。这里有汤鲜鱼嫩的黄焖鱼、热鲜嫩香的炒凉粉、酥松适口的花生糕，还有杏仁茶、红薯泥、锅贴、水煎包等。我真不知道该介绍哪一个了！身边炉灶，四周人声，此时仿佛板凳都是肥的，人影都是香的！

【点评】

当游客站在鼓楼夜市当中，看着四周各式琳琅满目的小吃，加上导游极具煽动性的讲解，必然能“口水流下三千尺”。

同步案例

几千年来，封建落后的旧社会，人们提起黄河，无心欣赏她广阔无垠、滚滚奔腾、气势磅礴的壮观景象，而更觉得它像是一柄悬在头上的利刃，令人不寒而栗。每当汛期来临的时候，两岸的百姓更是惶惶不可终日。治河技术的落后与政治的腐败使黄河在中下游多次造成灾难，肆虐的洪水一次次冲破堤坝的阻挡，顷刻间吞噬万亩良田，淹没幸福的家园，成千上万的百姓流离失所。

【点评】

导游声情并茂的讲解能够让游客在脑海中浮现出黄河肆虐的景象，更容易对流离失所的百姓感同身受。

五、修辞显趣法

导游讲解多是对游客进行说明，而比喻是一种形象的说明方法。拟人修辞方法，就是把事物人格化，将本来不具备动作和感情的事物变成和人一样具有动作和感情的样子。修辞显趣法就是在讲解中运用比喻和拟人等修辞方法，把抽象的事物介绍得更加具体生动，浅显易懂；把陌生的事物解释得形象清晰，简明通俗，易于认识和了解。

同步案例

李公涛先生决心在有生之年，倾全家之力，在开封这块曾经创造过灿烂古代文明的地方，广征天下墨宝，建造一座集文化、旅游为一体的当代最大的碑林，让中华民族的优秀传统文化发扬光大，代代相传。并在此立下了“只许投入，不许索取”的《家训》，刻碑勒石，以昭示后人，是我们开封的“当代愚公”。

【点评】

将李公涛先生比作愚公，突出了人物的个性，赋予了愚公精神新的时代内涵，彰显了他的实干精神，充分表现了他对民族文化的热爱程度。

六、烘托类比法

烘托类比在导游讲解中，可以从内容和形式两方面予以运用。在内容上运用，可以加强语言的表达效果，激发游客的情趣；在形式上运用，可以使语言表达方式多样化。

同步案例

世界范围内，类似“书店街”功能的，还有不少地方。英国伦敦有契林克劳斯书铺街，英格兰牛津城有牛津书店区，美国波士顿有哈佛广场书店区，法国巴黎有塞纳河畔书摊区，日本东京有神田书店街……国内，北京有琉璃厂书肆街，天津有天祥市场书铺区，台北有牯岭书摊一条街等。书店街，双重意蕴，从概念而言，全世界开满书店的街，理论上都能叫书店街；从特指角度，唯有开封的这条小街，可以骄傲地如此声称。

【点评】

将开封书店街与国内外相似街区进行比较，指出全世界范围内有售卖图书功能并因此得名的少之又少，往下引申讲解书店街的历史背景，引人入胜。

七、幽默致兴法

幽默是一种能够引发喜悦，给人带来欢乐或愉快的特性。适时适当地运用幽默法可以使导游讲解富有感染力和趣味性，在轻松愉快中给人知事明理的启迪。在导游讲解服务中，导游员可以把景观、景物和游客巧妙地联系起来，用幽默的导游语言变困境为顺境，变紧张为缓和，变扫兴为高兴。导游人员要有意识地培养自己高雅的幽默感，切记勿要将幽默当作是油嘴滑舌、油腔滑调。幽默要服务于讲解的主题，不能哗众取宠，喧宾夺主。

同步案例

开封方言词汇很多，诙谐幽默，与其他中原官话相比有一些特殊字的使用。如“抓小偷”说成“/kie(第4声)/小偷”，而/kie/音在普通话中不存在。类似的情况有不少，能否认识并了解这些特殊字的使用往往成为区分新老开封人的标志之一。

【点评】

在讲到开封方言的时候，如果导游只是对开封方言的特点进行泛泛的讲述，游客就完全感受不到开封话的魅力所在；如果导游能够举例说明，并配以幽默的讲解风格，教游客说上一两句开封话，一则可以收到良好的现场效果，二则可以拉近与游客之间的距离。

同步案例

“开封，开封，开门就是风”，这也是我们开封名称的由来了。当然，这是跟大家开了一个小小的玩笑，之所以这么说，是因为开封属于温带季风气候，四季分明，一般气候特点是冬季寒冷干燥，春季干旱多风，夏季高温多雨，秋季天高气爽。所以，各位选择避开出门见风的春季，而选择在金菊飘香的秋天来我们开封旅游绝对是明智之举。那下面我为大家正式介绍一下开封名称的由来。

【点评】

用这样一句开封老百姓嘴边的话作为开场，通常都会引起游客的一片笑声。这样的幽默之后，既恰如其分地引出了开封市气候特征，又对游客的选择表示了认同，拉近了与游客之间的距离，还引起了游客对开封名称真实由来的兴趣，可谓一举三得。

八、夸张饰美法

在导游词中夸张饰美，既可以唤起游客的想象力，又能较好地抒发导游员的情感，增强导游词和导游语言的感染力。导游员运用夸张饰美法时要注意以客观实际为基础，使夸饰具有真实感，语言要简洁明了。

现在我们面前的这棵树就是当年焦书记亲手栽下的那棵泡桐树。50 多年过去了，如今它已经长成了一棵参天大树。树高 24.6 米，树围约 5 米，3 个成年人伸开双臂才能勉强合抱一圈。兰考人民亲切地称它为焦桐，以寄托对焦书记的怀念，可以这么说，这是一棵长在咱兰考人心上的树。

【点评】

树当然不可能长在人的心上，但是这样夸张的表达才能够展示出人们对焦书记的喜爱与怀念，感染力强，让游客能够快速地融入当下的情景当中。

九、巧设悬念法

这种技巧在导游带团讲解中十分常见，尤其适用于研学旅行团队。设疑，是指在导游讲解的开头或中间提出问题，造成悬念，摆出矛盾，引起游客关注。在讲到关键的地方故意留下使旅游者感兴趣的问题，激发他们的好奇心。其具体操作方法是先将疑问摆在那里，然后顾左右而言他，故意不予理会游客的追问，或引导游客作出种种猜想，蕴蓄较长时间后，再解悬念，回答之前提出的问题。

走下虹桥，请看桥南路西这座脚店。门前搭起的彩牌楼有三四层楼高，牌楼上悬挂店名："十千脚店"，大家猜猜这"十千脚店"到底是"歇脚的店"还是"修脚的店"？可能大家还会有疑问："宋代就有洗脚行了？"其实，这只是误解或者调侃罢了。宋代的酒店大体分为两类，一类是店面大、资本雄厚，自己可以造酒、卖酒的，称为正店；另一类规模较小，资本也少，只能从正店批发酒来零售的，称为脚店，类似今天市场营销术语——"终端"。

【点评】

这样的疑问设置就要比平铺直叙的讲解更能引起游客的兴趣，将游客的注意力集中到将要提到的重点上。

十、客我问答法

客我问答法即以对话的方式讲解和介绍资源和文化的方法，常用于沿途讲解调节气氛。有两种方法：第一种是答记者问的形式，即客问我答或我问客答，适合于性格活泼的游客；第二种是游客将问题写在纸条上，收集起来，导游员根据问题一一回答，这适合于性格内向的游客。

同步案例

各位游客远道而来，对我们开封最感兴趣的都有啥呢？哦，小吃！还有游客说，包拯，还有八朝历史……看起来大家对我们开封还是有一定了解的嘛。那且听我慢慢说，细细为大家道来。

【点评】

这样的互动环节能够拉近游客和导游之间的距离，导游根据游客所想为其量身定制讲解内容，也能够收到很好的效果。

十一、平铺直叙法

平铺直叙法即对旅游区或游览点的历史、现状进行讲解和说明的方法。叙述的内容必须属实，可以借用数据说明。

同步案例

开封古称汴梁、汴京、东京，简称汴。春秋时期，当时，郑国君主郑庄公在这里修建了储存粮食的城池，定名为“启封”，也就是“启拓封疆”的意思。到了公元前156年，汉景帝刘启当了皇帝，为避开皇帝名字的忌讳，就将“启封”改名为“开封”，“开封”由此得名。

十二、典故传说法

典故传说法指的是在导游讲解过程中，插入一些脍炙人口的古代故事、历史典故、地方传说、人物事件等。这些典故传说中往往蕴含一些人生哲理，恰当地运用不仅可以提升游客的兴趣，还可以提升讲解的层次和水平。在实际导游中，导游员也可以根据客观现实，“制造”一些具有说明性的故事，借此来说明一些晦涩的问题。

同步案例

开封的非物质文化遗产众多，但十有八九都需要各位游客来到开封才能欣赏和体验，比如朱仙镇木板年画、汴绣、盘鼓等。而开封有一个非遗则是家喻户晓，更是被写入教材的。从前杞国有个人担心天塌下来，吃不好饭，睡不着觉，有个智者从天体构成对他进行了开导，终释疑惑。各位猜到是什么了吗？这就是我们都熟知的“杞人忧天”了。其中提到的杞国也就是现在的开封杞县。“杞人忧天传说”在《山海经》《淮南子》《路史》《列子》《史记》等史料中均有记载，作为中国历史悠久民间传说之一，成功入围第四批国家级非遗名录。有人说，杞人不必忧天，但我却认为杞人忧天传说中蕴含的造福于民、泽被后世的无私奉献精神，积极进取、勇于探索的开拓进取精神和居安思危、忧国忧民的强烈忧患意识，是我们中华民族优秀传统文化精神的重要体现。

【点评】

该导游词中使用了巧设悬念法、客问我答法和典故传说法。通过讲述“杞人忧天”典故的出处，丰富了游客的知识，让游客了解了更多开封的非遗文化；又通过讲述杞人忧天背后的精神内涵，赋予了典故更加深远的现实意义。

“琪树明霞五凤楼，夷门自古帝王州。”开封是一座历史悠久、文化灿烂的古城，拥有4100多年建城史，夏、战国时期的魏，五代时期的后梁、后晋、后汉、后周以及北宋、金8个王朝先后建都于此。特别是在北宋时期，成为当时世界上最繁华的大都市之一，显赫于世。

【点评】

如在介绍开封历史文化的时候，用“琪树明霞五凤楼，夷门自古帝王州”“汴京富丽天下无”等诗句来形容开封当年的辉煌，更能让游客眼前浮现出北宋的盛世景象。

任务三　导游讲解语音技巧

同样一段导游词，为什么别人讲出来悦耳动听，自己讲出来却音色平平？为什么别人带的游客都在认真讲解，自己带的游客却频频犯困？导游人员如何在语音方面增加自己讲解的魅力呢？

无论是口头语言，还是书面语言，都有一个“声音”的问题，即读起来顺不顺口，听起来悦不悦耳。“祖国山河美不美，全靠导游一张嘴。”要想游客能欣赏到祖国山河之美，导游员需要在扩展知识储备、撰写导游词上下功夫，更需要通过训练美化自己的声音，将优秀的导游词传达给游客。在讲解中巧妙地运用声音技巧，就能够充分发挥声音的“传情”与“达意”作用。因此，要想创造出客观景物的灵魂情调，就要善于使用语调语气、音量、语速、停顿等技巧。

一、掌握语调

语调，即说话的腔调，也就是我们通常所说的抑扬顿挫。在现代汉语中，语调是以声调为基础的。每个音节都有四个音调（有的还有轻声），即阴平、阳平、上声、去声，这“四声”又分为“平声”“仄声”，平仄的对应和交错就形成了语言的抑扬之美。如果导游在讲解时的语调从头到尾都是平的，那么游客必然会觉得枯燥无味。除了表达是否优美，语调中也蕴含着导游员的态度或口气。同样的句子，语调不同，意思就会不同，有时甚至会相差千里。因此，在导游讲解中，要通过高低抑扬轻重的配制和变化将平实的书面导游词变得生动。在高潮时，音色应明亮、圆润；在低潮时，音色应深沉、平稳。

二、调节音量

音量是指声音的强与弱。在导游过程中，如何调节好自己声音的音量，是语言表达的又一技巧。首先，要根据游客多少及导游地点、场合来调节音量。游客多时，音量要以使距离最远的游客听清为标准，游客少时音量则要小一些。在室外讲解，音量要适当大些，在室内则要小一些。导游人员通常在广阔的室外进行讲解，因此声音比之一般人较大。因此，在室内、车上讲解或使用麦克风讲解时，就可以减小音量，让游客听着舒服。其次，要根据讲解内容调节音量，一是将主要信息的关键词语加大音量，强调其主要语义；二是故意压低嗓门，先抑后扬，造成一种紧张气氛，以增强感染力。

各位游客，请记清楚，我们的车牌号是豫 B12345，我们的集合时间是 12 点！

【点评】

这段导游词在讲解的时候，就要提高音量。这里主要是强调车牌号码与集合时间，以提醒游客注意。

天波楼二楼大厅名报国厅，内有群雕演义故事“佘太君杨门选将”。当时杨家热血男儿战死沙场，边关告急，朝中无将出征。为报国家，佘太君命杨洪击鼓撞钟，杨门女将聚集厅内，佘太君亲自选将，被选中的是七娘杜金娥，八姐、九妹随军出征。

【点评】

在讲解这段故事的时候，就宜适当提高音量，伴随语速的加快，营造出边关告急的画面感，同时凸显出杨门女将满门巾帼不让须眉的豪情，以增强语言的感染力。

三、控制语速

讲解通常应该掌握在每分钟200个字左右，语速要注意急缓有致，也就是通常所说的语言要有节奏。讲得过快，容易造成游客精神高度紧张，注意力涣散；讲得过慢，则不能给人以流利舒畅的美感；如果保持同一种速度，则会让游客感觉像是在背诵导游词，既缺乏情感色彩，又使人乏味无趣。导游讲解中，还要善于根据讲解内容来控制语速。需要特别强调的，想引起游客注意的，严肃的、容易招致疑惑误解的事情、数字、人名、地名、人物对话等内容都需要适当放慢语速；而众所周知的、不太重要的事情则可以加快速度。此外，导游还需要结合游客的理解能力及反应速度等来控制语速。如在进行老年团队讲解的时候就需要放慢语速，以他们听得清为准；在进行儿童团队讲解的时候也需要放慢语速，以适应他们的理解能力。

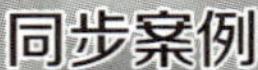

同步案例

《大观茶论》中记载有“七汤点茶”法，“点”在此做注水和击打之意。小小的茶饼经过“砸、碾、磨、罗”变成细粉，放入建盏之中调和成膏状，注入清水再用茶筅不停地击打，这便是一汤。经过击拂，黑色的茶汤表面浮现出了泡沫，宋徽宗将它取名为“乳钵”。而每一汤完成的标准，就以乳钵的疏密程度来定夺。七次注水、七次击拂，最终将淡黑或青色的茶打出中间高、周围低的“云头雨脚”之状。这就是点茶完成的基本标准。

【点评】

此段导游词在讲解过程中，为更加方便游客理解，在“七汤点茶”“点”“砸、碾、磨、罗”、击拂等动词处就应放慢语速，同时伴随手势语言；讲到建盏、茶筅、“乳钵”“云头”“雨脚”等专业名词时也应放慢语速，让游客听得更为清楚；七次注水、七次击拂，放慢语速可以强调数量之多；乳钵白如凝雪、厚而细腻，放慢语速则可突出乳钵的特色所在。

四、注意停顿

停顿是导游员讲解中短暂的中止时间，所谓中止时间是就心理时间而言的，是导游员为了使讲解能收到心理上的反应效果，突然故意把话头中止，沉默下来，具体是指语句之间、层次之间、段落之间的间歇。导游员讲解停顿的类型有多种，举例说明如下。

(一)语义停顿

一句话说完要有较短的停顿,一个意思说完要有较长的停顿。

启封故园景区交通位置优越,/坐落于中原"三点一线"的黄金旅游线上,/郑民高速、日南高速公路、国道310线三条高速公路紧邻朱仙镇而过。//景区建设开发理念是"外在古典,内在时尚,/古韵浓厚,风格独特",/意在营造一个以水上观光、娱乐、购物、休闲、度假活动为主的特色旅游综合体,/打造"中原最具水乡风情的历史人文休闲古镇"。//这里既是传承华夏文明的重要载体,/又是开封市打造国际文化旅游名城的重要平台。("/"表示较小的停顿,"//"表示较大的停顿。)

【点评】

由于有了这些停顿,导游员才能有条不紊地把层层意思交代清楚。

(二)暗示省略的停顿

不直接表示肯定或否定,只用停顿来暗示,让游客自己判断。

有关包公的故事和传说,自我国宋、元时期就在民间流传开来,至今已形成了内容极为丰富多彩的包公文化艺术形象,深受广大劳动人民的敬仰和爱戴。/在这里,我想请各位朋友猜一猜,大家心目中的包公是什么样子的呢?//是不是面如黑炭,高大威猛,头上还有个月牙呢?//大家请看这幅手捧牙笏、身着官服的全身画像,画像线条清晰如新,人物神情生动,它逼真地再现了包公当年的风度和仪容。

【点评】

两个疑问句中间皆需要有较大的停顿,以给游客自行判断的时间。

（三）等待游客了解、思考的停顿

同步案例

焦书记在兰考工作的时间只有475天，/短短的一年多一点的时间，他做了些什么能让兰考的人民这样地铭记他、感谢他？//后来从当地老人的口中我得到了些许答案。可以说焦书记当年是带着“敢叫日月换新天”的决心来到兰考的，他带领兰考人民治理三害，让兰考百姓的生活有了翻天覆地的变化。他把热血、智慧和生命都奉献给了这片土地，所以兰考人铭记他，感谢他，也悉心照看这棵焦桐树几十年的时间。因为在兰考人民心中，焦桐就是焦书记的化身，就是焦裕禄精神的象征。

【点评】

先提出问题，用停顿给予游客足够思考的时间，再将答案说出，能使后续的话语达到更好的效果。

（四）强调的语气停顿

导游员可以借鉴演讲技巧，为了加深游客的印象，每当讲到重要地方时，使出“切断话题”这一招，短暂沉默一下，凝视游客的眼睛，为自己营造出一个更加震撼的语境，加强之后所说话语的力量。

模块六

导游讲解实训——开封模拟导游

案例引导

随意的讲解要不得

据史料记载，中国历史上的确有李师师这个人，她与宋徽宗也确实存在一段风流情史，自古以来，但凡和帝王扯上关系的女人多少都会沾染点传奇色彩。作为一代帝王，后宫妃嫔之多，世人都能想象，况且宋徽宗在北宋帝王中又是首屈一指的，自古以来都是家花不及野花香，皇宫外面的世界远比后宫之内精彩多了。那么，这位多情的徽宗又是从什么时候起瞄上李师师的呢？据史书记载，政和六年，“微行始出”“妓馆、酒肆亦皆游焉”。从这些来看，徽宗是打从那时起就经常乘上小轿，带几个贴身内侍，微服出行的。他倒是做得很巧妙，还专门设立了“行幸局”，来为微行张罗忙碌和撒谎圆场。当时以排当指宫中宴饮，于是，微行就谎称“有排当”，第二天还未还宫，就推脱说有疮疾不能临朝。可见，这徽宗在玩弄女人方面又是一个厉害的主儿。

请思考：

为了增加游客的兴趣，在御街/龙亭景区/樊楼的讲解当中加入这样的内容是否合适？

【点评】

当前旅游行业中存在一个似乎已经司空见惯了的乱象：不会编故事的导游不是好导游，没有野史的景区不是好景区。有些导游为了增加“趣味性”，会将一些野史、艳史、宫斗，乃至网络玩笑和荤段子作为景区的文化附加值讲给游客听。这样真假不分、是非不辨，在野史等“趣味”中掺杂私人价值的讲解要不得。导游人员应当规范讲解内容，丰富文化内涵，提升导游讲解服务品质。

李师师和宋徽宗的爱情故事流传至今，在导游讲解的过程中，采用虚实结合法，可以进行讲解。但李师师的形象多是通过小说、野史、戏剧演绎的形式出现，导游不能将野史当作正史来讲，并且在内容选择上要有取舍，在语言表述时不可低俗。

任务一　菊香宋韵，八朝古都——专题讲解

导游在沿途讲解中除了可以进行概括介绍、即兴发挥以外，有时要根据游客的需求、旅游地的特色等情况进行必要的专题讲解，从而使游客对于旅游目的地的历史背景、自然风光、民俗风情、特色餐饮等有较为深入的了解。那么专题讲解有哪些需要注意的地方和讲解的技巧呢？

导游词的讲解一般都是根据游客行进速度、线路日程安排等情况紧跟所见景区、景点、景物进行讲解，即使有所延伸也只是稍加扩充，无法满足游客对于画面和实物背后更深层次的知识与意义的理解。导游在专题讲解过程中通过知识上旁征博引、情感上借题发挥、史料上借古论今就能很好地弥补这一缺憾。

一、知识上旁征博引

在开封旅游线路中大多都有安排清明上河园这一景区，但在该景区中以观看节目、体验娱乐时间为多，人文讲解、知识传授的时间较少。因此，在游客到达景区之前或离开景区后，就可以用《清明上河图》作为切入点，根据游客需要不同，延伸讲解《清明上河图》创作的背景，再拓展到北宋的艺术成就，联系到北宋繁荣昌盛的历史。

二、情感上借题发挥

在讲解开封胡同时，导游不仅可以讲解胡同的历史背景、名人故居，还可以根据自己在

开封多年的生活经验，讲一些胡同小人物的生活，让游客从情感上得到共鸣。

三、史料上借古论今

导游在跟政务团讲解包拯时，就可以联系当下反腐倡廉新形势展开专题讲解，用包拯清正廉明的事迹与现在一些贪污腐败的现象形成鲜明对比，用包拯正大光明的形象与当下一些人民蛀虫形象形成鲜明对比，此时若在引经据典对当下现象进行正确评论，就能起到更有说服力、更有震撼力的效果。

模拟实训

开封历史

游客朋友们：

说起开封您也许熟悉，也许陌生。但是提起那满门忠烈的杨家将、刚正不阿的黑包公、图强变法的王安石、威震中原的岳家军，您则会觉得十分熟悉。是的，他们都曾在开封留下了光辉灿烂的足迹。

“琪树明霞五凤楼，夷门自古帝王州。”开封是一座历史悠久、文化灿烂的古城，拥有4100多年建城史，夏、战国时期的魏，五代时期的后梁、后晋、后汉、后周以及北宋、金8个王朝先后建都于此，特别是在北宋时期，成为当时世界上最繁华的大都市之一，显赫于世。北宋画家张择端绘制的巨幅画卷《清明上河图》，生动形象地描绘了北宋东京城(今开封)的繁华景象。北宋也是继唐代以后科技、文化、艺术发展的又一鼎盛时期，创造了灿烂辉煌、对后世影响深远的宋文化。悠久的历史、灿烂的文化给后世留下了丰厚的文化遗产。千年的历史文化在这里沉淀、弥漫、氤氲、发酵。

在这座古城里，古朴厚重的历史文化让人品味不尽。走在古城开封，到处是历史，到处是文化。开封的一砖一瓦、一街一巷，都散发着古都的韵味、文化的气息。一个地名、一条街道、一段残垣甚至老街深巷都似乎在向人喁喁诉说着曾经的沧桑。有人说，在开封，随便捡起一块古砖，仔细看看，便能寻找到一段历史；随便捧起一片旧瓦，认真品读，就是半部中原文明印记。

为便于人们对开封历史文化知识进行了解和记忆，河南省委副秘书长、办公厅主任，原开封市委书记吉炳伟取其精华，将其概括为“一条中轴线、两座古塔、三重城池、四水贯都、五大湖泊、六城叠加、七张名片、八朝古都、九个称谓、十种文化”。“一条中轴线”即御街——中山路；“两座古塔”即铁塔、繁塔；“三重城池”即外城、内城、皇城；“四水贯都”即汴河、蔡河、金水河、五丈河；“五大湖泊”即龙亭湖、包公湖、铁塔湖、阳光湖、西北湖；“六城叠加”即魏国大梁城、唐汴州城、北宋东京城、金汴京城、明开封城、清开封城；“七张名片”即八大古都、首批历史文化名城、中国优秀旅游城市、中国菊花名城、中国书法名城、中国收藏文化名城、国家卫生城市；“八朝古都”即夏、魏、后梁、后晋、后汉、后周、北宋、金；“九个称谓”即老丘、启封、大梁、浚仪、开封、汴州、东京、汴京、汴梁；“十种文化”即宫廷文化、府衙文化、忠烈文化、宗教文化、民俗文化、园林文化、饮食文化、菊花文化、戏曲文化、书法文化。

开封的先民活动最早可追溯至新石器时代。夏朝自帝杼至帝廑在开封一带建都217年，史称老丘，这是开封有明确历史记载的第一次建都。公元前8世纪，春秋时期的郑庄公在今开封城南朱仙镇附近修筑储粮仓城，取“启拓封疆”之意，定名启封。汉代为避景帝刘启名讳，改“启”为“开”，这就是开封得名的由来。

战国时代，七雄逐鹿中原。地处关中的秦国逐渐强大，六国莫不懔然。为避强秦压迫，原在山西安邑建都的魏国，于公元前364年迁都大梁，并筑大梁城，成为一国之都。开封作为魏都，它和当时的齐都临淄、赵都邯郸、秦都咸阳一样闻名遐迩。所谓“北据燕赵，南通江淮，水陆都会，形势富饶”。史载“除田宅外，无空地，人民车马来往，日夜不休”，城内商贾云集，为大梁城的兴盛奠定了坚实的基础。

孟子于公元前320年来大梁，以仁义王政说梁惠王，但“王顾左右而言他”，大梁王宫成了孟子学说不行于世的见证。在“恃力不恃德”的战国时代，儒家的命运并不比孔子时强。为纪念这位“兼济天下”的大政治家，宋代曾建游梁祠，今开封尚有游梁祠街，在龙亭东不远，为清康熙年间重建游梁祠而得名。

如果说“孟子说梁惠王”重在“言”，那么信陵君“窃符救赵”则重在“行”。“窃符救赵”反映了那一时代的侠义风尚：机谋过人的侯嬴，神力勇武的朱亥，给大梁城的历史增添了浓厚的传奇色彩。相传今开封相国寺一带，就是信陵君的王府故宅。魏都大梁达130年的时间，创造了有名的大梁文化。

公元前225年，秦大将王贲攻魏，决河水以淹大梁。三月城破，魏亡，大梁毁坏殆尽，一代名城付之流水，只有梁惠王的故冢(在今中牟县境内)成为古大梁城的见证。

秦统一天下，行郡县制，开封以败亡之地降为浚仪县，属三川郡。“浚仪”作为开封的名称，一直用了七八百年。开封治县也从秦开始，即除浚仪外，又在古城设开封县。一城两治，或分或合。

公元前168年，汉文帝封子刘武为梁孝王，先都开封，后迁商丘。梁孝王在开封发展史上有很大贡献。他在开封筑梁园，富奢至极，规模宏大，绵亘数十里。因此，汉代以后，有“梁园虽好，终非留恋之家”的民谚。梁园又成为开封的又一别名。梁园故宅在今开封市的东南方。

魏晋时期开封经过东汉末年的战乱，已衰败不堪。公元200年的“官渡之战”，就在开封西北不远的莨荡渠进行。旷日持久的战争给中原人民带来深重的灾难，“出门无所见，白骨蔽平原”(王粲《七哀诗》)，社会经济处于崩溃之中。这一时期和浚仪有关的人物最有名的是曹操。建安七年(公元202年)，曹操来到浚仪，修治睢阳渠，大开汴河以通江淮。渠成之后江淮一带的漕运顺水而上。浚仪据水陆要冲，经济有一定恢复。曹操之子曹植在明帝(曹睿)时做过一年浚仪王，次年改封雍丘(今杞县)王。阮籍(开封人)也在浚仪留下了一些诗篇。

南北朝时，开封先后改称梁州、汴州，由县治改为州治，沉寂了数百年的开封重新发展起来，成为北魏对南朝作战的水运交通线上的八大仓库之一。著名的建国寺(大相国寺)即建于此时的北齐文宣帝天保六年，天保十年建独居寺(今铁塔一带)，佛教文化的兴起对以后的东京文化的勃兴做了早期准备。

隋炀帝时期开凿的两千多公里的大运河成为沟通南北的大动脉。大运河的中段就是沟通黄河与淮河的汴河。开封位于汴河要冲，又是隋东都洛阳的门户，得此良机，城市迅速发展，商业日渐繁荣。进入唐代，开封更成为水陆都会，进入了一个大发展时期。

唐玄宗天宝元年(公元742年)，汴州一度改称陈留郡。唐德宗建中二年(公元781年)，李勉到汴州任节度使。李勉是李唐宗亲，富有才干。他增筑汴州城，周围达22里，与今日开封城大体相当。后李希烈叛乱时，靠汴州城阻挡了叛军好几个月。五代的开封城就是在此基础上发展起来的。

唐代开封“垂杨夹城路”“美酒登高楼”，城内湖光如画，城外汴河舟船如流，可直达江南或长安。歌舞升平，一派繁华景象。唐代大诗人李白、杜甫、高适曾结伴畅游开封，“气酣登吹台，怀古视平芜”，留下了一段文坛佳话。

五代时期，北方连年战乱，经济遭到严重破坏，经济中心南移，运河漕运的地位上升。开封地处漕运要冲，促进了开封经济、文化的发展，为开封成为全国统一的都城创造了必要的条件。开封成为世界名都的帷幕终于拉开了。

五代时期除后唐都于洛阳外，后梁、后晋、后汉、后周均把国都定在开封，称之为东都或东京，此时的开封已正式成为全国政治、文化、军事中心。

960年，后周殿前都点检赵匡胤在开封城北40里的陈桥驿发动“陈桥兵变”，建立了赵宋王朝，定都东京。作为宋朝国都长达168年(960年宋太祖登基至宋钦宗靖康二年，1127年)，历经九代帝王，此时的开封达到了极盛时期。至今我们从北宋张择端留下的《清明上河图》中还可以窥见当年的景象。

然而，经历了近两个世纪如诗如梦的繁华岁月，古都开封终于走完了自己城市发展史中最令人神往的路程。统治阶级无休止地滥用民力，消耗了整个王朝的最后元气；数以十万计的军队长驻京师，使北宋政权始终困扰在一种沉重的财政窘迫之中，加之政治的腐败，军事的无能，北宋王朝风雨飘摇，一触即溃。1126年，崛起于北国白山黑水之间的女真族铁骑在毫无抵抗的情况下渡过黄河，攻破开封，北宋王朝轰然崩溃，而开封首当其冲，城破之后被金兵掳掠一空，一代名都化为颓垣断壁；百年风流，顿成残梦。只有北宋的帝王陵寝在高山大河之间突兀拔起，在无言的座座石翁仲的陪伴下，向后人展示着它昔日的光荣与梦想。

北宋东京在中国历史发展中占有极其重要的地位。作为城市发展它是我国封建社会后期城市的代表。商品经济的兴起，打破了隋唐都市里坊分离的封闭式结构，大街小巷，店铺林立，带来了东京城全城皆市的格局。整个城市除了宫殿帝苑，还有千姿百态、丰富多彩的市民生活。市井商业开始成为都市生活中不可缺少的内容。

开封在北宋末年遭到巨大破坏。1153年，金帝完颜亮从上京会宁府(今黑龙江阿城南)迁都燕京，称燕京为中都大兴府，称汴京为南京开封府。1155年，汴京宋故宫发生大火，建筑几成白地。完颜亮拟迁都开封，进攻南宋，花了几年时间营建宋故宫。这样，宋故宫得以恢复。直到1214年，金宣宗完颜旬始迁都开封。20年后，蒙古攻陷汴京，金灭亡。

从金灭北宋到元灭金朝这一百年间，开封几经劫难，城市残破不堪。但到金末，人口还在100万以上。1232年3月元军攻汴京，“连续十六昼夜，内外死者，以百万计”。两个月后，“汴京大疫，凡五十日，诸门出柩九十余万，贫不能葬者，不在是数”。1234年，南宋军入汴京，元军决黄河水灌城，经此大劫，开封人口从此锐减，再也没有恢复到宋金的水平。兵燹、战祸、水灾，成为开封的大劫难。

元代开封设汴梁路，从此汴梁成为开封的又一名称。

明洪武三年(公元1370年),朱元璋到开封,五月改汴梁路为开封府。八月,又改应天(今南京)为南京,开封为北京。洪武十一年(公元1378年),废北京名,开封成为河南省会一直到近代。

明末1641—1642年,李自成义军三打开封,第三次城中官军趁黄河涨水,夜决城北30里的朱家寨和马家口以淹义军。黄水灌城而过,开封顿成一片汪洋。城里水深数丈,建筑、人员、财物,尽没水底。大水后,"黄沙白草,一望丘墟";城市人口,几乎死尽;整座城市,淤于地下。如此浩劫,空前绝后。随着明朝的覆灭,繁华的开封已不复存在,只留下高耸的铁塔、繁塔和延庆观,作为古代开封存在的见证,诉说着沧桑的东京繁华梦。

清代在原址上再建的开封城,已无复旧貌,元气已尽,文化消沉,惟城市格局,保留至今。但黄患不已,城外之地高出城墙,城内如陷锅底,黄河成为开封大患。

综上所述,开封的兴衰史,是整个中华民族的兴衰史的缩影,起伏跌宕,沧桑巨变的历史命运,铸就了这方土地这方人。开封,"开"是开放创新,"封"是坚守传承。曾经有着非凡创造力和顽强生命力的开封,正在黄河岸边,书写着她的崭新的历史。

模拟实训

开封市花

游客朋友们:

大家好!说起花,大家可能马上会想到洛阳的牡丹、无锡的梅花、广州的木棉、昆明的茶花等诸多名贵花木,它们以各自独特的风采成为一个城市或地区的美好象征,而开封的菊花也不例外。菊花是开封的市花,开封也因此被称为菊城。今天大家来到了开封,咱们就来说说开封菊花吧!

菊花,是菊科菊属的多年生草本花卉,原产于我国,是我国传统名花之一。它与梅、兰、竹并称为花中"四君子"。菊花在我国已有3000多年的栽培历史,品种多达三千余种,而开封目前的菊花就有一千余种。

开封的菊花,早在北宋时期,就已驰名全国,据宋代孟元老《东京梦华录》记载:"九月重阳,都下赏菊,有数种……无处无之,酒家皆以菊花缚成洞户。"当时"禁中与贵家皆赏此菊","士庶之家亦市一二株玩赏"。到了明清时期,开封养菊之风更盛。在禹王台乾隆御碑中,至今还可以看到"风叶梧青落,霜花菊白堆"的诗句,由此可见,开封栽培菊花的历史是多么悠久了。

菊花,因其品种繁多,色彩艳丽,姿态多变,在百花调零的深秋傲霜开放,具有很高的观赏价值。然而你知道吗?菊花除此之外,还有许多其他的用途呢。

菊花最早是用来记节令的,"菊"字古作"鞠"或"鞠",上加"竹"字头,"鞠"有"敛"和"穷"的意思,这就是说一年之中花事到此结束,现在"菊"这个名字就是根据菊花花期的特点确定的。另外,早在春秋战国时期,《吕氏春秋十二纪》和《礼纪月令篇》中均有记载:"季秋之月,菊有黄华",这就是说,菊花开放的时候,是秋末九月,故菊花又名"节花""九华"等。"节花"的意思是表示节气的花,"九华"是表示菊花在九月开花,九月是阳,所以,菊花也表示九月九日重阳节的意思，重阳节赏菊花的风俗习惯也是由此而来的。据《梦粱录》载，宋人每年重阳节都要以"菊花、茱萸，浮干酒而饮之。"尤其在皇宫中，每年九月初八就开始作重九，在庆瑞殿陈列菊花万余株，名花珍品，五彩缤纷，灿烂炫目，并且还要点菊灯，其盛况仿若元宵佳节。

菊花有很高的药用价值。《神农本草经》把菊花列为上品，言"久服利备气，轻身耐老延年"。菊花有增强体质，延年益寿的功用，在《神农本草经集注》《本草图经》《本草纲目》等众多中医药类典籍中均有记载。除此之外，菊花还可以酿酒、制茶，菊苗和花还可以做菜食用。如今在开封就有菊花茶、菊花饺子、菊花包子等土特产和风味小吃。这里我顺便告诉您一个民间治头疼病的小偏方，就是将晒干的菊花充枕，常用此枕，不仅可治愈头疼，还可以清心明目，可谓一举两得。

正是由于菊花世人皆知的观赏价值和多种功能，自古以来，开封人民就形成了爱菊、种菊、赏菊的习俗。

菊花的栽培方法和栽培形式也多种多样，有地栽盆菊、盆栽菊、套盆菊和盘枝压条栽培。菊花的栽培形式也最能表现品种特色，一株只开一朵花的独本菊，端庄秀丽；一株开出千余朵花的大立菊，伟岸壮观；一株开花数朵的多头菊，繁花密集；形似悬重山崖的悬崖菊，还有狮子菊、翻卷菊、猴子菊、孔雀菊等菊艺造型。近年来，在菊花的栽培技术上还应用了新的技术措施，在春夏光照长的季节里，利用花期控制，让霜菊按照人们的预定时间开花。

由于开封有着悠久的菊花种植历史，开封的花匠师傅们积累了许多宝贵的经验，通过他们勤劳的双手，培育出的菊花质量上乘，品种繁多，在全国菊赛中，开封人创造的中国菊花之最不胜枚举。

本届(第 36 届)菊花文化节期间，全市共布展菊花 279 万盆，其中主(分)会场 190 万盆、社会大环境 89 万盆。

开封"菊龙"，由七株菊花嫁接而成，长达 50 余米，挺拔玉立的塔菊，高达 6.6 米，巨如磐石的大立菊，花径有 4.2 米，大立菊的花朵数量达 6000 余个，小巧玲珑的案头菊，如掌中之物；花色斑斓的九本菊，"独家经营，别无分店"；嫁接而成的悬崖菊，能拖垂 4 米有余。利用花期控制技术，开封菊花可以在春天与百花同放，更是中国最绝！开封菊花，其规模、品种、造型等均在全国占有独特优势，因此，我们说："洛阳牡丹甲天下，开封菊花世无双。"

开封人酷爱菊花，每当深秋来临，那千姿百态，万紫千红的菊花，喷芳吐艳，绚丽多彩，整个开封可谓街巷有花，家家种花，店铺摆花，简直成了菊的世界，花的海洋。所以，人们称开封为"菊城"。1983 年菊花被命名为开封市的"市花"，从那以后每年月 10 月 18 日至 11 月 18 日，开封都要举办规模盛大的"菊花花会"，2012 年"菊花花会"升级更名为"中国开封菊花文化节"。菊花文化节期间，走进开封的任何一个景点，你都仿佛徜徉在菊花的海洋中一般，到那时，经过一冬的孕育，一春的沐浴，一夏的积累，菊花终于迸发出生命中所有的辉煌，无论花朵大小，品种如何，所有的花瓣都那么艳丽，色彩都那么斑斓，不畏风霜，独立寒秋。每年此时，来自国内外的游客汇聚开封，游在古城，观赏秋菊，以菊会友，谈贸易，做交流。整个开封城，顷刻成了菊的世界，花的海洋。

开封人喜爱菊花，不仅因为它美艳，更是因为它性格刚强，耐寒傲霜，气质高洁，因为它正是开封人民坚强不屈的意志品格的象征。回顾历史，开封历经战火、灾荒，然而，开封人民仍生生不息，自强自立，重建家园，这不正是菊花独有的品质吗？开封的菊花润泽了古都的金秋，弥补了春日的短暂，夏日的炎热，它那无可比拟的花期，美了古城，醉了游人。我想，开封菊花，它像洛阳的牡丹、无锡的梅花、广州的木棉、昆明的茶花一样，不仅受到本地人们的喜爱，也受到全国人民的喜爱，您说呢？

知识链接

河南的名花名草

踏青赏花越来越成为人们放松心情、愉悦身心的一种方式，在愉悦身心的同时还可以学到很多有关花的知识，更增加了旅行的意义和乐趣。另外，每一种花都有它特殊的花语，寓意着人们对于美好生活的期许和赞美。而河南则更是因花而更加出名，著名的有牡丹、杜鹃、芍药、菊花、月季、蜡梅等。

一、洛阳牡丹

特色被称为“万花一品”。最佳观赏时间为每年的4—5月。

牡丹又名百两金、木芍药、富贵花、洛阳花等，“天香国色”为其雅号，被称为“万花一品”“冠绝群芳”的“花王”。花色有红、粉、黄、白、绿、紫等，花丰姿卓绝，形大艳美，仪态万千，色香俱全，观赏价值极高。洛阳地脉花盒宜，牡丹尤为天下奇，牡丹变异千种，名品日增，誉满全国，遂有“洛阳牡丹甲天下”之称。

二、信阳杜鹃

特色被誉为“花中西施”。最佳观赏时间为每年的4—5月。

信阳杜鹃别名映山红，是杜鹃花科杜鹃花属的一个著名品种。花单生或呈总状花序，一般数朵簇生枝顶，花冠钟状或漏斗状，通常五裂，花朵美大，以红色居多，黄、白色为稀有品种，极少发现。

信阳杜鹃多为春鹃，一般始于4月开花，花期为一个月左右，无论是在新县、商城县的大别山区，还是在信阳市的西南山区，每年春末夏初，杜鹃花爬满了众多的山峦，远望红霞灿烂，星星点点，镶嵌在碧绿丛中，色彩艳丽，无比妖娆。

三、济源冰凌草

特色被誉为“中药里的盘尼西林”。最佳观赏时间为每年的8—10月。

冰凌草，又名冬凌草、冰凌花、冻凌草。它在冬季早晨，气温降至0℃以下时，其内含物与地面水蒸气在茎上凝结成如纸的冰片，卷曲成各种图案，远看像花絮一样，素雅可观。基部呈圆柱形，上部四棱形，分梗发达，密被绒毛，叶菱状或卵圆形互生，正面有柔毛、腺点，叶背有白色短绒毛，叶缘锯齿，聚伞花序，3—5朵花在茎和分枝上排成狭长圆锥花序，花萼钟形，萼齿呈2/3式二唇形，花冠淡蓝或紫红色，雄蕊及花柱伸出，小坚果倒卵状三棱形，褐色，无毛。它以地上部全株入药，而以叶的药效最佳。

四、开封菊花

特色与梅、兰、竹一起被称为“四君子”。最佳观赏时间为每年的10—11月。

菊花是我国传统的十大名花之一，在中国已有3000多年的栽培历史，并与梅、兰、竹一起被称为“四君子”。花朵千姿百态，色彩姹紫嫣红，幽香清隽高雅，尤其是菊花傲霜怒放，不畏寒风欺凌的气节，每每为古今文人学士所歌颂。

花序大小和形状各有不同，有单瓣，有重瓣；有扁形，有球形；有长絮，有短絮，有平絮和卷絮；有空心和实心，有挺直的和下垂的，式样繁多，品种复杂。根据花期迟早，有早菊花（9月开放），秋菊花（10月至11月），晚菊花（12月至次年1月），但经过园艺家们的辛勤培植，改变日照条件，也有5月开花的五月菊，7月开花的七月菊。

五、郑州月季

特色有花中皇后的美称。最佳观赏时间为每年的5—11月。

月季又名月月红、长春等，为蔷薇科蔷薇属植物，枝绿色，羽状复叶互生，小叶3—5枚，卵状椭圆形，花常数朵簇生或单生，深红，粉红至近白色，微香。月季姿态优美，绚丽多彩，香味馥郁，开花期长。郑州市的月季多是引种外地，品种已达1000余种，主要类型有中国月季类、大花多花型月季类、多花型月季类、十姐妹月季类、藤本月季类、微型月季类。其中还有黄和平、四季春、绿云、春雨等优秀品种。

六、鄢陵蜡梅

特色被称为“岁寒三友”。最佳观赏时间为每年的12月至次年的1月。

蜡梅，属蜡梅科蜡梅属，由于其花期早，既不与群芳争春，又不畏风雪严寒，因而自古以来，被人们称为“岁寒三友”。鄢陵蜡梅，又名黄梅、香梅，因其花型大、蜡质厚、花期长、香味浓，被列为蜡梅科属之上品。其栽培历史悠久，兴于唐宋，盛于明清。鄢陵蜡梅不仅有很高的观赏价值，也有一定的实用价值，其根、茎、叶可入药，花能提取芳香油，有解暑生津、顺气止咳、消炎活血之功效。亦可采花窨茶，而其花蕊油又可治烫伤。

（资料来源：河南省中国青年旅行社 http://www.cyts.ha.cn/changshi/18734.html.）

模拟实训

开封名人

游客朋友们：

大家好！夷门自古帝王州，名人辈出竞风流。名人之所以能被铭刻在历史的丰碑上代代相传，既有个人魅力留下的影响，也有环境时势提供的机遇。开封地处中原腹地，交通便利，经济繁荣，钟灵毓秀，是国务院公布的第一批中国历史文化名城。历史上，这里长期是中原乃至全国的政治、经济、文化中心，是享誉世界的名都大邑，吸引着大批精英名流、豪杰壮士来寻求机遇，建功立业。历史名人之多，文化积淀之丰，都是历史对古都的厚爱。他们有叱咤风云的政治家，有运筹帷幄的军事家，有开宗立派的思想家，有福泽苍生的科学家，有流芳千古的文学家……他们为后人留下的也许只是一句话、一首诗、一篇文、一本书、一幅画、一个典故、一起事件、一项成就、一座城池、一方传奇……但这些丰功伟绩足以载入史册，为后世所传颂。

早在四千多年以前，开封一带就长期是先夏时期人文始祖带领部族成员开展活动的重要地区。炎帝、黄帝、颛顼、虞舜等，均与开封有着不解之缘。杞县空桑村曾是末代炎帝榆罔的都城。黄帝在大梁迎娶了元妃嫘祖，原来在馆驿街所处的地方还建有一座嫘祖庙。轩辕黄帝之孙、五帝之一的颛顼，曾居住在杞县高阳。黄帝史官仓颉造字于开封，现在黄河大堤北侧的刘庄村北边仍有造字台、仓颉庙及仓颉墓。尧、舜、禹三帝也都曾在开封地区处理政务。开封屡遭黄河水患，为纪念治水英雄大禹的功绩，在城市东南边的禹王台建了禹王庙、水德祠。夏朝的第七位帝杼，是一位十分有作为的君主，他不仅帮助父亲少康实现了夏朝复兴，还将国都迁到了距现在开封城二十公里处的老丘，经历七世，使夏朝达到了鼎盛。商初贤相伊尹生于开封杞县，曾辅佐汤伐桀灭夏，建立商朝，制定典章制度。伊尹认为“治大国若烹小鲜”，他创立的“五味调和说”与“火候论”，至今仍是中国烹饪不变之规，所以被后人奉为“中华厨祖”。

战国时期，魏惠王为巩固其统治，把国都从安邑迁到大梁，构筑城池，发展工商，奖励耕战，给魏国带来了长时期的强盛局面。在大梁为都的一百四十年间，思想家孟子、庄子、韩非子、张仪，政治家白圭、卫鞅，军事家庞涓等，都曾在这里活动并多有建树。战国时魏国浚仪人石申著作的《石氏星经》《浑天图》等，在世界天文学史上占有重要地位。如今月球背面的一座环形山，就是以他的名字来命名的。

秦汉之际，风流人物层出不穷。项羽刘邦争夺天下，逐鹿中原。刘邦少时仰慕魏国公子信陵君，途径大梁时，多次祭祀。刘邦兵临陈留，访求当地豪杰，采纳了高阳酒徒郦食其建议，克陈留，获军粮。郦食其与他的弟弟郦商从此追随高祖，夺荥阳，占敖仓，说齐王，建功立业。郦食其的政治生涯只有四年，却给后世留下了深刻的印象。

西汉初年，景帝同母弟刘武受封为梁王，以大梁为封国都城，建三百里梁园，招揽天下豪杰。旷世逸才汉末大儒蔡邕是陈留郡圉人，精通音律，才华横溢，通经史，善辞赋，文学书法蔚为大观，尤以隶书造诣最深，所创“飞白”书体，对后世影响甚大。他平生喜藏书，多至万余卷。他的女儿蔡文姬自幼耳闻目染，博学能文，善诗赋，长辩才，通音律，是建安时期著名的女诗人，代表作有《胡笳十八拍》《悲愤诗》等。

三国时期，一代枭雄三国政治家曹操曾在浚仪指挥修治睢阳渠。曹植才高八斗，两为雍丘王，因与曹丕世子之争被囚于封地。现在通许的七步村还有曹植墓。南北朝时期，开封人“建安七子”之一阮瑀与“竹林七贤”之阮籍、阮咸享誉天下，开封人江淹“江郎才尽”名噪后世，与南朝王羲之齐名的“北朝书圣”、开封人郑道昭以《郑文公碑》名扬书坛。北周政治家、开封人郑译曾为隋朝建立立下汗马功劳。

隋朝，炀帝开凿通济渠，贯通南北大运河。位于运河中枢的汴州渐成中原重镇，名人向往，英才荟萃。唐代，狄仁杰不畏权势，断案如神，他的故居与墓地都在开封。名僧慧云夜视信陵君旧宅有异气，立志筹巨资在这里建造寺庙。大画家吴道子作《文殊维摩像》，唐睿宗赐名大相国寺。创造“片假名”的日本高僧空海也曾寄居于开封。唐代汴州诗人首推崔颢，其以备受李白推崇的名诗《黄鹤楼》而声名远扬。李白一生怀才不遇，倾慕西汉遗风，寻访梁孝王与众文士司马相如、枚乘、邹阳等交往旧地，遇杜甫、高适，会聚在梁园饮酒吟诗，留《梁园吟》为后世传诵。

五代乱世，纲纪废弛，军阀割据，战火四延，民不聊生，政权更迭频繁。朱温建立后梁，以开封为国都。随后，后晋帝石敬瑭、后汉帝刘知远、后周帝郭威，都在开封建都。官场不倒翁冯道，可以说是虎狼丛中稳立身，经历了后唐、后晋、后汉、后周四朝十君，拜相二十余年。他主持校订了《九经》，并进行雕版印刷，是中国大规模官刻儒家经籍第一人。五代第一明君柴荣，革除社会积弊，大规模扩建京都城池，使国势日盛，为结束唐末以来的乱局打下基础。

赵匡胤陈桥兵变，一年之内，下泽潞，平扬州，威令之行，势如破竹。他以一杯酒削夺了藩镇权利，将权利聚拢于中央。他以忠厚开国，克己复礼，扬文抑武，重建社会秩序，为开创盛世伟业奠定基础。只可惜，烛影摇，斧声乱，壮志未竟人已死。北宋开封作为全国政治、经济、文化中心，聚集了一大批政治家、军事家、改革家、思想家、文学家、科学家。他们中既有开封籍的石守信、宋祁、薛居正、向敏中、苏舜钦、张载等，也有外籍在开封有重大活动和影响的赵普、曹彬、潘美、杨业、寇准、包拯、欧阳修、范仲淹、苏轼、王安石、司马光、李纲、岳飞等，其中包拯、欧阳修都曾任职开封府。包拯刚正不阿、廉明清正，欧阳修广施德政、仁厚爱民，均获后世称赞，留下“包严欧宽”的美谈。北宋开国将领、开封人石守信，辅佐宋太祖战功卓著。杨业祖孙三代英勇抗辽，天波杨府满门忠烈，可歌可泣。宗泽“东京保卫战”载入史册，民族英雄岳飞精忠报国名刻汗青。王安石为发展生产，富国强兵，发动了一场轰轰烈烈的变法。北宋在哲学领域远超唐代，出现理学大师程颢、程颐“二程”兄弟。北宋文化繁荣，东京有太学、国子学、翰林画院、医馆院等，全国顶尖的文人雅士纷纷汇聚在这里。“不杀士大夫及上书言事人”这项规定给北宋的士大夫提供了发挥他们聪明才智的广阔空间，司马光主持编纂史学名著《资治通鉴》就是一个例证。北宋众多著名词人虽都不是本地户籍，却都与开封结下不解之缘。其中，文坛大师苏轼词开豪放一派，其词豪气干云广为传颂；千古第一才女、一代词宗李清照领衔婉约一派，其词清丽情真，流传千古。北宋书法四大家，苏轼以天然、黄庭坚以劲健、米芾以纵逸、蔡襄以蕴藉标领书界。宋徽宗所创“瘦金书”别具一格，独步书坛。宣和年间任翰林院待诏的画家张择端耗时数年，创作了《清明上河图》长卷，展示出东京鼎盛时期的繁华市井，成为我国美术史上无可代替的瑰宝，也被故宫博物院奉为镇馆之宝。宋代针灸学家王惟一撰写了《新铸铜人腧穴针灸图经》，并奉旨铸造的两具针灸铜人，为中国医学的发展做出了不可磨灭的贡献。长期在东京开封仕居的政治家、学者曾公亮编纂军事书籍《武经总要》。北宋著名天文学家苏颂与韩公廉在京城开封研制出一座杰出的天文计时仪器水运仪象台，领先国际水平。沈括多年仕居京城，在物理、数学、天文学、地学、生物学等方面都有重要的成就和贡献，以中国科学史上的坐标——《梦溪笔谈》声名远播。

公元1214年，金宣宗将都城从燕京迁到开封。诗人元好问赴京应试，得到高师提携，诗文大有长进，逐渐成为名家。他作有《梁园春》赞美开封："暖入金沟细浪添，津桥杨柳绿纤纤。卖花声动天街远，几处春风揭绣帘。"金朝灭亡后，元好问以著述存史为己任，经过多年的奔波积累了上百万字的金朝君臣遗言往行，后称"金源君臣言行录"。金世宗年间，王重阳带领四大弟子途经开封，住在太宁坊王氏客店，在此传道。羽化后，弟子丘处机修建重阳观以纪念祖师。元代全真教鼎盛时期，丘处机深得元帝倚重，派弟子扩建重阳观，元帝赐名万寿宫，开封至今还留有玉皇阁。元末红巾军起义，刘福通拥立韩林儿为帝，国号"大宋"，曾以开封为都城。

明将徐达自元军手中夺得开封，他后人的封地旧址就是现在徐府街山陕甘会馆。朱元璋分封五子朱橚为周王，驻藩开封。周王好读书能词赋，喜医药研植物，著有《救荒本草》《普济方》等。二代周王朱有燉，为避祸远离政治，专心研究戏曲创作，以其尊贵的皇家气派而独立于世，著有《诚斋乐府》及诸多杂剧。明朝名臣、民族英雄于谦任河南巡抚十八年，治黄河，赈灾民，深受百姓爱戴。"粉身碎骨浑不怕，要留清白在人间。"他的诗句影响了一代又一代的开封人。明朝文坛"前七子"之一王廷相认为"元气"为世界之本，"气"不灭，有"气"方有"理"。李濂少负俊才，追慕乡贤信陵君、侯生，笔锋踔厉，著有《汴京遗迹志》《医史》等。明末民族英雄史可法，忠君报国，抗击清军，故居就在今天的双龙巷。

清初作家周亮工，诗书画印皆有所成。被康熙誉为"天下第一清官"的张伯行，出身仪封（今河南兰考）书香门第，仕途起步于治理黄河，官至礼部尚书，以清廉刚直著称。民族英雄林则徐因禁烟获罪，在发配途中经过开封，遇到水患，便奉命治理黄河，其率领军民合龙处被称为林公堤。清朝末年，庚子事变后，慈禧仓皇西狩，次年返京经开封，在行宫角度过了她67岁的生日。

辛亥革命前后，变革呼声风起云涌。河南志士在省府开封策划起义，不幸失败，革命军总司令张钟端等11人惨遭杀害，遗体抛尸城外多日，起义联络员沈竹白出狱后易装殓葬。民国成立后，沈竹白为十一烈士奔走呼号，被豫督张镇芳杀害，十一烈士墓现在禹王台公园内。百万富孀刘青霞，随兄长游学日本期间结实孙中山等革命党人，加入同盟会，将巨额家产悉数捐献，倾力襄助革命。民国政局动荡，军痞横行，开封曾走出文治大总统徐世昌。平民将军冯玉祥两次主豫，多有建树。辛亥革命元老张钫官居开封多年，整河道，修水利，办教育，兴实业，修知止亭，赈灾济困，留下事迹甚多。中共活动家李大钊、萧楚女、范文澜、嵇文甫、吴芝圃等人都曾在开封组织活动。

新中国成立之初，省会迁往郑州，开封城市地位下降，大批本地人才流出，虽成名于外，仍为故乡添彩。

河南大学在开封，荟萃冯友兰、罗章龙、任访秋、侯镜如、姚雪垠、白寿彝、武慕姚、靳志、李白凤等诸多学界高士，光华灿烂。

县委书记的榜样焦裕禄，带领兰考人民战天斗地，治理内涝、风沙、盐碱"三害"，终因积劳成疾，逝于岗位，葬于沙丘。习近平总书记把焦裕禄精神概括为“亲民爱民、艰苦奋斗、科学求实、迎难而上、无私奉献”，号召全党向焦裕禄同志学习。

名人作为城市文化的代言人，是城市文化的人格化象征。名城与名人相辅相成，名城易生名人，名人提升名城。开封得天独厚的自然条件和风云际会的历史机缘，汇集和造就了各界名人，所谓“人以城名”；很多人因崇拜包公、焦裕禄，景仰岳飞、杨家将才知道开封，可谓“城以人名”。

（资料来源：甘桂芬，郝雪晴.文化开封——名人文化[M].郑州：河南人民出版社，2015；开封市地方史志办公室.开封人物志[M].郑州：中州古籍出版社，2017.）

模拟实训

开封节庆

游客朋友们：

大家好！

非物质文化遗产是人类文化遗产的重要组成部分，承载着民族的历史积淀和民族特征，是民族文化的命脉所在，有着重要的文化价值、历史价值和精神价值。岁时节日是中国传统文化中最具活力的部分，它始终处在不断地传承与变异的过程中。北宋时期社会经济日益繁荣，科学技术也是不断进步，这为岁时节日注入了许多崭新的内容，使得当时岁时节日的习俗更加丰富多彩。

开封市近年来依托北宋岁时节日非物质文化遗产举办了如大宋年文化旅游节、大宋上元灯会、大宋花朝节、中国（开封）清明文化节、中国（开封）端午文化周、中国开封荷花文化艺术节、中国开封菊花文化节等精彩活动。通过深挖历史文化资源，经过多年全力打造，其中春季的清明文化节、秋季的菊花文化节两大国家级节会已成为全国知名节会旅游品牌。

开封清明文化节以“传承文明、拥抱春天”为活动主题，每年设立不同的宣传主题。每年文化节上，都有一系列富有开封风格、开封符号、开封底蕴的文化活动闪亮登场。其间，还会推出各类大型展演活动和经贸活动，开封市诚挚邀请全国广大客商前来洽谈合作，对接项目，共谋发展，并组织参加清明文化节系列活动，充分领略中国历史文化名城开封独特文化魅力和千年传承的多彩民俗。除了文化活动异彩纷呈、大型展演赏心悦目、群众活动多姿多彩、经贸活动好戏连台等特色，清明文化节还具有缅怀先烈激励奋进的意义所在。清明文化节期间，我们也会组织社会各界纪念辛亥革命烈士、纪念刘少奇、青少年纪念革命先烈、朱仙镇纪念岳飞等活动，继承先贤遗志，凝聚发展合力，共建和谐社会。

再说开封菊花文化节，这个节庆更是由来已久。开封是一座菊花名城，开封种植菊花最早可追溯到南北朝时期，菊花文化历经千年而不衰，有“开封菊花甲天下”的美誉。1983年，开封把菊花定为市花，每年都举办一届菊花花会，于2013年升格为国家级节会。中国开封菊花文化节曾被评为“最具国际影响力节庆”，已经成为推动文化、旅游、经贸深度融合的节会品牌，成为开封发展文化旅游产业、扩大对外开放的重要平台，成为开封提升城市品位、建设国际文化旅游名城的亮丽名片。

中国的节俗文化丰厚充盈，其中最为隆重的当然还是春节。从腊八开始，到二十三祭灶，再到除夕、大年初一，直至过完元宵节，才算一个完整的“过年”。一个多月里，年复一年不断重复这些隆重而热烈的仪式，体现了人们对天地的敬畏、对自然的崇拜、对祖先的追思，蕴含着博大丰厚的文化内涵。2015 年，开封宋都古城文化产业园区将原有的龙亭灯会转型升级，打造了开封市又一国家级品牌节庆活动——大宋上元灯会。大宋上元灯会把古今中外文化艺术精粹与现代科技相结合，突出时代性、民族性、艺术性、娱乐性。在全国同类型灯会中脱颖而出，大放异彩，备受全国游客瞩目，也引起了全国各地媒体的广泛关注。

节庆活动在开封旅游业发展中扮演着越来越重要的角色。节庆活动既张扬了开封的城市个性，也繁荣了城市的经济文化生活，“依节造势，因节发展，以节兴市”的作用也愈加凸显，让开封这座古典与时尚并存的城市愈发具有亲和力和温情。

知识链接

河南省部分节庆活动如表 6-1 所示。

表 6-1 河南省部分节庆活动

节庆名称	举办时间	举办地点
新郑黄帝故里拜祖大典	农历三月三	新郑黄帝故里
中国郑州国际少林武术节	10 月(两年一届)	登封少林寺
郑开国际马拉松赛	3 月	开封
中国开封清明文化节	4 月初	开封
中国开封菊花文化节	10 月 18 日至 11 月 18 日	开封
大宋上元灯会	农历腊月二十三至农历二月初	开封
中国洛阳牡丹文化节	4 月中旬至 5 月中旬	洛阳
中国黄河小浪底观瀑节	6 月下旬	黄河小浪底大坝景区
中国洛阳河洛文化旅游节	9 月至 10 月	洛阳
中国焦作国际太极拳交流大赛暨中国云台山国际旅游节	9 月(两年一届)	焦作
中国南阳玉雕节暨玉文化博览会	4 月底至 5 月初	南阳
安阳航空运动文化旅游节	5 月底	安阳
安阳殷商文化节	9 月至 10 月	安阳
中国许昌国际三国文化旅游周	4 月	许昌

续表

节庆名称	举办时间	举办地点
中原花木交易博览会	9月底	许昌鄢陵
信阳茶文化节暨茶业博览会	4月28日至4月30日	信阳
中国王屋山国际旅游登山节	4月至5月	济源王屋山
河南鹿邑老子文化节	4月	周口鹿邑县
中国淮阳荷花节	7月18日至9月18日	周口淮阳
三门峡国际黄河旅游文化节	5月18日至5月23日	三门峡

(资料来源:网络搜集整理。)

模拟实训

开封方言

游客朋友们:

大家好!我们导游接待四方宾朋,听到过许多种地方话。有专家把我国使用较广的地方话归为八大方言,也就是:北方话、客家话、闽南话、闽北话、吴语、湘语、赣语、粤语。中原方言则是北方话中历史悠久的主要的一支。

大家来到了开封,我就要给大家介绍介绍我们自古以来"中原官话"的代表开封话了。开封话是北方话的先宗,是河南话中的普通话,是与现今普通话最接近的地方话之一。在分别以开封话、淮阳话、洛阳话、安阳话和信阳话为代表的河南话五大片区中,开封一个片区就与其他4个"阳"字片区所有县、市大体相当,可见开封话的影响之大。

开封方言直白易懂、词汇丰富,是开封重要的文化标志。主要特点为儿化音明显和/e/音的大量使用。/e/音使用的现象在其他河南方言中不多见,但在中国其他官话地域却有类似情况,比如重庆话中就也有/e/音大量使用的现象。

词句的减缩是中原官话的特点之一,往往几个字就能够代表其他方言的长句。而开封话相对北京官话显得更加减缩。如果北京人说"干什么呢?",那么在中原官话中往往说成"弄啥了?",而在开封话中就会被说成"/nuǎ/嘞?"。

开封方言词汇很多,诙谐幽默,与其他中原官话相比有一些特殊字的使用。如"抓小偷"说成"/kiè/小偷",而/kiè/音在普通话中不存在。类似的情况有不少,能否认识并了解这些特殊字的使用往往成为区分新老开封人的标志之一。

据《开封市志》记载,北宋以后,随着开封的政治、经济、文化中心地位的确立,开封方言逐渐成为中原官话的代表,而今天的北京官话,则是在中原官话的基础上形成的。古代先人说的话,我们现在无论如何也是无法再听到的。幸好,我们的祖先创造了文字,文字虽然不是语言如实的完整记录,但是我们的先人运用文字所创作的话本、杂剧、诗词、小说等要描述

记录人物言语、对话、道白，或用于说唱读的文艺作品，就必得拿语言作为基础。

由于开封方言的历史地位和其中原官话代表的属性，众多文艺作品对开封的方言都格外垂青。从宋代话本到元代杂剧，从宋词到元曲，直至明清小说，尤其是我们最为熟悉的四大名著之一《水浒传》，你稍加留意便会发现开封话的影子。因此，开封方言对于宋元话本、元曲宾白、地方戏剧的研究有着重要的作用，开封方音与《广韵》《中原音韵》的关系在汉语史上也有着重要的研究价值。

随着世代的传承，岁月的濡润，开封方言已经成为一种历史积淀、市井韵味，也包含着在外游子们的故土乡情。各位游客今天来到开封，我教大家学几句开封话咋样？首先一见面，我得问一句："吃了某"，这个啊不是真问您吃了没，只是一种打招呼的方式。再一个，最简单也最具有代表性的词儿："中！"中是开封话表示行、好、美、能、可以的词语。我希望各位说起我来，那就是"捉妞中了很！"那就是对我最大的认可和夸赞了。

（资料来源：岳蔚敏，高悉森. 历史遗韵：天南地北开封话[N]. 汴梁晚报，2019-07-20；百度百科"开封话"词条。）

模拟实训

开封胡同

游客朋友们：

大家好！开封素有"七角八巷七十二胡同"之说，市区内现在仍有不少具有浓郁特色的街巷胡同，他们纵横交织，四通八达，构成了开封棋盘形的城市格局，形成了特有的街巷文化、胡同文化。这一条条街巷与胡同就像是开封的城市脉络，在当中不断上演着古城历史与文化的发展与演化，他们就是开封历史变迁最有力的见证。

我们通常把街道的拐弯处叫做"角"，县角、吴胜角、行宫角、丁角、都宅角、崔角、府角就构成了开封的"七角"。大街小巷，大者为"街"，小者为"巷"，双龙巷、贤人巷、南京巷、前（后）保定巷、金奎巷、聚奎巷、慈悲巷、第四巷构成了另外的这"八巷"。

北宋在开封建都时间最长，开封的街巷也以北宋时代最为著名，开封最为著名的"御街"在《东京梦华录》中就有记载。此外，和我们现在习惯的"大者为街，小者为巷"不同，北宋时把街与巷并称，就有了朱雀门外街巷、东角楼街巷、潘楼东街巷、寺东门街巷等。北宋由于坊市分离，所以街巷间充满着浓厚的商业气氛，热闹非凡。开封最繁华的宋都御街、马道街、鼓楼街以及书店街，无论古今，都是最具有地方特色的街巷。

到此为止，我们还没有听到过胡同，那么"胡同"一词究竟是从什么时候出现的呢？据专家考证，元朝以前没有"胡同"这一说法，北宋设置勾栏瓦肆，采用坊市制度，随着市商业属性的增强，坊和市的界限逐渐明显，坊慢慢变成了独立的空间组织，形成了胡同。

胡同在形成之后都会有自己的名字，一旦被人们叫顺口了，就确确实实地代表了这条胡同在整个城市中的方位，成为人们生活中常用的地标。胡同名除了非常具有实用性，大都还蕴含着当地的风土民情。

开封胡同的命名主要有7种分类，其中以家族和作坊命名居多。黑墨胡同、镟匠胡同等以作坊命名，体现了当时城市手工业和商业的繁荣；刘府胡同是明末进士、清初工部尚书刘昌府第所在地，还有侯家胡同、黄家胡同、屈家胡同等，从这些姓氏中可以对当时的豪门大户略窥一二；有的胡同以吉祥仁爱命名，仁义、博爱、福寿胡同都表达了人们的美好愿望，仁义胡同得名于张、李两家的尺寸之地相争，小诗“让他几尺又何妨”至今仍传为美谈；教经胡同有着宗教和民族的双重历史背景，显示着北宋王朝的胸怀和民族关系的融洽。此外，还有以序号、景物、官衙、时代特征命名的胡同。

街巷名称记录城市风物，也反映民风民情。纵观开封胡同的发展史，很多胡同都是几易其名。拿秀水胡同来说，秀水胡同在清代的时候北半部有一个大水坑，所以被叫做臭水胡同。冯玉祥主政开封时将水坑填平，改称秀水胡同。清朝乾隆年间，该胡同南半部因有送子奶奶庙，又被称为慈悲巷。1930 年改称法院胡同，新中国成立后恢复原名。1965 年，慈悲巷被并入秀水胡同。很多胡同的名字会随着时代特征而变化。

很多自助游来开封的游客喜欢在闲散的午后穿个小巷，游个胡同，或是碰到了一座保存完好的老门楼，或是走进了哪个名人的四合院，或是看到光膀子的老爷子下象棋，或是听到家养的鸟儿在斗嘴……不经意间，总是能够带给游客以闲适。

（资料来源：刘洋.厚重的开封胡同文化[N].开封日报，2015-01-15.）

模拟实训

开封饮食

游客朋友们：

大家好！中国自古有“民以食为天”“食不厌精，脍不厌细”等经典之说，饮食文化是我国民族文化中的重要组成部分。自古以来，中国餐饮不仅讲究“色、香、味、形、器”，而且更注重其中的文化、艺术和情调。在我国古代大量的诗词、小说、戏曲、音乐、绘画作品中，丰富多彩的餐饮生活题材也充分证明了这一点，这是其他国家、民族无与伦比的。按地区、民族、时代等划分，中国餐饮拥有众多的风味和流派，在相互渗透、相互融合中形成了“中国餐”博、大、精、深的饮食文化宝库。

说起开封的小吃，那可算得上历史悠久，源远流长。开封作为中国历史文化名城，她的饮食文化始于夏商，成熟于汉唐，鼎盛于北宋。早在 3000 多年以前，生于开封杞县西空桑村的商朝开国相伊尹，不但是著名的政治家，还精通烹饪之术，是历史上第一个以负鼎俎调五味而佐天子治理国家的杰出庖人。到了北宋时期，形成了官、商、寺、民菜肴的完整体系，把全国各地的菜肴在开封融会贯通，集其大成形成了豫菜，同时也促进了各大菜帮的发展。明、清、民国时期直到建国初期，具有鲜明特色的开封肴馔四处传播，成为中国著名菜帮之一豫菜的代表，又被称为“汴梁风味”。

开封的“饮食夜市”也有 1000 多年的历史了。宋代孟元老在其《东京梦华录》中，就对当时分布在东京城内的州桥夜市、东角楼街巷、马行街店铺、大相国寺万姓交易市场等有详细记载：“夜市直到三更尽，才五更又复开张。如要闹去处，通宵不绝。”而在此之前的唐朝却是“百千家似围棋局，十二街如种菜畦”，将坊和市分开，实施封闭式管理。

开封作为宋王朝的首都东京，经济发达，百业兴盛，打破了坊市的界限，从威严庄重的御街，到城外的八个关厢，店铺林立，从而形成了大小不等的商业饮食市场20余处，就是皇宫的东华门外，也是一个“市景最盛”的饮食市场。

从宋人张择端的《清明上河图》上我们很直观地看到饮食店铺林立，从《东京梦华录》中我们得知北宋东京城已有了夜市，著名的夜市有州桥夜市、马行街夜市、矾楼门前夜市以及朱雀门外街心市井、潘楼酒店下等夜市。

东京夜市如此壮观，它所售的品种也很丰富，小吃品种不仅繁多，而且色香味美。其中有李四家、段家的北食，金家、周家的南食，张家、郑家的油饼，万家的馒头，史家的瓠羹，丁家的素分茶等。可惜由于年代久远、世事变迁，很多品种已经失传。

如今在开封城内，大大小小的夜市有20多家，而规模最大的要数鼓楼夜市。鼓楼夜市小吃品种繁多，知名菜肴、面点、小吃品种800多种，中华名小吃98种，其中第一楼小笼包子、桶子鸡、鲤鱼焙面等10多种小吃被命名为省级非物质文化遗产。除开封传统风味小吃外，开封还有全国各地的名吃特产。鼓楼夜市因其浓郁的地方传统特色，被国内外百余家媒体广为报道，名噪八方。

现在，开封的小吃、开封的夜市，已成为开封的“名片”，外地以及国外的朋友，就是通过小吃、夜市来了解、认识开封的，同时还吸引了很多国内外的媒体前来报道，使开封的小吃与夜市名扬四海。

模拟实训

今日开封

游客朋友们：

大家好！文化灿烂，历史厚重，秀美宜居，人杰地灵，发展中的古城开封正以传统韵味浓厚的宋文化和昂扬的姿态，迎接八方宾朋。

在人们的言谈中，国际文化旅游名城这个名词，正越来越多地与开封联系在一起。国际文化旅游名城，正从人们想象中的虚拟图景，在开封变成触手可及的现实。

作为八朝古都，开封的文化财富取之不尽、用之不竭，也不可复制、无法类比，极具开发价值和潜力。那么，充分发挥得天独厚的历史文化资源优势，打好国际文化旅游名城建设攻坚战，关键又在哪里？答案是：抓好国际开封战略、文化开封战略、旅游开封战略和名城开封战略这四个关键词，是建设国际文化旅游名城这个总战略的决胜之道。

城市建设，规划先行，国际文化旅游名城建设，需要一流的规划设计理念。

近年来，开封与国内外多家知名规划设计单位合作，以高起点、大手笔、国际化视野完成了一批重大规划的编制。2006年，开封市政府特聘国内著名专家阮仪三教授担纲编制了《宋都古城风貌保护与重现工程规划》。规划确定以“宋文化”为主题，把古城打造成以“宋都皇城、宋韵水城”为特色的文化旅游、休闲、服务之都。2011年，开封宋都古城文化产业园区升级为国家级文化产业示范园区，成为中部六省唯一一个国家级文化产业示范园区。开封市在十次党代会明确提出打造国际文化旅游名城战略目标的基础上，对开封宋都古城文化产业园区的发展规划进行修编和提升，进一步明确了打造“全城一景、宋韵彰显、外在古典、内在时尚"的国际文化旅游名城的发展定位。

为了维护好八朝古都这一城市品牌，开封将保护古城与传承文脉有机结合，确立了"灰色基调，限高十五，小式建筑，简约仿古"的思路，彰显城市个性，较好地解决了许多城市"千城一面"的现象。青砖白缝，小瓦盖顶，飞檐挑角，坡顶花脊……徜徉在书店街，如同在一幅古色古香的画卷中穿梭，让人梦回千年。书店街改造提升工程，成为展示开封文化魅力的新标志，成为开封建设国际文化旅游名城的切入点和华夏历史文明传承创新区的试验田。随后，开封还实施了依法整治规范市区三轮车、"两改一建"、市容环境卫生集中整治等一系列既是国际文化旅游名城建设的迫切需要，又受到广大群众真心拥护的民心工程和民生工程。通过一件件具体的事、一条条具体的街道，提升城市品位，将厚重的文化逐渐展示出来。

为重现昔日盛景，开封市先后启动了城墙修复工程、宋都水系工程、书店街整修和文化提升工程、"城摞城"遗址博物馆工程、鼓楼复建等一批重大文化旅游项目，《大宋·东京梦华》等大型演出惊艳了世界。2014 年，开封市更是举办了世界客属第 27 届恳亲大会，世界各地客家友人与各路媒体齐聚开封。

实施名城开封战略，把城市品格、特色做出来，需要有国际影响力的节庆活动。中国开封菊花文化节经过 30 余年的精心打磨，已成为国内最重要的节会品牌之一，为开封带来了巨大的经济和社会效益。中国(开封)清明文化节自 2009 年首次举办以来，不断有新的内涵、创意、亮点，赋予了清明节和清明文化更多的思想意蕴和现代活力。海内外媒体对开封这一从满足人民群众文化生活需求入手，发掘传统文化，繁荣文化市场，推动国际文化旅游名城建设的创新实践给予高度评价。木版年画艺术节、龙文化周、宋词乐舞文化周、岳飞文化周、荷花文化艺术节……精彩纷呈的大型节庆活动，不断吸引着国际眼光，形成好戏连台、话题不断的热火气场。

大凡现代产业都强调集聚效应，而园区化则是产业化的必由之路。开封宋都古城文化产业园区自 2008 年成立之后，产业集聚效应、品牌效应逐步显现。目前，园区已入驻文化企业近千家，文化产业从业人员 5 万多人，营业总收入超百亿元，文化旅游业、文艺演出业、书画工艺美术业、饮食文化业、休闲娱乐业、会展收藏文化业、传媒出版业、文化培训业八大产业全方位发展文化产业的新格局已初步形成。国际文化旅游名城建设阔步前行，带动文化产业的活力迸发使其成为经济增长的新亮点。国际文化旅游名城品牌效应日渐显露，成为开封吸引四海游客的最亮丽名片。市旅游局提供的数据表明，2018 年，全市旅游接待总量达 6806.8 万人次，实现旅游综合收入 602.2 亿元。

全市旅游景区景点 18 处，国家 5A、4A 级景区 10 处，形成了双核(宋都古城旅游核心区、汴西新城旅游核心区)、双带(水系观光休闲带、沿黄生态旅游带)、双廊(郑开旅游廊道、开港旅游廊道)、四区(自贸区旅游创新区、航空港旅游试验区、朱仙镇旅游示范区、J 型区县旅游拓展区)的全域旅游空间发展布局。

古今文明交相辉映，新老城区各展风采。如果说开封古城古朴典雅，宋式、宋韵、宋风特色明显，那么开封新区则以其复合、立体、生态，气势恢宏，向世人诠释着现代时尚的理念。经过十几年的建设与发展，开封新区从无到有，由小变大，各项经济指标实现了跨越式增长，在昔日的一片农田、荒地上崛起了一座基础设施完善、功能齐全、环境优美的新城区。近年，开封新区大力投资扩建道路，形成了"四横五纵"及启动区一大街至十二大街的区间交通网络，铺设供排水、热力、通信、电力、燃气管网等，实现了"九通一平"。日本住友电气工业株式会社、日本太阳化学株式会社、泰国正大集团、北京汇源集团、杭州开元旅业集团、海南海马汽车集团、永煤集团、辽宁禾丰集团等一批世界500强、国内500强和知名企业相继在新区投资兴业，一座现代化新城的轮廓日渐清晰。

随着经济实力的增长和文化潜能的释放，开封在区域发展版图上地位不断提升。

2006年11月，郑开大道建成通车，郑汴一体化开始进入实质性阶段。2008年12月，开封新区晋升为国家级经济技术开发区。2011年10月出台的《国务院关于支持河南省加快建设中原经济区的指导意见》明确提出，要“强力推进郑汴一体化，打造中原经济区最具活力的‘三化’协调发展先导区”，进一步确立了开封作为中原经济区核心城市的定位。

2015年，开封直达郑州航空港经济综合实验区的快速通道——开港大道正式开工建设。开港大道作为开港经济带的中轴线，全长57.3千米，总投资19.4亿元，采用双向8车道，北起开封十三大街与连霍高速互通立交，向南穿越郑开大道、郑民高速、商登高速，对接郑州航空港经济综合实验区的东西向中轴线迎宾大道，道路途经开封示范区、祥符区、尉氏县3个县区，连通多个产业片区。2019年，开港大道建成投用可从开封直达郑州航空港区。

开封，正重新回到区域经济发展舞台的中心。有专家指出，开封1000年前是京城，50年前是省城，50年后将是国际城。

八朝古都、首批历史文化名城、中国优秀旅游城市、中国菊花名城、中国书法名城、中国收藏文化名城、国家卫生城市七张闪亮的城市名片，彰显着开封这座古城的软实力。如今，开封没有停下前进的脚步，在市委、市政府的领导下，为建设实力开封、文化开封、美丽开封、幸福开封砥砺前行。

知识链接

汴京八景如表6-2所示。

表6-2 汴京八景

汴京八景	汴京新八景
繁台春色	东京梦华（清明上河园）
铁塔行云	南衙清风（开封府）
金池夜雨	龙亭菊影（龙亭公园）
州桥明月	西湖烟雨（开封西湖）
梁园雪霁	学府书香（河南大学明伦校区）
汴水秋声	城楼映月（开封城墙）
隋堤烟柳	包祠秋霜（包公祠）
相国霜钟	汴京晨韵（汴京公园）

（资料来源：开封网公众号。）

任务二　时空穿越，梦回千年——主题公园讲解

主题公园，是根据某个特定的主题，采用现代科学技术和多层次活动设置方式，集诸多娱乐活动、休闲要素和服务接待设施于一体的现代旅游目的地。根据旅游体验类型，通常将主题公园分为五大类，分别是情景模拟型、游乐型、观光型、主题和风情体验型和4D体验型。

开封市的主题公园主要以主题和风情体验型为主，在这类主题公园讲解时应该注意哪些方面呢？

主题和风情体验型主题公园讲解

单纯游乐型、4D体验型主题公园以娱乐、体验为主，不需要导游进行讲解服务；情景模拟型、观光型主题公园主要以参观游览为主，导游可以运用传统景区讲解方式；主题和风情体验型主题公园区别于其他4种，游客既需要了解主题公园的文化背景相关知识，又需要亲身参与进行体验，因此导游在讲解过程中要注意以下两点。

一、注重挖掘文化内涵

同一般景区讲解相同，需要对景区先进行概括讲解，但除了强调景区的级别、面积、荣誉之外，还必须简单明了地让游客了解景区的主题所在。在整个游览活动当中，导游要紧紧围绕公园主题这条主线，运用分段讲解方法，对涉及背景文化进行分解，形成独立的知识点，每个知识点都要短小精悍。

二、注意游客游览体验

在主题和风情体验型主题公园中，一般都设计有民俗表演和互动节目。因此，导游要根据游客进园时间，合理安排路线，不能死板地按照导游词的先后顺序进行讲解，分段的知识点讲解要穿插在演出之间，起到承上启下的作用。在讲解服务中，也要穿插提醒游客演出时间，以免出现导游讲解过于细致，导致游客错过演出的情况。

模拟实训

清明上河园

游客朋友们：

我们现在游览的是国家 AAAAA 级旅游景区、中国非物质文化遗产展演基地、中国第一座以绘画作品为原型的仿古主题公园——清明上河园。清明上河园坐落于龙亭湖西岸，是依照北宋著名画家张择端的传世之作《清明上河图》为蓝本再现的文化遗产园林，占地 34 万平方米，于 1998 年 10 月 28 日正式对外开放。清明上河园的南苑展现了北宋时期的市井百态和民俗风情，在这里您可以了解民间工艺的传奇魅力，体验市井百态的多姿多彩，感知民俗文化的深厚内涵。北苑集中体现了北宋时期的皇家园林及宫廷娱乐，在这里您可以感受皇城内廷的神圣巍峨，领略皇家园林的美轮美奂，感叹北宋皇城的瑰玮壮丽。徜徉其中，常令人有"一朝步入画卷，一日梦回千年"的感觉。一位外籍游客用他周游世界的观感做参照，说这儿是"古代迪斯尼，宋装嘉年华"。

每天清明上河园都有精彩演出。特别推荐的是《包公巡视汴河漕运》《岳飞枪挑小梁王》《大宋·东京保卫战》《大宋·汴河灯影》游船灯光秀和《大宋东京梦华》实景演出。上午 9 点，是隆重热烈的《包公迎宾》开园仪式。

清明上河园的开园仪式隆重热烈，具有浓厚的地方色彩。大家请看，首先出场的是马队。骑手们个个身着宋式短装，手擎彩旗，在一片冲天锣鼓声中呼啸而来，分列场地两旁；紧接着奔腾而出的是欢迎盘鼓，盘鼓手也是宋装打扮。大鼓悬在腰畔，动作整齐划一，鼓声震天，鼓点欢快；最后出场的是在张龙、赵虎、王朝、马汉簇拥下上场的一代名相包拯包青天。他铁面黝黑，双目有神，大步向您走来，欢迎您到清明上河园游览。马队骑手们手中旌旗挥舞，盘鼓手中大鼓齐鸣，咱们就在"包青天"的带领下，一起走进清明上河园。

迎面可以看到一幅长 16 米、高 3 米的大型浮雕，浮雕前是汉白玉巨石人像雕塑《情系东京》，一代名师张择端手捧恢宏历史长卷《清明上河图》欢迎您来到清明上河园。好了，让我们先来认识一下一代名师张择端和他的《清明上河图》吧！

张择端，字正道，号文友，山东诸城人，生于北宋后期，卒于南宋。年轻时游学京师，擅长绘画，曾任翰林图画院待诏。他的长卷风俗画《清明上河图》，真实地描绘了北宋首都繁华的风貌，原作现存中国国家博物馆。为纪念张择端的丰功伟绩，我国著名雕塑艺术家陈修林教授取中华石材之乡山东莱州的白色花岗岩创作出这尊高大塑像。石像后面则为浓缩《清明上河图》芸芸众生的浮雕，栩栩如生地再现了太平盛世时开封的繁华市景、民俗生活。图中所画的生活景物几乎无所不包，真实地描绘了北宋东京开封城的繁华景象。关于《清明上河图》的数量描述，有两种比较认同的版本。一是画卷长 525 厘米、宽 25.5 厘米，有各种人物 684 个、牲畜 96 头、房屋 122 座、舟船 25 艘；另一是画卷长 24.8 厘米、宽 528.7 厘米，815 个人物、174 棵树、96 头牲畜、28 艘船、8 顶轿子。在这幅画卷上，既有巨商富贾，也有街头小贩；既有城楼虹桥，也有行舟路人，就连算卦先生也能看得到。专家们甚至还发现了店铺中的算盘——这个我们也尚未弄清楚究竟何时发明的这世界上最古老的计算器。《清明上河图》是我们研究宋代经济、文化、建筑、科学等的珍贵历史资料。

经过门内照壁西北行数十步，便到了一个圆形主题广场，广场中心是一个直径约30米的大水池，池中有一艘巨型航船，水波漾漾，船体荡荡，银帆亮亮，与不远处汴河码头遥相呼应，进而点出园林更深层的主题——经济靠流通，文化靠承载。我们便由此开始我们的游程。

清明上河园景区，依照原图设计，占地面积0.4平方千米(600亩)，其中水面0.114平方千米(171亩)，建筑面积3万余平方米。整个清明上河园大体分为南苑、北苑两大景区。南苑的上善门、汴河、虹桥、船坊、食街、酒楼、茶肆等，展现了忙碌的汴河漕运与宋都众生多彩的市井生活、民俗风情；北苑的龙凤殿、拂云阁、九龙桥、四方院等，华贵大气，重现了大宋皇家园林宫廷贵族与众不同的休闲和娱乐方式。景区内分别设驿站、民俗风情、特色食街、宋文化展示、花鸟鱼虫、繁华宫殿园林、休闲购物和综合服务等八个功能区，并设有校场、虹桥、民俗、宋都等四个文化区。游览清明上河园，可以跨虹桥，登上善门，游鸿福寺，浏览文绣院，下榻古驿站，饱餐孙羊正店，欣赏宋代宫殿和古典宫廷园林。游览清明上河园，您可以尽情观赏民间杂耍、木兰织房、年画社，还有吹糖人、剪纸、风筝等民间工艺，品尝闻名中外的开封小吃，也可以在宫殿园林区欣赏古代皇家园林。

清明上河园可看景物繁多，让我们先去看看著名的虹桥吧！

展阅《清明上河图》，我们可以看到一座造型优美的木质拱桥。据专家研究，《清明上河图》中的虹桥为中国十大古桥之一，为著名的木拱桥。始建于1050年，为当时北宋京城的水陆运转畅通发挥出了巨大的作用，后毁于战火。今天展现在我们面前的这座拱桥，是仿照原图建造的。我们能够重登飞架的虹桥，应归功于张择端真切的视像描绘，应当感谢他给了后人重睹北宋京都风景线的机缘。重建的这座虹桥于1998年建成，该桥跨径25米，高5米，跨度比为1∶5。在木拱单孔桥中，这么大的跨度、宽度和高度在1000多年前当首屈一指。即使在至今发现的同类桥中也极为罕见。

当初宋人为使这巨桥飞架两岸，将114根直径一尺半见方的巨木纵横交错定位，先用榫卯咬合，再用绳索捆扎，最后再用铁马(类似现在俗称的扒钉)斜脚钉上。这才使得整个联拱浑然一体，宛如彩虹飞架人间，横托南北千钧路，傲视万里激流船。桥的两端设有四根望柱和四根9米高的立柱，顶部有一圆盘，上面站立白鹤，随风转动，对照下面的十字交叉木就知道白鹤所指的方向，这就是古代的“风向标”。

走上虹桥，桥下就是史书上记载现在模拟的汴河。汴河始凿于战国的魏，通于隋，畅于宋，上起河洛，下至淮泗，直通长江，是北宋南北贯通的经济大动脉。各地所产的粮食，所收的赋税，各种奇珍异果都是沿着这条河运到京城来的。汴河对于当时的北宋可谓立国之本。由于舟船往来，客商众多，于是在河的两边就出现了许多店铺。在当时的东京城，汴河两岸是最繁华热闹的地方，虹桥左右店铺林立，舟船如梭，商贾云集。今天的虹桥下面，是东京码头，诸位感兴趣的话，可以荡起宋式木船，饱览北国水城的万顷碧波。

走下虹桥，列位请看桥南路西这座脚店。门前搭起的彩牌楼有三四层楼高，牌楼上悬挂店名“十千脚店”，引起很多游客的猜测：“歇脚的店？”“修脚的店？”还有人说：“宋代就有洗脚行了？”这只是误解或调侃。其实，宋代的酒店大体分为两类，一类是店面大、资本雄厚，自己可以造酒、卖酒的，称为正店；另一类规模较小，资本也少，只能从正店批发酒来零售的，称为脚店，类似今天市场营销术语——“终端”。取名“十千”，又显得店主颇具文才。“十千”一词

最早见于《诗经》，意指数量之多。三国时曹植《名都篇》中有“归来宴平乐，美酒斗十千。”于是，“十千”便由此而引申有高等美酒之意，以后几乎成了“美酒”的代名词。

各位游客再往南看，可以看到一座群雕，群雕所表现的是《清明上河图》创作时的特定情节。中间人物是张择端，传说张择端年轻留学京师时，被汴京城的富丽堂皇所感染，精心绘制了一副《东京繁荣图》。图中细细地描绘了汴京繁华的街衢，巍峨的宫殿，豪华的住宅。然而，慕名而来的一位年轻公子看后评价说：只画出了东京的脸面，未画出她的眼睛。张择端百思不得其解，就约上恋人周秀姑，就是他身边这位端庄秀丽的姑娘，满城去寻觅“东京的眼睛”。

找来找去均不满意，后来走到东城外虹桥处，看到汴河漕运的繁忙景象，灵感突然如闪电般划过长空。滔滔汴水，声声呐喊，使他从眼前汴河船夫们逆水而上、激流勇进的亢奋态势中，领悟出东京汴梁城的点睛之笔传神之处，正在此地、此景、此声、此情！于是欣喜地连击手中折扇，对身边的周秀姑说：“我找到了！找到了！”身旁一位老者问他：“找到什么了？”“东京的眼睛！”

各位贵宾今日结伴游园，是否也寻觅到了心灵境界最佳处的点睛之笔呢？

在清明上河园游览，大家可以看到勾栏瓦肆、食街等许多房舍，沿途有许多店铺，您可以选购自己喜爱的工艺美术品，在食街可以品尝各种民间小吃，园内一些表演节目有固定的时间，如王员外招亲、梁山好汉劫法场、杂耍艺人表演等。

从饮食一条街出来，往西行百十步，经过“平桥观鱼”，便可进入上善门了。上善门是照《清明上河图》中所绘城门按旧制还原建造。高 21.6 米，总占地面积 1500 平方米，是一座气宇轩昂、巍峨壮观的城门楼。门洞高 8 米，宽 5 米，从城门南北两端拾级而上，便可到达城楼大殿外廊，沐浴和风，登高远眺，十分惬意。

进了上善门，便进入了城内，上善门里是常明古灯博物馆。馆长张三风十余年来收藏民间古灯千余件，时间跨度两千余年，馆内现在布展的是中国历代民间油灯展，展品 713 件。触摸古灯，如同触摸历史；与灯对视，仿若与古为徒。路北这家酒楼叫“孙羊正店”，既然是正店，气派要比虹桥下的“脚店”大多了。仅以门前看，东、南、西三排栏杆，宋代叫“拒马杈子”，原本是为迎驾时防止马越界限而用，类似现在的停车场护栏，后来就成为一种显示气派的装饰物，正如现在的大都市，店门前车位越多，越能招揽顾客，“车位”成了规模及客流量的标志。“孙羊正店”应该说以“马位”为标志，炫耀其“京都大酒店”的显赫地位。路南是大宋婚俗馆，是“王员外招亲”的表演场地，参与其中，与王家小姐拜堂成亲，当一回“开封女婿”岂不快哉。

现在我们来到北苑游览宫殿园林区。清明上河园内宫殿园林建筑布局讲究，它把近处的楼阁和远处的山水、宝塔、飞瀑，纳入自己的观赏范围，借远山以映近湖，借远瀑以衔近亭。我们先来看看这座桥，眼前这座桥是清明上河园最高最长的桥，因跨度太大所以采用联拱结构修建。

咱们这座桥既取了单拱桥的宏伟，又取了联拱桥的延伸，属于又高又长的景观桥。桥下七孔，俗称“七孔桥”，正式名称为“九龙桥”。“9”是阳数的至尊，龙是万物的至尊，把这两个抽象思维与形象思维的至尊之上之物组合在一起，它的张力和势能就更无法计算了。

我们再来看这座高大楼阁，它高 31.99 米，雄伟端庄又不失隽秀舒展，是宋代存放宫廷重要文件及国画书籍的地方，也是园内登高远眺的绝佳去处。阁外看为四层，内夹三个暗层，实为七层，取名“拂云”，叫拂云阁。取名“拂云”，一是说明此阁高耸，轻拂白云；二又暗含“吹拂红尘烟云，洗出清明世界”之意。

这座小院叫四方院，院子面积不大，庭院不深，殿宇不巍，然而却是一个重要所在。从名字就看得出来，“四方”显然不是仅仅指面积形状，而是指“君临四方”的显赫地位和帝王气度。它是园林中皇帝与娘娘的临时寝宫，如果皇帝午休或者太晚了不想回紫禁城，可以在此下榻。如果不想上朝，还可以假托养息在这儿接见朝廷主要官员，就像汉朝皇帝常驻郦阳宫、唐朝皇帝常驻华清宫一样。如今在这里你可以亲身参与大宋科举考场的场面。着古装、入号舍、答考题，品位考试之苦涩艰辛、享受中榜之欢欣鼓舞。

离开四方院，我们来到雄伟壮观的宣德殿和宣和殿。各位到过不少景点，也见过不少建筑群，但像这两殿并肩而立的格局肯定很少见到。这也难怪，在中国，不管是皇宫还是庙宇，乃至民宅大院，都讲究中轴线布局，所以主要殿宇都是承前继后排列。可是，这里与众不同，这是一座皇家园林，它的主要功能首先是皇室休闲游乐；其次是把文武官员召集进来，与他们同乐。所以，两殿并峙。从这个地方俯瞰全园，景色层次分明，尽收眼底。宋代，皇帝经常在园内接见外国使臣。这样一是显得亲切和谐，不必过于拘泥于宫廷的礼节，二是显得皇帝宽容大度。如果赶上与民同乐，还可以向来使展示国泰民安的升平景象。

整个宫殿园林区内，亭、榭、楼、台遍布，请看这座水榭，它四面临水，与榭外一桥相连，亭亭玉立，如出水芙蓉。四周水平如镜，水面与榭台高差自然，给人一种美不胜收的感觉，各位如果今晚下榻在清明上河园驿站，饭后漫步池边，会隔水听到由水榭传来的管弦之乐，月朗星稀，波光粼粼，轻风柔柔，丝乐缈缈，一定会给你留下难忘印象。

每年3月至11月晚上20:10，北苑景龙湖会上演大型水上实景演出《大宋·东京梦华》。这台演出由“影响世界的文化旅游名人”梅帅元制作，清明上河园投巨资打造，整个演出运用大量的科技手段，制造出梦幻般的效果，把人们的记忆拉向一千年前的那个辉煌的朝代。八阕经典宋词和一幅《清明上河图》串联的画面，将精心选择的北宋印象包含进去，以唤起一个民族对兴衰的思考和渴望崛起的激情。全剧共70分钟，由700多名演员参与演出。非常值得一看，您可不要错过哟。

各位朋友，我的讲解到此就要结束了，希望此次清明上河园之行能给您留下美好的记忆。非常荣幸能为大家讲解服务，欢迎各位朋友再次光临，再见！

知识链接

《清明上河图》的艺术鉴赏

从《清明上河图》中可以看到几个非常鲜明的艺术特色：此画用笔兼工带写，设色淡雅，不同一般的界画，即所谓“别成家数”。构图采用鸟瞰式全景法，真实而又

集中概括地描绘了当时汴京东南城角这一典型的区域。作者用传统的手卷形式，采取“散点透视法”组织画面。画面长而不冗，繁而不乱，严密紧凑，如一气呵成。画中所摄取的景物，大至寂静的原野、浩瀚的河流、高耸的城郭；小到舟车里的人物，摊贩上的陈设货物，市招上的文字，丝毫不失。画面中，穿插着各种情节，组织得错落有致，同时又具有情趣。

一、内容

内容丰富，描绘东西繁多。《清明上河图》在表现手法上，以不断移动视点的办法，即“散点透视法”来摄取所需的景象。大到广阔的原野、浩瀚的河流、高耸的城郭，细到舟车上的钉铆、摊贩上的小商品、市招上的文字，和谐地组织成统一整体，在画中有仕、农、商、医、卜、僧、道、胥吏、妇女、儿童、篙师、缆夫等人物及驴、牛、骆驼等牲畜。有赶集、买卖、闲逛、饮酒、聚谈、推舟、拉车、乘轿、骑马等情节。画中大街小巷，店铺林立，酒店、茶馆、点心铺等百肆杂陈，还有城楼、河港、桥梁、货船、官府宅第和茅棚村舍密集。

关于《清明上河图》中画有的人数，说法不一，常见的有500余人说（白寿彝《中国通史》）、815人说（汤友常数米法）、1695人说（齐藤谦《拙堂文话——卷八》），此外各种牲畜六十多匹，木船二十多艘，房屋楼阁三十多栋，推车乘轿也有二十多件，各种说法较为一致。如此丰富多彩的内容，为历代古画中所罕见。各色人物从事的各种活动，不仅衣着不同，神情气质也各异而且穿插安排着各种活动，其间充满着戏剧性的情节冲突，令观者看罢，饶有无穷回味。

二、结构

结构严谨，繁而不乱，长而不冗，段落分明。可贵的是，如此丰富多彩的内容，主体突出，首尾呼应，全卷浑然一体。画中每个人物、景象、细节，都安排得合情合理，疏密、繁简、动静、聚散等画面关系，处理得恰到好处，达到繁而不杂，多而不乱。充分表现了画家对社会生活的深刻洞察力和高度的画面组织和控制能力。从内容看，此画属于风俗画，也具有风俗画的特点。

三、技法

在技法上，大手笔与精细的手笔相结合。善于选择那些既具有形象性和富于诗情画意，又具本质特征的事物、场面及情节加以表现。十分细致入微的生活观察，刻画每一位人物、道具。每个人各有身份，各有神态，各有情节。房屋、桥梁等建筑结构严谨，描绘一笔不苟。车马船只面面俱到，谨小而不失全貌，不失其势。比如船只上的物件、钉铆方式，甚至结绳系扣都交代得一清二楚，令人叹为观止。

（资料来源：百度百科 https://baike.baidu.com/item/清明上河图/102? fr=aladdin.）

知识链接

杭州宋城

宋城位于浙江省杭州市，是一座以《清明上河图》为背景的仿古建筑主题公园。"建筑为形，文化为魂"是宋城的经营理念。城内斗拱飞檐、车水马龙，还原了宋代都市风貌。怪街、仙山、市井街、宋城河、千年古樟等景点一步一景，打铁铺、榨油坊、酒坊等七十二行老作坊星罗棋布，清明上河图电影馆、聊斋惊魂鬼屋、步步惊心鬼屋等高科技体验项目精彩纷呈。上万平方米全室内空调空间老少同乐，晴雨皆宜。5D实景体验剧《大地震》、大型实景演出《丽江恋歌》、实景战争剧《映山红》等数十大演艺秀轮番上演，精彩纷呈。

大型歌舞《宋城千古情》是杭州宋城景区的灵魂，用先进的声、光、电科技手段和舞台机械，以出其不意的呈现方式演绎了良渚古人的艰辛、宋皇宫的辉煌、岳家军的惨烈，并将梁祝和白蛇许仙的千古绝唱表现得淋漓尽致，带给观众视觉体验和心灵震撼。与拉斯维加斯的O秀、巴黎红磨坊并称"世界三大名秀"，金戈铁马，美女如云。置身宋城，恍如隔世。给我一天，还你千年！

（资料来源：宋城官方网站 http://www.songcn.com/Hzcity.）

模拟实训

龙亭

游客朋友们：

我们现在参观的是国家AAAA级旅游景区——龙亭风景区。"龙亭高耸碧云隈，趁晓登临眼界开。"龙亭风景区位于开封市中山路北端，为六朝皇宫遗址所在地。它是一处集皇家园林、历史文物和秀美风光于一体的旅游风景区，被中央文明办、国家建设部、国家文化和旅游部评为全国文明风景旅游区示范点，2019年被国务院认定为全国重点文物保护单位。

如今的龙亭，仍然保持着清代"万寿宫"的建筑格局，在南北500米长的中轴线上，依次排列着午门、玉带桥、嵩呼、朝门和龙亭大殿等建筑。

现在我们看到的就是午朝门广场。在雕刻着精美图案的花岗岩广场上，错落有致地镶嵌着开封著名的"汴梁八景"和"北宋东京三重城墙及北宋皇宫"图形的浮雕，充分展示了古城开封厚重的历史文化底蕴。广场中央还有对形体高大、造型奇特、雕工浑放的石狮在恭候大家的光临，东边雄狮足踏彩球，威猛异常；西边雌狮爱抚幼狮，形态慈祥。在古代，狮子是

权力、地位的象征。据《如梦录》记载，周王府大门外有石狮一对“连座高丈五尺，狰狞古怪，宋之镇门狮子也。”雍正年间修万寿宫时，将这对石狮移此，冯玉祥曾命人在石狮的颈下刻“睡狮猛醒，勿伤我种”八个大字，字迹至今犹存。可见，这对石狮伴随着古城人民度过了漫长的历史岁月，是千年古城历经辉煌的见证。

面前这道门是龙亭的南大门名叫午门，它端庄华丽，坐北朝南，五间三开格局，属单檐歇山式建筑，金瓦覆顶，朱柱红墙，雕梁画栋，构成了典型的清代建筑风格。朱柱上所悬楹联：“亭阁留胜意观两湖映照甄鉴清浊善否应畏哉自古众民知忠佞，苑阙锁幽思万千载沧桑沉浮梁晋宋金皆往矣迄今华夏尽舜尧。”这副楹联对仗工整，融古今善恶，颂扬了人民明辨是非善恶，无愧为国家的主人翁。

穿过午门，首先映入眼帘的是两潭清澈可鉴的湖水，这就是开封著名的潘杨二湖，关于它们的由来，民间还流传着一段美丽动人的传说，相传北宋太宗年间，这一路之隔住着两位朝中宠臣，东边住的是开国元勋潘仁美，西边住的是抗辽英雄杨继业。由于潘仁美妒贤嫉能，害怕杨业功高望重，地位超过自己，于是就在一次抗辽作战中陷害杨业使其战死沙场。佘老太君在告状无果的情况下，带领全家罢官归隐。恰恰就在此时，天上下了三天三夜的暴雨，将这一路之隔的两府淹成一片汪洋，这正好应验了中国的一句老话：恶有恶报，善有善报！有趣的是，东边的湖水混浊，西边的湖水清澈，由此，就有了民间所流传的“潘杨湖水辨忠奸”的故事。其实，并不真是这个原因。原来过去东岸住户多，又有许多作坊，因排放污水，东边的湖水就变得很浑浊；而西边的湖，因当时住家很少，污染也就很少，水质相对好。现在经过治理，两湖都变清了。

前面这座壮观的五孔桥远远望去，像是一条玉带连接着南北御道，并将湖水一分为二。此桥名为玉带桥，是开封最高的五孔石桥，南北长 40 米，东西宽 18 米，高 7 米。桥上游人可拾级上下，桥下涵孔可通舟楫。登桥四望，天水一色，极目远眺，东边远望巍巍铁塔，西可近观清明上河园与翰园碑林，正北方向便是雄伟壮观的龙亭大殿。

早在一千多年前，龙亭一带最早是唐德宗李适（公元 780—805 年）在位时所建的藩镇衙署，它是当时最高的地方行政机关。907 年，朱全忠代唐称帝，改国号梁，史称后梁，建都开封，并将他的梁王府改建为皇宫——建昌宫。923 年，李存勖灭帝称帝，国号唐，建都洛阳，原来的建昌宫改为行宫。936 年，石敬瑭灭后唐称帝，国号晋，史称后晋，建都开封将后唐行宫又改为皇宫。到了北宋，开国皇帝赵匡胤在后周皇宫基础上又扩建了一座富丽堂皇周围达五里的宫殿建筑群，历经九帝 168 年，成为全国政治、经济、文化、科技的中心，在这里曾经发生了许多震惊中外、脍炙人口的历史故事。

公元 1214 年，金国在宋的基础上又营建了一座瑰丽无比的金皇宫。明朝洪武十一年（公元 1378 年），朱元璋将其第五个儿子朱橚分藩于开封，名曰周王。他认为这里龙气旺盛，是一块风水宝地，于是就决定在此建了一座据说是明朝诸藩王府中最宏伟的一座王府。历时十一世 265 个春秋后，在明末崇祯年间被一场洪水淹没，殿宇嵯峨的周王府亦被毁。

清代开封为河南首府，顺治十六年（公元 1659 年）河南巡抚贾汉复在周王府旧址上设贡院，作为考试举人的场所，院内共建有五千多间号舍，明远楼高达四丈。清康熙三十一年（公元 1692 年），地方行政官员为了便于向皇帝遥拜朝贺，便在原周王府的煤山上建了一座“万寿亭”，亭内供奉“皇帝万岁”的牌位。封建社会，龙代表着帝王之尊、王者之范，集权力、地位于一身的统治者。皇帝自认为是真龙天子的化身，因而这里又叫“龙亭”，也就是今天的龙亭大殿。雍正十二年，1734 年河南总督王士俊将“万寿亭”扩建为“万寿宫”。乾隆十五年，后来曾一度改名为“万寿观”和“中山公园”，直到开封解放后才恢复原名。

面前这座小巧玲珑造型奇特的建筑，名叫“嵩呼”，是清代开封地方官员到“万寿宫”给皇帝祝寿遥拜三呼万岁的地方。“嵩呼”名字的由来据说与汉武帝刘彻有关，据《汉书·武帝纪》记载，在公元前 110 年，汉武帝巡察河南，看到当地久旱无雨，民不聊生，便到中岳嵩山为民祈雨，当他来到山上一阵膜拜之后，天上真的云雾缭绕，刮起了大风，群臣一看此情景，便跪拜嵩山脚下高呼万岁，由于处在深山，回声四起，刘彻认为这是群山在仰慕他的威名，心中十分高兴，就写下了“嵩呼”二字，所以它又叫山呼和高呼，成为古代中国参拜帝王的最高礼节。建筑体积虽小，却采用了等级最高的庑殿顶，三间穿心殿顶覆黄琉璃瓦，斗拱梁柱沥粉彩绘。两侧各有八字闪墙，墙中心镶嵌着浮雕二龙戏珠，四角饰有云龙浮雕图案，墙顶还有脊吻走兽，建筑结构精巧别致。嵩呼的楹联曰：两平湖讹潘杨众憎佞宦，万寿宫误宋业民盼青天。

有人说，开封的地下文物比地上文物更有价值，1981 年，在潘湖中心建湖心岛时，挖掘出了明代周王府的遗迹。一时间开封龙亭成为中国文物考古界的热点。据考古勘测，龙亭是当地民间广泛流传的“开封城，城摞城，脚下埋有几座城”的皇宫遗址所在地，曾有过辉煌的历史。其地下有 4—5 米深处的清朝开封省城，12 米深处的唐代汴州城，8—10 米深处的富丽甲天下，繁华冠九州的北宋东京城。

穿过嵩呼，迎面就是“万寿宫”的正门——朝门，三开三间的朝门与午门、嵩呼均不相同，为单檐硬山形式，两侧各有一个卷棚式掖门，金黄瓦顶，雕梁画栋，古朴庄重。掖门内各有回廊与朝门及东西朝房相通，与高台上的龙亭大殿组成了一个完整的宫殿院落，显得肃穆庄严。朝房采用硬山灰筒瓦顶，清式格扇门窗，额枋则为苏式彩绘，典雅秀美。据说，在古代，官员的等级制度极为森严，它涉及方方面面，就连走路都要分个主次。在正门的两边还开着两道小门，那是供文武大臣和皇亲国戚出入的，而中间的大门是专供皇帝出入的，就连皇后也只有在生日那天才有资格出入此门。今天，我们都走正门，体验一番做皇帝的滋味吧！

朝门楹联：“五位延福八仙聚处，三呼大庆四季同春。”

过了朝门，两边分别是北宋东京城沙盘和北宋皇宫沙盘。

在沙盘的北部，是一座高大的照壁，又名萧墙，它是指古代皇宫内当门的小墙，后来宫内篡权兵变的事件时常发生，“祸起萧墙”一词就由此而来，而“萧”在过去没有这个音，与严肃的“肃”为通假字，意思是说，文臣武将出入此门要整戴衣冠，肃然起敬。它的与众不同之处就在这个圆形的拱门上，据说在古建筑中，它又叫照壁和影壁，起着阻挡的作用。在照壁东侧，是并列的两通碑，是清朝河南巡抚雅尔图所立。现存碑体，因风雨侵蚀，碑面斑驳，字迹模糊不清。根据资料，西边一通碑立于 1740 年，为乾隆皇帝赐雅尔图的嘉禾诗和雅尔图自撰的救灾碑记，碑的上部是乾隆御书的嘉禾诗；东边一通碑立于 1743 年，是乾隆赐雅尔图的一首回任诗。

园内左右两侧还有被誉为“我国第一座宋代蜡像馆”的龙亭宋代蜡像，它于 1983 年以《宋史》为依据创建，主要表现了开封历史上鼎盛时期（公元 960—1128 年）北宋王朝九帝 168 年间在政治、经济、文化、科技、外交等方面的重大历史事件。分别为《宋朝开基》《杨业归宋》

《澶渊之盟》《包拯赴任》《召见外使》《安石变法》《水运仪象》《徽宗作画》《李纲复职》共九组。蜡像制作以真人为比例，表情丰富、逼真生动，有如身临其境，不但受到党和国家领导人的高度评价，还受到许多中外专家和学者的一致推崇，艺术效果达到了国际水平。如果哪位游客有兴趣，一会我们自由活动的时候可以进去参观游览。

穿过照壁，迎面是一块表面呈青黑色而润泽，雕刻技法细腻的青石，四周雕刻着 13 条张牙舞爪的滚龙，民间称它为"龙墩"。据说是宋太祖赵匡胤为能长久地稳坐泰山，特命人千方百计从泰山运来这块巨石，精工雕刻而成。

金碧辉煌的龙亭大殿，始建于清康熙三十一年(公元 1692 年)。坐北朝南，建于 72 级台阶蹬道的平台之上，台阶两侧共有 36 根石栏杆，分别代表 72 个"天煞星"和 36 个"天罡星"，两者相加的数字正好为 108，是古代常用的数字，寓意吉祥。大殿为清代重檐歇山高台式建筑，面阔五间，进深四间，殿基高 13.2 米，大殿高 13.5 米，共 26.7 米。殿前是贯通上下青石雕刻蟠龙盘绕的御道，平台四周有石柱石板环绕，东西两侧各有迂回上下的便道，登上大殿，凭栏远眺，古城风貌尽收眼底。

龙亭大殿内每天定时上演北宋重大历史事件《杯酒释兵权》。讲的是公元 960 年，赵匡胤在陈桥兵变、黄袍加身，建立了大宋王朝并定都开封，但他圆了皇帝梦之后，仍然忧心忡忡，生怕有朝一日自己手下的军事将领也像他一样来个黄袍加身，于是他就苦苦思寻着如何将天下的兵权收缴到自己手中，可是要解除高级将领的兵权可不是件容易的事，闹不好会激化矛盾，酿成兵变，甚至发生流血冲突，他根据谋士们的建议，借在皇宫宴请之机，巧妙地从各级将领手中收回了兵权，加强了中央集权，客观上结束了唐五代以来军阀割据，战乱频繁，社会动荡，民不聊生的混乱局面，这是他审时度势的明智之举，史学家称这段著名的往事为"杯酒释兵权"。

大家请随我登上大殿，殿前朱柱悬挂对联一副："话七朝事尚许清浊两湖水，登百尺台徒叹盛衰万寿宫。"楹联忆古思今，开封作为千年古都，历经沧桑，文化遗产，见证辉煌。

龙亭大殿北部为御花园，园内散布众多的植物专类园，明媚的四季同春园，典雅的芳林苑，幽香的梅园和绚丽的月季园等，把龙亭装扮得分外妖娆。

龙亭景区西侧杨家二湖中间有一座单拱桥，因桥头南路与对岸断绝，形成"断桥"，常常引得游人发问。其实，这是 20 世纪 50 年所建的假山公园遗存的一座桥，名"一孔桥"。开封地处平原，境内无山，为了确百姓对山的向往，新中国成立后就在杨家西湖至现中国翰园一代建了假山公园，园内共设五座桥，并按桥孔多少命名。岁月变迁，现仅存"一孔桥"和"三孔桥"两座，"三孔桥"位于翰园，连南苑与北苑。"一孔桥"南路也因地势低洼使湖水自然贯通，而形成奇特的"断桥"景观，不过现在这里因建了翰园，有"仰圣山"、碑林、碑坛、亭台、水榭等，景色比过去好看了许多。

龙亭园内每天还定时上演《九帝迎宾》等具有浓郁宋代宫廷文化特色的节目。游客参与期间，置身浓厚的宫廷文化氛围，常常令人梦回千年，浮想联翩。

龙亭风景区还是一年一届中国开封菊花文化节的主会场，龙亭的菊会以其规模宏大，气势雄伟，内涵丰富，品位高雅而闻名全国。每到金秋十月，园内十几万盆菊花将公园布置成了花的海洋，来自四面八方的赏菊游园者络绎不绝，形成了花如海、人如潮的壮观景象。

龙亭灯会历史悠久，2015 年升级更名为"大宋上元灯会"。为传承和弘扬民族优秀的传统文化，每到新春佳节，龙亭都要举办规模宏大的灯会，几十组大型灯组和千余个工艺彩灯布置在金碧辉煌的宫殿建筑群和碧波荡漾的潘杨二湖之间。气势磅礴、流光溢彩的上元灯会，是人们欢度佳节的理想场所。

亭，古语有停留、驻足的意思，“何处是归程，长亭更短亭”。龙亭，一个王朝的驿站。秀丽的景色，特色的内容，是否使您产生“畅游皇家园林，赏析宫廷往事，解读王朝兴衰”之感。

各位游客，今天的龙亭之旅到此结束，热忱地欢迎大家在金秋十月光临龙亭菊会，让我们相约在金秋，相聚在菊会。

模拟实训

万岁山·大宋武侠城

游客朋友们：

万岁山·大宋武侠城是开封市万岁山游览区有限公司斥巨资于2003年10月在原国家森林公园的基础上建立起来的以大宋武侠文化为核心的AAAA级主题景区，占地五百余亩，地处开封城西北部，是一座以宋文化、城墙文化为景观核心，以大宋武侠文化为旅游特色，以森林自然为格调，兼具休闲功能的多主题、多景观的大型游览区。

万岁山·大宋武侠城作为以大宋武侠文化为旅游特色主题的游览区，将宋文化为主线且极为重视宋武侠文化和景观氛围的塑造。其中再现宋代千年古刹辉煌的万岁寺、体现佛儒道精神的龙坛、1∶1还原水浒《三打祝家庄》战场的城寨沙场、世界上留存最为完整的明清古城墙遗址等众多景观，国内最大的人造溪流瀑布群之一“九龙瀑”采用全新的设计理念，将宋文化与山水飞瀑作为描绘景观语言的主要元素，一抹飞阙将南北两条体现景区武侠文化与休闲文化主干道相连，形成独特的宋文化、武侠文化的景观骨架，还原了盛世宋韵中描写的嶙峋起伏、溪流飞瀑、峡谷山涧并存的壮美景观。

步入北大门广场，行走在武侠名著中神兵利器“倚天剑”“屠龙刀”巍巍伫立的武侠路之上，感受《侠客行》书简中霸气凌人的气息，仰止于大宋武馆的“侠客图”之下，在十字坡“剑坛”中留下身影，饮一盏清冽的“大宋皇酒”，醉卧于龙坛之下，侠客梦想、英雄情怀，尽在于此……此外，景区遍布聚贤庄及仁义侠广场表现武侠文化的各式建筑物、武林会场的猎猎飘扬的“八大门派”旗帜等，景区中武侠文化氛围无处不在。目前以《岳飞传》《水浒传》《七侠五义》等宋代武侠题材为背景，常年推出36部（每天60多场表演）实景武侠剧演出，达到全景式、系统化展现大宋武侠豪情及江湖百态。同时推出了以《武侠影视体验厅》和《武状元》为代表的互动剧目演出，以《杨志卖刀》和《飞云浦》为代表的游客零距离的突发性演出，以及《飞刀飞斧》特技类演出等每天循环上演，精彩不断。耗资千万打造了以《三打祝家庄》《国际大马戏》为代表的一系列大型旅游剧目，让我们一睹为快吧。

模拟实训

开封府

游客朋友们：

我们今天要游览的开封府景区，坐落在风光秀丽的包公东湖北岸，是一个以宋代开封府衙为原型重新修建的主题文化景区。它占地60余亩，建筑面积1.4万平方米，与位于包公西湖的包公祠遥相呼应，形成了“东府西祠”楼阁碧水的壮丽景观。它气势恢宏，巍峨壮观，现为国家AAAA级旅游景区、河南重要的廉政教育基地。2018年，被评为河南省首批研学旅游示范基地。

历史上的开封府，又称南衙，初建于五代后梁开平元年（公元907年），距今已有一千多年的历史。开封府，在历代的官府中以北宋开封府规模最为宏大，是管理国都及京畿地区的重要机构，相当于今天的北京市政府，地位非常显赫。北宋的开封府作为位居首都的“天下首府”，曾有过一百六十余年的辉煌，宋太宗、宋真宗、宋钦宗三位皇帝没当皇帝之前都曾在这里当过府尹，并且先后有寇准、包拯、欧阳修、范仲淹、苏轼、司马光、蔡襄、苏颂、曾公亮、宗泽等一大批杰出的政治家、文学家、思想家、军事家、科学家在此任职，不仅在此树立、弘扬了“公生明”“清、慎、勤”的道德正气，也形成了以“廉政刚毅”为鲜明特色的开封府官衙文化。开封府也以此而深入民心，名垂青史，成为四海闻名的中国古代官衙。

现在我们所看到的开封府，在建筑形式上，是依照北宋李诫的《营造法式》修建而成的。布局规整，庄重典雅，高挑的屋脊、精细的彩绘，处处体现了宋代的建筑风格。它以府门、仪门、正厅、议事厅、梅花堂为中轴线，辅以天庆观、明礼院、潜龙宫、清心楼、牢狱、英武楼、寅宾馆等五十余座大小殿堂、楼宇。根据陈展内容的不同，大体分九个展区：一是以仪门、鸣冤鼓、戒石、大堂等为主题的府衙文化区；二是以梅花堂包拯倒坐南衙为主题的包拯传说文化区；三是以太极八卦台、三清殿为主题的道教文化区；四是以典狱房、牢狱为主题的刑狱文化区；五是以桂籍堂、拱奎楼为主题的教育科举文化区；六是以英武楼、校场为主题的游艺文化区；七是以清心楼历任府尹事迹为主题的府尹人文文化区；八是以宋太宗、宋真宗为主题的潜龙宫帝王文化区；九是以范公阁、曲桥、明镜湖、弦月山为主题的休闲文化区。

在开封府府门广场前有一方照壁，它南面是“开封府”三个大字。北面是一只似鹿非鹿，似羊非羊的怪兽，目光炯炯，拭目以待，它的名字叫獬豸，是传说中的神兽，据说能辨别是非曲直，善恶忠奸。在这里刻上獬豸图案，是为了警示官员要秉公执法，依法行政。假若徇私枉法，这个獬豸就会把他抵到十八层地狱。

开封府的城门楼充分显示出宋代开封府作为天下首府的非凡气派，从这里看开封府衙，巍峨壮观。每天上午九时，庄重而严肃的“开衙仪式”在府门广场上演。

进入开封府，可以看到左右两边各有一个碑亭，分别立有《开封府题名记碑》和《开封府尹题名记碑》。东边的《开封府题名记碑》是开封府的镇府之宝，碑上记载着从公元960年至1105年这145年间183任知府的名字、官职、上离任时间等情况，其中包括包拯。

包拯，字希仁，庐州人（今安徽合肥），生于宋真宗咸平二年（公元999年），卒于宋仁宗嘉佑七年(公元1062年),享年六十四岁。包拯历任知县、知府、按察御史、枢密副使等职,并出使过契丹,后封为龙图阁大学士,死后封谥号为孝肃公。

怎么找来找去不见包拯的名字呢?瞧!在这儿呢!原来在碑正中偏右的位置有处浅浅的凹痕,上面的字迹已经磨光,隐约能看到包拯两字的笔画,几百年来,老百姓每到碑前都要用手触摸他的名字,天长日久就留下了这道深深的指痕。开封民间有一个传说:如果你不是一个贪官,用手指触摸他的名字,手指就不会发黑;如果你是一个贪官,结果就不用说了,你自己也知道。包公名不在碑而有口皆碑,历史将永远铭记为人民做过好事的人。碑中还刻有宋太宗、宋真宗、寇准、范仲淹、欧阳修等帝王、名臣,他们都曾在开封府当过府尹,而苏轼、司马光也曾出任过副长官。

包公还是中国宋元以来戏曲小说渲染最著名、社会影响最大的一位。开封府因包拯而名镇千古,包拯也因开封府而传颂古今。《开封府题名记碑》是我国记载名人最多、时间最详细、涉及官职最多的题名记碑。北宋时期,它立在开封府衙门前,历宋、元、明、清等朝代。尽管经历了黄河水患和府衙变迁,但石碑一直伴随开封府而"动"。《开封府题名记碑》内容丰富,包含了北宋时期的法制、包公从政、科举教育文化等,是研究北宋政治、历史不可多得的宝贵资料。

竖立在正厅院里的巨石是"戒石铭"。其南面镌刻"公生明"三个大字,意在提醒官员只有公正,才能明察秋毫,清正廉明;北面刻的是"尔奉尔禄,民脂民膏;下民易虐,上天难欺",意在告诫官员要洁身自好,为官一任,造福一方。把戒石铭作为官箴竖立在府衙之内始于北宋,也是我国政治制度史的首例。

绕过戒石铭,便是布局严谨、气势巍然的开封府正厅,又称"大堂""厅事",是北宋开封府长官发布政令、处理政务以及府衙举行重大活动、审理要案的地方。大堂前通道的两侧是左军巡院、右军巡院,左厅、右厅、架阁库、使院等办公机构,组成了开封府官衙的核心。梅花堂坐落在一个梅花飘香的四合小院之中,宋人周密在《癸辛杂识》中记载说:"北宋开封府衙后有蜡梅一株,以为奇,随创梅花堂。"它就是传说中包公倒坐南衙的地方。相传,包拯在实行废"牌司"、开正门改革之后,京城百姓纷纷拍手称快,告状的人越来越多。包拯每天处理完诉讼案件后,就下令打开府衙后门,允许百姓直入府内诉说冤情。这样一来,老百姓告状从后门进入要比从府门进入大堂方便、快捷得多。因为当时开的是后门,所以人们都称之为"倒坐南衙"。堂内的一组蜡像,真实再现了当时包拯倒坐南衙、听民诉讼、执法如山、为民申冤的场景。

我们现在看到的是潜龙宫,是宋仁宗为纪念他的父亲宋真宗曾任开封府尹而建造的。潜龙宫前身为射堂,是宋太宗为宋真宗修建的习箭之地。后来,宋仁宗将宋真宗任开封府尹时办公居住的廨舍修成了潜龙宫。府衙内设宫,开封府是全国唯一。潜龙殿内是三位皇帝的雕塑,正中间是太宗赵光义,东边是真宗赵恒,西边是钦宗赵桓,这三位帝王,在没有做皇帝之前,都曾任过开封府尹或开封府牧。

明礼院坐落在开封府的东北隅,这是开封府的科举文化区。在宋代实行"重文轻武"、崇尚文化的政策。教育和科举都是国家和各级官府的大事,可称为重中之重。院内的建筑叫

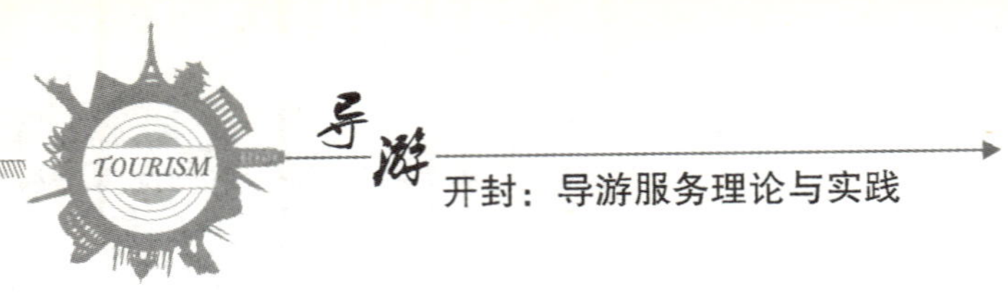

拱奎楼。拱奎楼一层大厅，是北宋科举时的考场，现在已经无法重现当时的原貌了。不过，大厅四周墙上的壁画，倒是很详细地描绘了宋代科举的全过程。

后面的小楼叫桂籍堂，每次科举之后，开封府就把本府中举的考生重新造册，在孔子像前隆重举行"入桂籍"典礼，然后就把名册珍藏在这里。也可以说这里是宋代开封府的"科举档案馆"。

清心楼是开封府的府尹文化游览区。其名取自包拯生前所写一首言志诗："清心为治本，直道是身谋……"为纪念这位刚直不阿的一代清官，故将此楼命名为清心楼。楼的一层大厅内，是一尊目前国内最大铸铜的包公站像，高 3.8 米，重达 5.6 吨，铜像神态威严，栩栩如生。东西两面墙上，展示有包拯生前所写的一首言志诗和宋真宗诏书等。游人可以在此瞻仰、拜谒这位刚正不阿、执法如山、勤政为民、不畏权贵的包青天。二层厅堂内设有一圈展柜，以手卷的形式介绍了历任开封知府与府尹的姓名、籍贯和生平事迹等。三层清心楼，以微型景观的形式向游人展现了北宋开封府内举行重大活动的一些场面，让您叹为观止。第四层，为游客精心安排了宋代歌舞表演、古乐演奏、茶艺展示等形式多样的综合节目。还可凭栏远眺，欣赏开封府的全景及开封古城风貌。

英武楼，是开封府校场的主体建筑。大柱上刻的抱柱长联和楼檐下的"英武楼"三个大字显示出这座宋式建筑的宏大气势。它主要是开封府的演武迎宾场所，同时也是宋朝科举时武举考试的考场。英武楼还有一个重要的用途，就是每当开封府要举行较大的庆典时，都要在此举行。在这里我们可以欣赏到"包拯宴宾"的精彩文艺表演。

府司西狱是开封府的刑狱文化区，坐落在开封府的西南角。宋代开封府的府司西狱只是临时关押犯罪嫌疑人和证人以便提审的地方，相当于现在的拘留所牢房中的铁丝网死牢中的流沙墙，主要是防止犯人逃跑用的，据说北宋的司法制度要比欧洲早 500 多年。府司西狱中，设有狱神庙，供奉狱神皋陶。传说他是古代具有神力的刑狱官，执法最公正，能明辨是非，扬善惩恶。无论是犯罪嫌疑人、证人、典狱官、狱吏以及其他各色人等，只要一进牢狱这个院，都要先拜一下狱神。就是大宋皇帝来视察，也得先给皋陶拱拱手。需要说明的是大约从明朝开始，狱神由汉代的名相萧何接任。所以，明朝以后的监狱里，狱神就变成了萧何。

在开封府游览，不仅能看到宏伟的宋式建筑、大批珍贵史料及有关轶事的陈展外，还能够欣赏到精彩的文艺表演，如大堂上的《铡美案》《铡赵王》，明礼院、清心楼的《榜前捉婿》等演出精彩纷呈。

在休闲区内，弦月山的流水瀑布、山间小道会给您一种回归大自然的感觉。明镜湖里湖水清澈、波光粼粼，鱼儿在水中悠闲的漫游，嬉耍时偶尔翻起小小的水花，给平静的湖面带来一些生机。在曲桥、灵石中漫步，别有一番风味。范公阁上，把酒临风，和着古琴的余音向远处眺望，您会像诗人一样，真的咏出一首小诗或绝句，使您置身于远古的仙境之中。

各位游客朋友，您是不是感受到了"游开封府品位大宋文化，拜包龙图领略人间正气"的深刻含义了呢？

知识链接

开封市研学旅行示范基地

研学旅行是最具活力的旅行，是最可持续的旅行。作为青少年素质教育的重要内容和形式，近年来，研学旅行呈现出良好的发展态势，成为旅游的重要内容，成为传播文化的重要途径，成为实现“诗和远方”完美结合的有效载体。

河南省旅游局重点推出了6条研学线路：历史文化穿越之旅、文化遗产探寻之旅、中华诗词传诵之旅、中国功夫体验之旅、自然生态科普之旅、革命传承红色之旅。希望通过河南研学产品的体验，让每一位中小学生能够感受中华文化的源远流长、博大精深，能够领悟中华民族精神传承的磅礴力量，能够见证祖国现代化建设的伟大成就，在“读万卷书，行万里路”中，获得更宽阔的眼界，胸怀更远大的志向。

2018年，河南省旅游局公示了首批河南省研学旅行示范基地候选名单，万岁山、清明上河园、开封府三家开封市景区成功入选。同年，河南省教育厅、开封市教育体育局先后公布了2018年河南省、开封市中小学社会实践教育基地名单，其中开封清明上河园、开封中国翰园碑林、开封市天波杨府公园入选省级专项性社会实践教育基地(优秀传统文化)名单，朱仙镇启封故园入选市级名单。

(资料来源：河南省文化和旅游厅、河南省教育厅、开封市教育体育局。)

模拟实训

中国翰园碑林

游客朋友们：

我们即将游览的是开封中国翰园碑林。中国翰园碑林位于龙亭湖风景区西北隅，是由一位年逾八旬的退休老干部李公涛先生带领全家、自筹资金、民办公助、于1985年创建的，是我国目前规模最大、藏碑最多的民办碑林，国家AAAA级旅游景区，为“河南省先进文化示范基地”“河南省中小学德育教育基地”“河南省爱国主义教育基地”。

中国翰园碑林，简称“中国翰园”，占地120亩，刻碑3800多块，分设十大碑廊，南大门牌楼上方“中国翰园”四个遒劲有力、沉稳刚健的大字，是由中国翰园创建人李公涛先生书写的，两旁“无私奉献，艰苦奋斗”八个大字，字体流畅，笔力雄健，是由国内著名书法家牛光甫

先生书写的。这八个字是对李公涛先生创建中国翰园的真实写照。

现在请大家随我到园内参观。

各位游客朋友，树立在我们面前的是李公涛先生的家训碑。中国翰园创建之初，李公涛先生为了表明心志，激励后世子孙，立下了这块《家训碑》："为继承和发扬祖国的传统文化，振兴民族精神，誓在八朝古都开封兴建一座与西安、曲阜碑林相媲美的具有旅游价值的碑林，把现代书法留传后世。以愚公精神世世代代刻碑不止。我倒下由我弟弟子孙接着干。只许投入，不许索取，迎难而上，百折不回，直到碑林建成，无偿交给国家为止。碑林有了收入，李家子子孙孙不能从碑林牟取一分钱利益。特作家训，镌刻于石，嘱儿孙共遵之。"这铿锵有力的声音，震撼着每个人的心房。

多年来，其全家经济收入都无偿投入碑林建设，终于，在李公涛先生的带领下，翰园人经过 30 多年的艰苦奋斗，将现在这座以南部园林、北部碑廊两大景观区为主的文化高品位、园林高层次的现代化园林呈现在大家面前。

朋友们，矗立在我们面前的是中华民族的人文始祖轩辕黄帝塑像。黄帝史官仓颉创造了文字，使中国社会由蒙昧走向文明。每年春节翰园碑林举行隆重盛大的轩辕黄帝祭祖庙会，以缅怀先祖，传承文明。

翰园分为山水风景区和碑廊布展区两大部分，现在我们便进入了山水风景区，这里有仰圣山、盘龙陵、文翠山等十几座山峰、五条瀑布、三条溪流、两个岛屿、十座桥梁、两座大型喷泉等。可以说是群山竞秀，山峦起伏，气势恢宏。现在我们看到的这座山叫仰圣山，仰圣山体现了儒家文化品位，也体现了人们对世界文化名人和古圣先贤孔子的敬仰和思慕。仰圣山内部为四层建筑，用碑刻和浮雕形式表现儒道文化的精粹。站在山顶，举目远眺，附近龙亭湖风景区景观尽收眼底，心旷神怡。俯首鸟瞰，碧波万顷的杨家湖和翰园湖，山光水色，相映生辉。

游客朋友们，我们走过山水风景区，来到碑林北部的书画艺术碑廊布展区。主体碑廊古朴典雅，气势恢宏建筑面积 1 万多平方米，碑刻分设历代书法碑廊、现代书法碑廊、篆刻碑廊等十大碑廊，刻碑 3800 多块，上下两层碑廊连环，含日月阁(文昌阁)、南北大殿、四个角亭、12 个天井小院，是由李公涛先生亲自策划设计建成的，这是中国翰园碑林的灵魂部分。碑廊北大殿上方由李公涛先生书写"中国翰园碑林"六个大金字，南大殿上方由著名书法家陈国桢书写"碑廊"两个大字。走进碑廊，如同进入了书法艺术的海洋，真草隶篆、枯润险奇、龙飞凤舞，各具特色，我们在欣赏这 3800 块碑刻的同时，更能领略到中华文化的博大与精深。

进入碑廊首先看到的是由楷书名家田英章先生运用欧体所书写的《前言》，字体清丽古典，平稳端正，在国内堪称一流水平，《前言》主要讲述了中国翰园创建的过程以及目前的一种建设面貌。而且这里面还记述了历代、现代、中山、绘画、篆刻等十大碑廊。好了，百闻不如一见，还是让我们亲自去体验一下书法艺术的魅力，感受一下这座"东方文化艺术宝库"吧！

在历代书法碑廊中，上迄殷商甲骨文，下至清代末年，按照朝代顺序镶嵌历代名作和名家代表作，全面展现了中国书法发展史和文学演变史。在这里，您可以看到生趣盎然的甲骨文，圆浑沉郁、肃穆凝重的金文，有“小篆的鼻祖”李斯所写的小篆作品《泰山琅琊》；更有如“清风入袖、明月入怀”之称的书圣王羲之留给后人的天下第一行书《兰亭序》；有中国书法史上第一部字典——智永禅师的《真草千字文》，唐太宗李世民的佳作，草圣张旭如狂风急骤般的《古诗四贴》，中国书法史上最具有抒情意识的“天下第二行书”《祭侄文稿》，深受毛泽东喜爱的《自叙帖》以及体现宋文化的宋四家：苏、黄、米、蔡的作品；还有宋代皇帝宋徽宗（赵佶）的瘦金体，爱国名将岳飞的《满江红》，风流倜傥的明代四大才子之一唐伯虎的作品。清代扬州八怪之首郑板桥的六分半隶书《难得糊涂》《吃亏是福》等作品更是让人拍手叫绝。可谓包罗万象，异彩纷呈。

现代书法碑廊汇集了辛亥革命后以至当代的全国书法名家的珍品，其中有毛泽东的草书，当今书法泰斗沙孟海、舒同、启功、费新我、沈鹏、王学仲、欧阳中石、李铎、刘炳森等的书法墨宝；还有五四运动以来最能代表时代精神和书法艺术水平的于右任、郭沫若等人作品。台湾的陈立夫，香港的赵少昂，澳门的王煜等人的珍品，皆荟萃于此。

绘画和篆刻是我国民族传统文化艺术的瑰宝，是历代大师们给我们留下的璀璨而珍贵的文化遗产。但在我国几千年文明史上，却没有把这两项艺术列入碑林。中国翰园弥补了这项空白，开创了绘画和篆刻入碑并专设书画和篆刻碑廊的先河。绘画碑刻用黑白线条描写华夏传说、名山秀水、花鸟鱼虫，描写历代治国治政的圣君名臣、民族精英。它们宛如烂漫春花，竞相开放。篆刻碑廊把古今大家不同流派的金石治印，用各种篆刻艺术表现的传统的龙凤图腾、福禄吉祥、名人格言，集锦篆刻，荟萃碑廊，而其中杨坚水的“百龙图”“百凤图”“白马图”“百币图”精湛生动，技艺超群，令人耳目一新。

此外还有少数民族书法碑廊、国际人士书法碑廊、中山碑廊、少儿书法碑廊、名人题词碑廊和名人书法碑廊，如有时间请您自行观赏。

浏览翰园，美不胜收，诗书画印四美珠联璧合，其空灵娴雅之韵起，沁人心脾、通通碑刻，可谓洋洋大观，令人叹为观止！

游客朋友，中国翰园的讲解已到此结束，请大家自由参观，30 分钟后在北门集合上车！

模拟实训

启封故园

游客朋友们：

启封故园景区总占地 5300 亩，分古镇风情展示区、环湖风景游览区、温泉休闲度假区、岳飞古战场、生态农家体验区、文化创意养生区、生态湿地体验区、生态林地观光区等八个功能分区，重现了当年朱仙镇“商船昼夜穿梭，两岸灯火通明，沿河景色异常壮观”的繁荣景象，为您带来独一无二的享受。

园区一期古镇风情街区是启封故园的核心景区之一，以复古的明清建筑作为主要建筑类型，将厚重的历史、传统的文化皆收其中。现在大家看到的牌楼正面匾额刻为繁体“启封

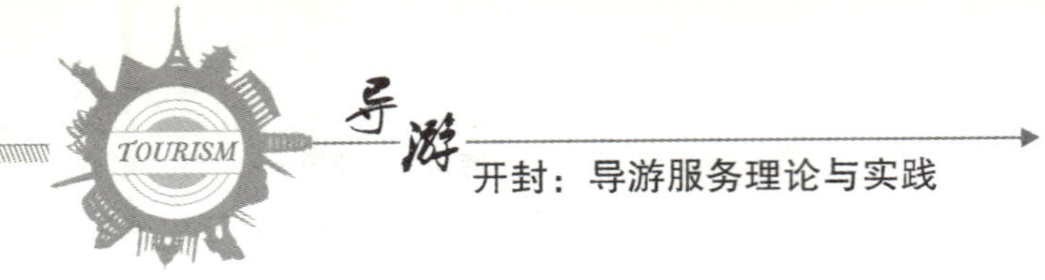

故园”，背面为繁体“朱仙古镇”，彰显出八朝古都厚重底蕴。

四面牌坊，位于游客接待中心出入口中间位置。它宽 10.8 米，高 11.43 米，进深 10.8 米。如果说大牌楼是开封历史的浓缩，那么四面牌坊上的四组词语就是对朱仙镇历史的高度概括。牌坊抱柱石上有十二生肖，仿照圆明园喷水十二铜首，您可以领略中国古代科技的魅力，有兴趣的朋友还可以找找您自己的属相。

东面牌坊的匾额为漕运码头（背面匾额：商埠重镇）。雕刻楹联“纳南吐北，千帆竞驶朱仙渡；卸东装西，万商蜂拥运粮舟”。

朱仙镇因傍贾鲁河，水陆转淮河可达扬州。自唐宋以来，一直是水陆交通要道和商埠重镇。明代时是开封唯一的水陆转运码头，朱仙镇因此迅速繁荣。明末，朱仙镇成为全国四大古镇之首。四幅石雕图案生动再现了朱仙镇作为漕运重镇的繁盛景象。

北面牌坊匾额为朱仙大捷（背面匾额：精忠报国）。雕刻楹联“仰天长啸，三十功名尘与土，壮怀激烈，八千里路云和月”。

西面牌坊的匾额为年画鼻祖（背面匾额：迎祥纳福）。雕刻楹联“唐宋起兴，千家口碑垂金石；明清鼎盛，万户载道占鳌头”。

南面牌坊匾额为豫剧之源（背面匾额：中州音韵）。雕刻楹联“锣鼓梆子，五花八门蒋许门；生旦花脸，南腔北调祥符调”。

验粮楼是古代政府设在漕粮征收地的外派机构，负责将每年地方上缴的漕粮验收定级并登账入库。按照古代政府规定，地方上交的粮食要质量上乘，干圆洁净、无潮湿、无掺杂，负责验收粮食质量的监兑官对此出具通关米结（通关文书）才能装仓入库。

北门广场上立着一座碑，《朱仙镇新河记碑》，刻于清朝光绪八年（公元 1882 年），由河南巡抚前任河督李鹤年撰并书。历史记载“石立开封县朱仙镇北门外贾鲁河桥东大路旁”。碑高 231 厘米，宽 77 厘米，碑文记载了时任河南巡抚李鹤年率领地方军民疏浚贾鲁河的历史事件以及贾鲁河重要的水运价值。

脚下这座桥叫做潜龙桥。在公元 1785 年，清朝乾隆五十年九月间整个黄淮下游地区出现了一次罕见的特大旱灾，情况严重。乾隆皇帝一面谕令河南巡抚毕沅查速到淮水上游勘探，设法从桐柏、贾鲁等支流源头引水；一面亲自到河南勘估兴修淮水上游沿岸淮渎庙、大禹庙，准备祭祀求雨。开封禹王台，就是在这一时期得到了重新修复。虽然这是年事已高的乾隆最后一次南巡，但在南巡视察河工期间，他对整体筹划河务及治河引水的重大工程却亲自决策，祭祀河神也达到了盛况空前的规模。正是由于皇帝的身体力行，率先垂范，促使黄淮地区祭水祀神之风达到了高潮，遍及沿岸各地。在这种背景下，乾隆皇帝在纪晓岚、河南巡抚毕沅陪同下，巡视了贾鲁河下游的朱仙镇，并下榻在清真寺内。当时乾隆还对河南巡抚要求在朱仙镇上再修建一座大拱桥，方便百姓出行。后人为了纪念这一历史事件，把乾隆提议修建的桥称作“乾隆桥”，为避讳帝王字号，便以谐音称“潜龙桥”。在湖心岛和验粮楼之间有三座桥，分别叫争渡桥、济民桥和轩辕桥。首先给大家解释一下争渡桥。说起争渡大家是否会联想到著名女词人李清照的一首词呢？争渡争渡，惊起一滩鸥鹭。第二座桥叫济民桥。济民桥是连接验粮楼和湖心岛最长的一座桥，漕运是国之所仰，民之所需；桥身与验粮楼相连，故名济民桥。第三座桥叫轩辕（嫘祖）桥。轩辕指的是黄帝，而嫘祖是他的妻子。一起携手走过此桥的夫妻将会和睦，白头到老，情侣携手走过此桥的可更加恩爱，永不分离。

后周世宗在登基之前是个小商贩，他经常推着车到朱仙镇贩卖货物以谋生。有一天，柴荣和平常一样推着车子来到了朱仙镇，突然一只火红的鸟落在他的车子上，柴荣之前从没见过这种鸟，街上的众人也指指点点，大家谁也没见过。这时，路过的一位卜卦术士张嘴说话了："朱雀至，富贵至啊！"说完就要走，柴荣急忙上前请教："还请高人明示。"术士将柴荣拉到一边，说："这只鸟为朱雀，是上天神鸟，代表祥瑞，壮士这是要飞黄腾达、大富大贵啊。"柴荣对此深信不疑，从此不再经商，投身军旅，最后登基当了皇帝。朱仙镇留下了柴王推车、朱雀降落的故事，朱仙镇自此之后就有了"日进斗金""满载而归"的木版年画。

信义桥的来历和著名军事家孙膑和庞涓有关。战国时期，孙膑和庞涓同时拜鬼谷子为师，他们曾长期在朱仙镇一代学习兵法。后来，庞涓当上魏惠王的将军后，因忌孙膑才能超过自己，抛却同窗之情，设法诳骗孙膑到魏，并挖去他的膝盖骨，把他扔入猪圈，让他永无出头之日。后来，孙膑在齐国使者的帮助下投奔齐国，被齐威王任命为军师，辅佐齐国大将田忌两次击败庞涓，取得了桂陵之战和马陵之战的胜利，奠定了齐国的霸业。一代大将庞涓背信弃义，惨遭兵败，自刎而死；而孙膑则凭借自己杰出的军事才能永垂史册。人们为了纪念这件事情，就把镇上的一座古桥命名为信义桥。

现在我们面前这座茶楼叫做栖凤茶楼。相传赵匡胤即位不久，欲开通运河从水路挥师南下，在朱仙镇段却迟迟不能前进。有天晚上赵匡胤做了个梦，梦中柴荣在用车推土填运河，两人就打了起来。这时，赵匡胤的义妹赵京娘化作一只凤凰前来解围，两兄弟遂冰释前嫌，北宋军队也很快挖通了运河，统一全国。话说这个赵京娘，和宋朝开国皇帝赵匡胤还有一段传奇佳话，民间相传大宋王朝开国皇帝赵匡胤从道观里救出被恶徒挟持的赵京娘，结为兄妹，千里护送。途中，赵京娘对兄长赵匡胤暗生情愫，然落花有意，流水无情，匡胤虽有感京娘爱意，却无意为儿女私情所累，佯作不察，令痴情女子遗恨千古。由此留下千古佳话"千里送京娘"。为了纪念京娘劝解兄弟和好这件事，赵匡胤令人在朱仙镇树立一对铁旗杆，旗杆上面铸造了一对凤凰。自此之后，朱仙镇的人们经常能看到一对凤凰在天空中双宿双飞，晚上再一起返回到铁旗杆之上。

这个广场是后人为纪念鬼谷子和他的弟子们在当时众人对弈的情形所建，叫做博弈广场。当年鬼谷子和众弟子在朱仙镇潜心修炼，修炼的日子很是枯燥，72 弟子中大部分的弟子虽然觉得修炼的日子辛苦，却也认真修炼，倒是其中一个弟子觉得这日子太枯燥了，于是就经常偷偷溜出来到街上与人下棋。日子一天天过去了，终究纸包不住火，鬼谷子知道这件事既愤怒又无奈，于是就在众弟子面前责备这个弟子没有静心修炼，弟子很委屈地说："修炼日子如此枯燥，即便修炼成仙，那又有什么意义呢？"鬼谷子听了这话觉得是自己没有顾及众弟子的感受，并且下棋何尝不是一种静心、思考的方法呢？于是鬼谷子在修炼之余，率领众弟子在离修炼地方不远的空地上对弈，众弟子对如此寓教于乐的方法大加赞赏，在对弈中也悟出了很多哲理，终于皇天不负有心人，鬼谷子率 72 弟子修炼成仙。

游客朋友们，我们今天的讲解就到此结束了，园区内还有很多节目与表演，您可以根据演出时间前去观看，我们半小时后在停车场集合！

模拟实训

山陕甘会馆

游客朋友们：

我们现在来到了以精美雕刻闻名的开封山陕甘会馆。山陕甘会馆位于开封市中心徐府街内，它以独特的建筑风格，精美绝伦的雕刻艺术而闻名于世，堪称清代建筑艺术宝库。

会馆，又叫同乡会馆，是旧社会都市中同乡或是同业，本着互助互济、共谋利益的目的，集资建成的聚会场所。河南地处中原，是南北商品贸易流通的中心，开封又是著名的历史都城，所以这里历来是商贾云集之地。据记载，历史上开封各种会馆繁多，直到新中国成立前还有各种会馆63家。这座山陕甘会馆，是清代山西、陕西、甘肃三省寓汴的富商巨贾集资兴建的，是他们经商、贸易、联络同乡感情的场所。

山陕甘会馆始建于清朝乾隆年间，距今已有200多年的历史。现存建筑为关帝庙部分，建造考究、装饰华丽，其中砖雕、石雕、木雕堪称我国古建筑三绝。整个会馆建筑保存完好，从南向北有照壁、钟鼓二楼、牌楼、东西配殿、大殿等。下面就请大家随我一起来参观。

展现在大家面前的这个照壁，素雅大方，雄伟壮观，它位于会馆建筑中轴线的最南端，建于清乾隆四十一年(公元1776年)。它高8.6米，长16.5米，厚0.65米，大体可分为台基、壁体和庑殿顶三部分。由青砖砌成，是砖雕、石雕最集中的地方。

照壁上部采用最高规格的庑殿顶，檐部以下全部砖雕装饰，砖雕内容十分丰富。有花瓶、熏炉、书函、画卷、乐器、花卉、人物，或征战，或传说，或典故，或吉祥，或神话，更富有情趣的还雕有账本和算盘，俗话说得好："算盘一响，黄金万两。"看来算盘不仅是计算工具还是日进斗金的宝器。壁体部分两面皆砌有砖雕牡丹和回字纹花框，背面花框内的不同位置砌有18条龙纹砖雕。框内四角为石雕"云龙捧寿"。照壁中心是石雕"二龙戏珠"，刀法娴熟，堪称清代佳作。"二龙戏珠"是老百姓喜闻乐见的图案，但会馆的龙所托的珠子既不是代表月之珠的夜明珠，也不是火焰珠，而是一只有眼睛和嘴巴的蜘蛛，蜘蛛古称为蟢子，二龙戏蟢子，寓意喜从天降、喜事到来；又一种解释为，蟢子吐丝结网，是商业联通、八方进财的祥瑞之兆。纵观照壁的砖雕图案，均达到了"凿的花能拿得起，雕的兽能跑起来"的艺术效果，可谓匠心独运，技艺高超。

穿过甬道进入内院，我们首先看到的是东西对称的钟鼓二楼。钟鼓楼建于清道光十八年，通高12.14米，为重檐歇山式建筑。两楼正脊均为行龙花雕，垂脊上置行龙、小兽。两层檐下为重昂五踩斗拱，象鼻昂嘴。四周阑额浮雕人物、花卉，十分精巧。钟楼内悬铁钟，道光年间铸造重达2000斤，成语"晨钟暮鼓"说明它们起到报时的作用。俗话说登楼撞钟，百事亨通；空中击鼓，消灾降福。愿钟楼的悠扬之音给我们带来好运吉祥。

当我们回首南望时，一座豪华的戏楼展现在我们眼前。戏楼，又称歌楼、乐楼，该戏楼雕花贴金、辉煌夺目、典雅精致，是开封保存下来的唯一的一座清代戏楼。此戏楼为传统的三面开口伸出式，分前后两部分，中间有一龙纹木雕屏风相隔。清代每年的正月十三、五月十三、九月十三在此演大戏，以祭祀关羽。古人观戏后写下楹联："幻即是真，世态人情，描写得淋漓尽致；今世犹古，新闻旧事，扮演得毫发不差。台上笑，台下笑，台上台下笑惹笑；看古人，看今人，看古看今人看人。"由此看来戏楼确实演绎了人间百态。

牌楼，又称牌坊，是一种纪念性建筑，用于宣传礼教、标榜功德。咱们眼前看到的牌楼，据《山陕甘会馆重修牌坊碑记》记载，始建于道光五年(公元1825年)，13年后重修，整个牌楼通高约11米，分为台基、柱网、屋顶三部分。下部为青石切成的台基，长10.35米，宽5.9米，高0.2米，面阔三间，明间4.54米，次间1.65米；中柱高约6.3米，边柱高约3.7米，中柱与边柱呈等腰直角三角形。中柱柱身下各有三块近2米高的抱柱石从前、后、柱身外夹持，既加固了建筑的稳定性，又增加了牌楼的通透性。它位于会馆中轴线的北部，是一组三间六柱不出头式的木牌楼，平面布局呈六点状，三柱一组，三角鼎立，有极强的稳定性。因形如鸡爪，故俗称"鸡爪牌坊"。这种形式的牌楼体现了古代建筑艺术的独特风格，具有很高的科学研究价值。主楼中央前后悬挂近2米高的"大义参天""流芳千古"匾额。次楼走马板上绘有过五关斩六将的典故，形象逼真，精彩夺人。在六块抱鼓石上分别用浮雕技法雕刻着"苍龙行云""丹凤朝阳""辈辈封侯""蝙蝠扑云"以及花卉和人物故事等。东侧有一幅石雕戏曲故事《井台会》，人物造型比例适中，雕刻技法细腻。咬脐郎骑在高头大马上，身着甲胄，一手挽绳，一手执弓，背后一面大旗迎风招展，在两个士兵的拥簇下，显得英姿勃发。李三娘头梳高发鬟，身穿圆领高衫，站在井台边上，一手提水桶，一手执杆，脊背稍向前倾，神情恬然，充分显示出一个含辛茹苦、劳累过度的妇女形象。整组图细致具体，母怜子状，溢于画面，感人至深。西侧一幅《狄仁杰登山望母》石雕，刻画得更是细致入微，狄仁杰身着官服，面向天空，望着几朵白云，右手抬起欲掩面哭啼，孝心动天。整个画面简洁流畅，恰当地表现了一种思母之情，极富感染力。

牌楼两侧的东西配殿也保持了原貌，装饰在配殿檐下的木雕更是具有很高水平的艺术精品。木雕，是我国五大传统雕塑的组成部分。会馆的建筑装饰常用的材料有椴木、杨木、梨木等。木雕构图一般以圆木周边宽度为限，大多木雕以人物、花卉、山水、亭台、楼阁、瑞兽等为题材，也有古人祈求福祥喜庆、长寿平安的吉祥图案。

西厢房檐下就有一组《九狮戏绳图》，极具有代表性。《九狮戏绳图》刻画了九只活泼可爱的狮子，狮子身上缠绕着雕刻细腻逼真的长绳，可谓狮舞绳飞，上下盘旋，幼狮子还伏在母狮子背上，母慈子爱，颇有人情味。古人讲究谐音，狮子的"狮"与世代的"世"相谐音，绳子又起到一脉相承之意，因此九狮戏绳暗寓九世同堂健康长寿之意。另外还有表现民间风俗内容的"街头即景""佛门进香"等。在西厢房南北次间的额枋上各雕刻有一幅民间风俗画。南次间一派水城风貌，主干道是河水，船行于街心。船上一女子怀抱琵琶，正在弹奏出悠扬悦耳的曲子。一人在船头演唱，表情诙谐。船后一女子，头戴大檐帽，宽衣博袖，双手摇橹，悠然自得。画面以游船为中心，四周有骑马坐轿的达官显贵，轻摇合扇、嬉皮笑脸的公子王孙，

有妇女儿童、老翁健妪、手持斧凿的匠人、担担叫卖的小贩。画里25个人物，表情不同，姿态各异，刻画入微，惟妙惟肖。

东西厢房的木雕层次只达到5层，会馆还有7层雕刻，就装饰在会馆主体建筑大殿之上。

大殿是山陕甘会馆的主体建筑，它由三座不同形式的殿毗连而成，占地面积540平方米，最为豪华壮观。我们向上看，屋顶正脊为镂空的龙凤牡丹，正脊中间置狮驮宝瓶，檐角装饰狮、吼、马、羊、鱼。正脊中间卷式匾额，琉璃烧制，行书"城圣大帝"。两山的"悬鱼"上书写八个大字，东边为"公平交易"，西为"义中求财"，这是其他会馆所不具备的。檐部的七层木雕，可谓题材丰富、新颖别致、鬼斧神工、异彩纷呈。会馆的大殿檐下挑檐至额枋处约1.7米范围内遍布木雕装饰。有祥禽瑞兽龙、凤、狮、马、鹿、羊、猴、麒麟、松鼠、仙鹤、喜鹊、鸳鸯、蝙蝠等，植物花卉石榴、葵果、莲蓬、葡萄、柑橘、仙桃、松竹、菊、梅、兰、牡丹、荷花等，并且都能各自独立或相互配合形成一组组的吉祥图案。

会馆最有代表性的作品要数大殿檐下两侧的"二龙戏珠""凤凰牡丹"雕刻得最为精彩。苍龙驾雾、凤凰振翅欲飞，龙头凤首突出于画面之外，伸向空中。匠师们匠心独运采取圆雕手法，使龙与凤的造型适应多角度欣赏，使龙与凤更具立体感、韵律感、跳跃感。另外七层雕刻中还有表现吉祥文化的图案，例如第四层中就雕刻了三只可爱的小白羊活灵活现，因"羊"与"阳"同音，其意为"三羊开泰"。"三羊开泰"的典故源于《易经》："十月为坤卦、纯阳之象；十一月为复卦，一阳生于下；十二月为临卦，二阳生于下；正月为泰卦，三阳生于下。""泰"为阳卦之一，开泰即开来三阳卦，故俗以三阳开泰为岁首称颂之辞。第六层上还有以一只鹭鸶、莲花和芦草组成"一路连科"的图案。因鹭鸶的"鹭"与道路的"路"同音，"连"与"莲"同音，其意为一路连科，预示着科举考试能连考连中，仕途得意。还有暗喻多子多福的"松鼠葡萄""榴开百子"，以及"福从天降""年年有余""并蒂同心""连生贵子"等等，像这样表征吉祥的图案在大殿檐下随处可见，同时也表现了古人热爱生活，努力创造幸福、美满、平安和财富的积极心里。吉祥喜庆、福寿平安，是我们民族千古永恒的热望和追求。

会馆木雕作品之所以富有如此神韵，和清代匠师们高超的技法是分不开的，会馆雕刻技法分别采用了圆雕、半圆雕、高浮雕、浅浮雕、悬雕、透雕等，特别是匠师们充分利用木材本身的自然特点去寻找材料内在的表现力，在表面的色泽、纹理、结构等微妙变化中相形度势、因材施艺、量形取材，从而形成艺术上独有的韵味。会馆的木雕艺术成就之高、规模之大、数量之多在中原地区首屈一指。

会馆占地仅3629平方米，但是自开放以来，却吸引了中外众多嘉宾参观留念。党和国家领导人，胡锦涛、江泽民、吴邦国、曾庆红、李鹏、钱其琛、朱镕基等在会馆参观留念并给予极高评价。如今的山陕甘会馆仍以它精深的文化内涵、精妙的建筑构造、精巧的沙盘模型、精细的雕刻艺术、精雅的园林绿化、精练的历史陈列吸引着八方游客。

好了，请大家在此自由参观30分钟后在车上集合！

任务三　大河涛声，北方水城——自然景观讲解

自然旅游资源又称自然风景旅游资源，指凡能使人们产生美感或兴趣的、由各种地理环境或生物构成的自然景观。自然风光类的旅游景区、景点主要以自然旅游资源为主要表现形式。自然旅游资源一般分为地貌景观、水域风光、天气气象和生物景观四大类。

开封市由于地处平原，缺少地貌景观类和天气气象类自然风光。但是作为“菊花之乡”，拥有“中国开封菊花文化节”等国家级节会。同时，作为享誉国内外的“北方水城”，更是因水而生、因水而名。近几年，随着开封市水系总体规划和“十湖连通”项目、“一渠六河”景观项目的推进，开封市的水域风光已经成为吸引游客前来的另一张独特名片。那在进行自然景观、景点讲解前需要额外做好哪些准备工作？讲解时需要用到哪些讲解技巧呢？

自然景观讲解

见物说物在沿途讲解中是一项基本的操作规范，但若在自然景观讲解中单纯地见山说山，见水说水，或简单地以山水形状展开联想，未免过于浅显。因此，在对自然景观类旅游景区景点进行讲解的时候，要在以下几个方面多加注意。

(1)要下大功夫进行科学知识的准备，要充分了解不同自然景观、现象的成因、特征及分布状况等，在讲解时要强调稀有性，突出奇特性。

(2)要下大气力进行美学知识的准备，要通过讲解让游客感受到大自然的形态之美、色彩之美、意蕴之美、趣味之美，有的时候还要引导游客学会聆听大自然的声音之美等等。

(3)在讲解时，要充分根据当时天气天象等，将环境融为一体进行现场创作与动态讲解。

(4)多运用虚实结合法、问答法等讲解技巧，让游客不觉乏味。若自然景观背后有对应的人文知识，也要引导游客进行理性思考，让游客感受到自然的文化之美。

(5)运用情景交融法，适当调整讲解音色，与整体景观相协调，调动游客的情绪情感。

模拟实训

大宋御河

游客朋友们：

现在我们所在的位置是大宋御河的包公祠码头。有的朋友可能知道开封素以水系发达

而闻名，有着“北方水城”之称。史书记载，战国时期的魏惠王，就以大梁为中心开凿了鸿沟，为周边农田的水利灌溉提供了很大的便利；隋朝时期，隋炀帝开凿大运河，开封则处于运河的咽喉位置。

北宋时期，开封不仅是全国政治、经济、文化的中心，也是当时世界上最繁华的大都市之一。为满足当时京城运输需求，北宋王朝以开封为中心建立了庞大的水上交通网络。发达的水系，承担了几乎所有的大型运输工作，且水运成本仅为陆运的四分之三。当时的河道，日夜舟船如织，商旅不绝，出现了“八方争凑，万国咸通”的盛况，从而带动了整个京城的经济发展，使之成为国际性的大都会。

现在的开封城，拥有龙亭湖、包公湖、铁塔湖、西北湖、阳光湖及御河、广济河、惠济河等河道，水域面积占古城区面积的1/4。为了保护古城独有的风貌，凸显北方水城的特色，开封市委、市政府规划并实施了“四河连五湖”宋都水系工程，规划遵循了以水系带动园林、以园林带动旅游、以旅游带动设施、以设施带动发展的宗旨，建立连续完整的城市水系。

水系工程规划总长10千米，共分四期，其中水系二期全长2.5千米，总投资近6亿元，于2013年5月正式开通，命名为大宋御河。它包含包公祠、西司、七盛角、清明上河园、文化客厅五个码头，贯通龙亭湖、包公湖，连接古城两大风景区，周边风光秀丽，文化底蕴深厚。龙亭湖周边有5A级景区清明上河园，4A级景区龙亭和翰园碑林，3A级景区天波杨府，湖底还沉睡着千年国宝——六朝皇宫遗址。包公湖旁边有4A级景区包公祠和开封府、国保单位延庆观等。包公祠水系码头紧邻西司夜市，大宋御河作为纽带，几乎将开封市所有旅游景区有机联系起来，已经成为开封市一条亮丽的风景线。此外，由梅帅元大师设计，对御河游船进行包装亮化，水系公司出资一千万元对御河沿岸亮化进行了提升，每当华灯初上，“桨声灯影”就成为开封新的代表景观。

咱们现在登上画舫，来一睹大宋御河的风采吧。

眼前的这片湖面，便是市内较大的内湖——包公湖。北侧有气势恢宏的开封府、南岸是典雅凝重的开封博物馆、西侧有风格古朴的包公祠，岸边更有热闹非凡的西司夜市，每晚灯火通明，热闹非凡。

大宋御河风景区的第一大亮点就是宋桥飞虹，接下来的游览中我们将会看到11座仿宋桥梁。这11座桥梁当中有5座市政桥，6座景观桥，均参照了宋代名桥的原型仿建而成，做到桥桥有来历、有说法，且做到一桥一景，造型优美，风格迥异。这也使大宋御河风景区成为全国唯一的宋代桥梁“博物馆”，游人乘坐游船通过水系畅游整个“东京城”，体验“梦回宋朝”的感觉。

前方的第一座桥梁是西司桥，这座桥因位于西司门街而得名。这座桥是参照浙江绍兴斗门荷湖村的荷湖桥而修建的。它的风格属于宋代叠梁式建筑，桥身由青白石装饰，桥洞内左右两侧的浮雕，是以天工开物为主题，突出了当时北宋时期最为发达的手工业，再现了北宋时期建桥、造船、钧瓷、汴绣等现象。

大宋御河风景区的第二大亮点就是五园竞秀，由北至南共建成五个景色各异的景观园区，分别为集锦园（会馆文化区）、春花园（酒楼）、夏荫园（戏楼）、秋韵园（茶楼）和冬凝园（船舫），其中春、夏、秋、冬四园为北宋民俗文化区。五大园林景观均按宋代营造法式建造而成，是全国独一无二的北宋园林景观。

穿过西司桥，我们就来到了四季主题园的冬凝园。“回廊仙台望舟舫，红梅翠竹傲冰霜”。冬凝园，是因大量种植“岁寒三友”松、竹、梅等冬季植物而得名，以石木结合的船舫画舫斋是本园的标志性建筑。临水廊院和古典园林与之相对，形成了冬凝园比较集中的景观，船舫对面的戏廊每天呈现精彩的戏曲表演，每天还有很多市民在此自发的练歌、弹琴、唱戏，形成了一道独特的风景线。

我们即将穿过的这座桥，名为八字桥，因这座桥的外形像汉字“八”而得名。中国有两座著名的八字桥，一座位于上海，另一座位于浙江绍兴，是著名的景观桥。开封这座八字桥虽不是历史名桥，但也别有一番新景象。

穿过八字桥，左前方这条街名为万善街，万善街在宋代的时候是商贩贩卖小吃的聚集地。开封的特色小吃闻名中外，现全市有特色小吃两百多种，其中二十九种被命名为“中华名小吃”。

前面可以看到的桥梁名叫板桥，是因桥的附近有条街叫板桥街而得名。板桥街因地势低洼，雨后常有大量积水，人们需要捧起石板作为垫脚，因而得名板桥街。板桥桥洞两边的浮雕，主要以北宋时期人们结婚、生子、成人礼等重要场景为主题。

穿过板桥，就到了秋韵园，左前方的木栈曲桥是秋韵园的标志性建筑，在庭院前的木平台上，配有古朴典雅的民乐表演，营造出宋代市井人家的生活场景。它与河对岸的园林假山遥相辉映，又与左前方的西门教堂中西合璧，可以说是“芦花飞雪云秋月，木栈曲桥映团圆”。

前方是陆福街与西门大街的交汇处，由于水系拆迁，90 米长的陆福老街将不复存在，因此这座桥被冠名为陆福桥，它是御河上的一座市政桥梁，这座桥采用开封市最古老的桥梁，也是按照孟元老《东京梦华录》中所记载的州桥的造型而修建。桥洞两边的雕刻展示了当时北宋时期十分盛行的娱乐场景，如傀儡戏、皮影戏、杂剧、杂技等。

过了陆福桥我们将进入“垂柳罩荷水面齐，梨园豫曲乾坤戏”的夏荫园。这片水域两岸，是夏日赏美景、纳清凉的好去处。水系根据“宋风宋韵、雅俗共赏”的方针打造了五台风格迥异的文化演艺节目，这里的戏台上每晚都会上演宋词乐舞。宋词乐舞是我国最珍贵的非物质文化遗产之一。宋词又称曲子词和长短句，多以音乐、舞蹈联系在一起，故名宋词乐舞。景区复原了千年之前的宋词艺术，采用古乐器、古乐谱演艺宋词，这在全国是独一无二的。

前方这座桥名为母子桥。母子双桥一大一小分别跨于主河道和支河道，中间以亭相接，这样双桥拱月的造型，也使夏荫园的景观更加丰富。这座桥仿照清明上河图中的虹桥所建。曾经的虹桥，横跨汴河之上，为漕运提供了极大的便利，这座桥由 114 根木材，由榫卯结构契合而成，不用一根钉，在建桥史上堪称又一个里程碑。

前边这座桥叫金奎桥，因桥的右边有一个小巷叫金奎巷，所以这座桥取名金奎桥。它采用了平桥拱压的手法建造。桥洞两侧的浮雕，展示了北宋时期早市、日市、夜市等繁华的商业场景。

“桃红柳绿春风爽，花浓玉液酿琼浆”。我们的游船驶入了春花园，北宋时期经济发达，酒文化也非常的兴盛。酒楼是春花园中的标志性建筑，春花园既有酒文化的洒脱，又有别致优美的景色。既不失高雅，也不失柔情。

眼前这座桥叫龙韵桥，是整条河道内桥洞最高的一座景观桥梁，桥洞高达 8 米，如同一条巨龙横跨御河之上，是开封王气的象征。

前方这座桥，叫孝严寺桥，曾经的孝严寺是杨家的家庙，杨业在抗辽战争中牺牲后，杨延昭为纪念其父亲，上奏皇帝将家庙改为孝严寺，获得太宗皇帝批准及亲书匾额以示嘉奖。为了纪念杨家将的忠义，将这座桥命名为孝严寺桥。它是参照山东兖州的泗水桥原型而建。古代汴水和泗水相通，香山居士笔下的名句："汴水流，泗水流，流到瓜洲古渡头。"这座桥采用青白石结构一砖一砖砌成，造型别致。

过了孝严寺桥，我们就进入了御河上最后一个景观园——集锦园。"四季花开万香留，玉带香阁赛龙舟"。集锦园中栽种了大量珍贵植被，在聚仙阁迎着徐徐凉风，观赏特色植物，惬意万分。

左边这座雄伟的城门是御河连接清明上河园的水门。清明上河园是依照北宋宫廷画家张择端所作的《清明上河图》，一比一复原再现的一座大型宋文化主题公园。随着水系的发展，今后我们可以直接通过水门进入清明上河园中游览。

前面是大宋御河上最小的一座景观桥，取"承接太平盛世"之意，得名"承平桥"。

开封自古就有"七角八巷七十二胡同"的说法，古语云："七角盛，天下昌。"左侧河岸上这片仿宋建筑群取名为七盛角。可以说七盛角是开封打造全城一景，外在古典，内在时尚的成功典范，是融合了购物、餐饮、娱乐、休闲等活动的综合游览区。目前七盛角已被公认为与成都的锦里、丽江的四方街齐名。

前面这座桥叫集锦桥。它是仿照南方的风雨廊桥而建，在下雨天可以供行人遮风挡雨，同时有小摊贩在这里叫卖，景象繁华热闹。

过了集锦桥，前方这座桥，名为天波桥。因桥与杨家将的府邸——天波杨府隔湖相望，而取名天波桥。他的原型为河南临颍县的小商桥。小商桥不仅是宋代名桥，更是岳飞部将杨再兴率领三百壮士怒击金人十万之众的古战场所在地。所以这座桥建在这里有特殊的纪念意义。

经过了蜿蜒曲折的河道，穿过了天波桥，眼前顿时有一种豁然开朗的感觉。这片水域是开封市内最大的湖——龙亭湖，周边是开封市区内景区最集中的地方。由西至东分别为清明上河园、中国翰园、天波杨府、龙亭公园，还有沉睡湖底千年的六朝皇宫遗址。龙亭湖风景区集中展示了北宋时期的宫廷文化、名人文化、民俗文化、书法文化等。

游客朋友们，从南至北一路游来，大宋御河水系整体河道蜿蜒曲流，兼以多样化的植物点缀，使水体景观千姿百态，精彩纷呈。掩映相透的建筑形成"两岸叠翠、角楼映秀"的景观形态，自然的叠石、趣味的小品、市井的文化，是自然景观和人文景观的融合，相得益彰。这样的风景已足够迷人，但您若是晚上来到御河，定会让您体验到华灯映水，画舫凌波，桨声灯影里，人在画中游的另一番风味。让我们登船上岸，前往今天的下一站继续参观游览吧。

模拟实训

汴西湖

游客朋友们：

大家好。我们面前所见就是开封市有"璀璨明珠，休闲胜地"之美誉的开封西湖风景游览区——汴西湖，它是河南省唯一一个免费对游客开放的按照5A级标准打造的开放性景区。

汴西湖位于开封新区，北起连霍高速公路，南邻晋安路，东至开封市护城大堤，西到马家河北支，南北长度达5千米，东西长1.2千米，占地面积约5900亩，比起700余亩水面的龙亭湖，新建的水库面积相当于8个龙亭湖还多。该工程总投资两亿元。

开封自古具有“一城宋韵半城水”的称号，沧海桑田，桑田沧海，“汴梁”两个字都是以水下笔，就注定了它因水而美，因水而兴，与水结缘一生。在开封有包公湖、龙亭湖、金明池等等，有太多太多水的奢侈，如今开封人又是霸气地大手一挥，挥出了一条王气十足的龙形西湖，水到渠成，渠到湖成。

西湖生态风景区上引黄河水，途经黑池，把马家河、西干渠、七支渠等原有河道纳入怀中，经扩宽、疏浚形成了现在的南北长度达到5.6千米，东西最宽处1.2千米，最窄处211米的龙形湖面。由于景区地处开封城中轴线西方酉位，所以取名“西湖”，整个景区规划总面积达到11050多亩，其中水域面积达到6000多亩，水库库容量1000万立方米，为小I形水库，具有防洪、除涝、灌溉、城市生活用水备用水源地等综合功能。同时也是开封水系工程“十湖连接”的中心连接点。整个景区总投资达到40多个亿。

汴西湖整体为“潜龙”形状。黑池是汴西湖的水源地，由黄河黑岗口渠首闸引水，经黑池沉沙后，通过黑岗口西干渠引清水入湖。

黑池，又名黑岗口水库(沉沙池)，位于开封市西北部15千米处，现隶属于开封新区水稻乡，紧临黄河大堤，东窄西宽，东到马头村，西到南北堤，长约5千米，宽500—1000米，水深3—8米。在后岗村有一条断断续续的长堤，西边的水混，东边的水清。原因很简单，黄河水从西边过来，泥沙被挡在了西边。黄河曾两次在这里决口，经洪水屡屡冲刷，渐成湖泊。因临近黑岗渡口，所以得名黑池。

传说明朝末年，闯王李自成三打开封，久攻不下，不知道是谁就把黄河给打开了口，一时间黄水滔天，繁华的开封城没了，30万人葬身水底，从此这个地方就有了黑池。据说，黑池原来的湖面更大，南北堤只是湖中间的一条大堤，西边现在的小庄村也是黑池的范围。新中国成立前，黑池的水不是很深，长满了芦苇和蒲草等，有青鱼等鱼类。新中国成立后，这里成为开封的水源地，是开封重要的水源保护区。1970年，黑池西边给淤泥灌成了田地。

景区规划遵从“皇家御苑、水韵西湖”的定为原则，整个景区从北向南，被划分为水城风光、西湖争标、风雅生活、汴梁怀古四个功能区。

整个景区园林设计遵循三个原则：“中外结合，以中国园林为主；古今结合，以古代园林为主；动静结合，以静为主。”瞻影行云、楼台明月、隋堤烟柳、金池夜雨、翠幕涵秋、汀州冬雪等汴京新八景点缀在其中，行在其间，犹见一幅幅连续多变的画卷。

规划建成全国唯一的仿宋园林景观群，复建北宋时期的魁星阁、琼林苑、宴宾楼、西院等13处园林古建筑，若行走其中，仿佛穿越来到了古代。“若艳阳高照可沿岸边漫步，丝丝清风拂面而来，乐在其中。若风雨袭来，则可倚栏听雨，品味自在。”真正做到了“借我一日，还你千年”。

景区内不但有全国独一无二的仿宋桥梁建筑群，还有融入时尚元素的现代景观桥梁，各位可以看到我们前方的东京大桥，俗称“彩虹桥”。东京大桥全长1624米，是连接着开封新

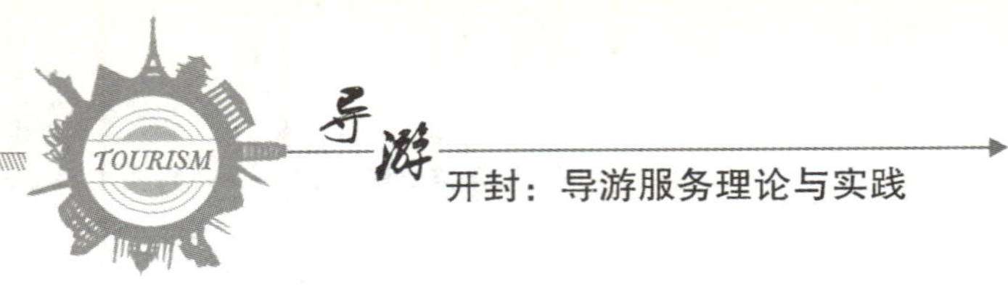

区与老城区的重要东西通道，是开封市乃至河南省最大的景观桥梁，桥梁景观（三道钢拱）预示着开封自春秋大梁、北宋东京、改革开放以来现今的开封，作为中原核心城市的第三次崛起。

另外，整个西湖，河床很宽，水波平缓细碎。无论在日光下，还是在月光下，远远望去，水面细波闪动如同鱼鳞一样，整个西湖从高空鸟瞰好似一条长长的蛟龙横在地面，正可谓"水浅龙现"之意。所以大家可以去湖边洗洗手，也可以乘坐游艇或仿古画舫船在龙脊上游玩一圈，沾沾龙气，从此大家会百病不生，好运连连，大吉大利的！

湖西岸细白如雪的银滩，面积约3万平方米，南北长431米、东西纵深103米，视野开阔，脚踩细沙，舒爽怡人。在周日晚上还有美轮美奂的水秀表演，为人们演绎一场梦回古都繁华盛世，展望现在和未来的生动画面。

总而言之，开封西湖生态风景区建成后，将会是开封市一项重大的惠民工程，是城市扩容的生命之水，既缓解开封市水资源的短缺局面，提高应对水资源突发事件的能力，提高农业灌溉保证率，发展农业生产，又改善城市环境，提高城市品位，将会成为市民和外来游客休闲、游玩的好去处，也必将成为开封市旅游业的一颗璀璨的明珠。

杭州西湖以其秀丽的湖光山色和众多的名胜古迹而闻名中外，是我国著名的旅游胜地。将来的汴西湖，寄托了开封人美好的愿望和美丽的希冀。北宋时期，开封作为一国之都，在大运河的滋润下达到鼎盛，成为当时世界上最为繁华的大都市。八荒争辏，万国咸通，一条汴河承载着大半个中国的财富。运河涛声阵阵，南来北往的船只穿行如梭；汴河码头人声喧嚷，如林的桅樯上高挑着中国整个封建社会最灿烂的太阳。

开封兴于水也得益于水，所以才有"北方水城"的美誉。但曾几何时，这一称谓已显得名不副实。原因自然是多重的。不过，开封人向往水、希望重现辉煌的梦想一刻也没泯灭过，汴西湖的建设才因此被赋予那么多的意义。

谢谢大家，汴西湖就先讲到这里，咱们准备登船一游吧。

模拟实训

黄河游览区

游客朋友们：

结束了市区的参观游览，我们驱车出开封北门，向北直行十几千米后，便可看到举世闻名的黄河，观赏独特的开封黄河悬河奇观。

提起黄河，中国人都十分熟悉这样一句古话："不见黄河不死心。"黄河是华夏儿女的母亲河，是我们中华民族文明的摇篮，是令人向往的世界著名大河，无论你身在天南地北，还是在天涯海角，都以能目睹大气磅礴的黄河雄姿，而为终生一大夙愿。

黄河发源于青海省巴颜喀拉山北扎陵湖、鄂陵湖，穿越青海、甘肃、宁夏、内蒙古、陕西、山西、河南、山东等地区，咆哮奔腾，直入渤海。在它流域的75万平方千米内，土地肥沃，物产丰富，我们的祖先早在几千年前就开始在此耕作、定居，繁衍生息，创造了令所有中国人为之自豪的华夏文明。在中国悠久灿烂的文明史中，黄河流域又在大多数时间内占据着政治、经济、文化的中心地位，她是我们中华民族发展史的一位最好的见证者，她金黄的水色，同黄颜色的皮肤一样，成了华夏民族的象征。

各位朋友，如果您通过车窗向外眺望，可见整齐而平坦的农田，极目驰骋似乎没有一丝障碍，这就是黄河滋润下的广阔的豫东平原。可是细心的朋友或许感觉我们的车子在不知不觉地爬坡，这是为什么呢？坦荡的大平原不应该有山呀！其实一点也不奇怪，因为我们前去参观的黄河开封段之所以独特，就因为它地势要高出两旁地面，被称为"悬河"。

车再向前行，喏，请大家注意向车的前方看，只见原本平坦的地面上，犹如陡然竖起一堵高墙，像一面天然屏障横亘于面前。亲爱的各位朋友，我现在可以向大家宣布，我们已在黄河"脚下"了。请大家看，前面这堵高墙就是举世闻名的开封黄河大堤，奔腾不息的黄河就被挡在这大堤之内，她的河床比我们现在的位置还要高，现在大家真正体会到了"悬河"二字的含义了吧！

（车驶上黄河大堤）

各位朋友，请随我下车，让我们一起目睹一下黄河的雄姿，观赏"悬河"的模样吧！

我们现在所处的位置是因柳树繁茂而得名的黄河柳园渡口，河面宽 3750 米，对岸北边就是 1000 多年前宋太祖黄袍加身的陈桥驿。这里的河床比开封地面高出约 10 米。站在大堤上向南望去，千里沃野的农田像是处在盆地中一样。这种奇特的现象是怎样形成的呢？这是因为黄河是世界上含沙量最大的一条河，她的名字就因颜色而来。古往今来，滚滚奔流的黄河冲刷着黄土高原，每年都将大约 16 亿吨的泥沙挟带到下游平原和大海。这 16 亿吨泥沙，如若筑成高、宽各 1 米的土墙，可以整整绕地球赤道 27 圈，而这些泥沙中只有大约三分之一被黄河带入了大海，而另外大部分泥沙则沉积于下游河床之上，河床不断升高。黄河流至开封段，恰是奔出山区，进入平原之际，河面宽阔，流速变慢，因此也就大大加快了泥沙沉积的速度，这里的泥沙含量最大时可达到每立方米 650 千克，你若是用杯子盛出一杯河水，会发觉杯中能沉积厚厚的一层泥沙，如此高的含沙量，难怪有俗语"跳到黄河洗不清"。泥沙年年沉积，河床逐年增高，便在这广阔平原之上，形成了宛若天河的"悬河奇观"。

李白有诗云"黄河之水天上来，奔流到海不复回"。的确，滔滔的黄河，宛若苍天所赐华夏的血脉，月夜流淌，养育了我们民族数千年。可千百年来，伴随着我们祖先开发利用黄河的光荣历史的同时，也同样记录着另一部先民们与黄河的凶猛波涛的斗争史和灾难史。

几千年来，封建落后的旧社会，人们提起黄河，无心欣赏她广阔无垠、滚滚奔腾、气势磅礴的壮观景象，而更觉得它像是一柄悬在头上的利刃，令人不寒而栗。每当汛期来临的时候，两岸的百姓更是惶惶不可终日。治河技术的落后与政治的腐败使黄河在中下游多次造成灾难，肆虐的洪水一次次冲破堤坝的阻挡，顷刻间吞噬万亩良田，淹没幸福的家园，成千上万的百姓流离失所。人们一次次地团结起来与之抗争，但收效甚微，黄河始终没有得到有效的治理。据史料记载，在 1949 年前的 2500 年里，黄河泛滥多达 1500 次，仅流经开封的 800 年中，就决口 120 多次，开封被淹没七次，重大的改道达 26 次之多。明末李自成围攻开封时人为的一场大水，道光二十三年的大水，以及 1938 年抗战期间蒋介石炸开花园口所造成的大灾难，至今还令那些经历过水患的开封老人记忆犹新，历史上的黄河水患给后人留下的痛苦回忆，令人难以忘怀。

新中国成立后，人民政府非常重视黄河的综合治理和开发利用，积极利用各种技术手段完善黄河水利设施。1952 年毛泽东主席视察开封黄河，发出"一定要把黄河的事情办好"的号召，历任国家领导人也多次来开封黄河大堤视察，先后在上游、中游修建多座水利枢纽工程，在黄土高原植树造林，防止水土流失，在下游加宽加固堤坝，扼制黄水肆虐，特别是著名的黄河小浪底水利工程，使黄河的防洪能力得到了极大提高，可以抗拒百年一遇的特大洪水。而今的黄河下游，长七百千米的两条大坝，牢牢锁住了黄水，虽然它仍然挟带着大量的泥沙，仍然有着高出地面许多的河床，但再也不会有冲破堤防，给两岸百姓带来灾难的事情发生了。黄河由一条害河，而今真正成为滋润良田、造福人民的利河。

我们漫步在黄河大堤上，在成行的柳荫下举目四望，可尽兴欣赏黄河之大气，风光之独特，景色之美好，可谓心旷神怡。再来看堤内，滚滚的黄河水年复一年平静地向东流淌，虽然在汛期到来时她还是以奔腾之势扑面而来，但我们立于这坚固的黄河大堤之上，却不会再有丝毫的惊恐，而是用欣赏的眼光去赞叹她气吞万里之雄浑气势。大家请向前看，那一尊2.66米高、独角朝天的镇河铁犀，它可谓黄河历史变迁的铁证。这尊铁犀本是明代政治家于谦治理黄河时铸造的，过去人们年年拜倒在它面前，焚香祷告，希望借助它的威力镇住黄河，但天不遂人愿，黄河依然连年泛滥，连这镇河的神兽也差点被黄水冲走。而今人们更习惯于在耕种或捕鱼的闲暇时凑在铁犀旁聊一会天，外地的朋友更乐于和它一起拍张照片，做个纪念。

黄河，仍是那条记载光辉与灾难的黄河，而今她仍泛着金光的颜色，从十米高的河床上流过，却带给两岸百姓的是富裕和希望，带给我们无边的美丽风光和美好的遐想。随着黄河小浪底水利枢纽工程落闸蓄水，这闻名中外的“悬河”也将终究成为一道供人欣赏的亮丽风景，而不是灾害的名词了。

各位朋友，开封黄河的介绍到此告一段落，请大家随意地参观、拍照，若想走下大堤去亲近黄河，请一定注意安全。20 分钟后我们在停车场集合。

知识链接

中国大黄河旅游十大精品线路

“中国大黄河旅游十大精品线路”是经山东、河南、山西、陕西、内蒙古等沿黄九省旅游局共同探讨，跨区域整合了黄河旅游元素，于 2012 年正式推出的共建“大黄河旅游”项目。

这十大精品线路，每条线路均依次贯穿山东、河南、山西、陕西、内蒙古、宁夏、甘肃、四川、青海等黄河流域九省(区)，分别以沿黄流域的黄河文明、历史都城、根祖文化、名胜奇观、红色旅游、美食文化、黄河峡谷、黄河湿地、风光景区、休闲度假等十个主题编排设计，囊括了黄河流域的重大考古发现、风景名胜、森林公园、自然保护区、地质公园、文物保护单位、精品陈列博物馆、水利风景区、休闲度假旅游区等各类旅游景区，使游客在游览观光的同时，深刻感受黄河魅力、认知华夏文明、体验风土人情、享受休闲娱乐。

大黄河旅游线路之一：大黄河文明之旅——探访黄河文明古遗迹。

这条线路以沿黄流域黄河文明为主题，主要以文化遗址类景观为主。河南涉及地市或景点有濮阳龙乡中华第一龙、商丘古城、郑州商城遗址、洛阳龙马负图寺、三门峡仰韶文化遗址。

大黄河旅游线路之二：大黄河古都之旅——游历黄河塑造的古都。

这条线路以沿黄流域历史都城为主题，主要以古代都城遗迹类景观为主。河南涉及地市或景点有八朝古都开封、商都郑州、九朝古都洛阳、三门峡虢国博物馆。

大黄河旅游线路之三：大黄河寻根之旅——拜谒先贤生息的故土。

这条线路以沿黄流域根祖文化为主题，主要以文物保护单位、精品陈列博物馆类景观为主。河南涉及地市或景点有商丘夏邑孔子还乡祠，郑州黄帝故里，登封少林寺，洛阳关林、白马寺，焦作陈氏太极拳故里，三门峡函谷关老子道德经诞生地。

大黄河旅游线路之四：大黄河红色之旅——追寻革命先烈的脚步。

这条线路以黄河红色旅游为主题，结合黄河流域革命旧址、精品陈列博物馆等景观。河南涉及地市或景点有濮阳中共中央平原分局冀鲁豫军区司令部旧址、商丘淮海战役纪念馆、郑州二七纪念塔、洛阳八路军办事处纪念馆、三门峡刘少奇旧居。

大黄河旅游线路之五：大黄河美食之旅——品尝属于中国的味道。

这条线路以黄河流域美食文化为主题，主要以黄河流域民俗风情、美食文化为主。河南涉及地市或景点有开封宋都御宴、洛阳真不同水席、三门峡虢国羊肉汤。

大黄河旅游线路之六：大黄河名胜之旅——遍览黄河雕琢的奇观。

这条线路以沿黄流域名胜风景为主题，主要以名胜奇观类景观为主。河南涉及地市或景点有黄河小浪底风景区、商丘黄河故道、焦作嘉应观、三门峡黄河中流砥柱石。

大黄河旅游线路之七：大黄河风光之旅——畅游黄河水流淌出的风景。

这条线路以沿黄流域山水风光为主题，主要以风景旅游区、地质公园、自然保护区类景观为主。河南涉及地市或景点有郑州黄河游览区、焦作云台山景区、三门峡黄河丹峡旅游区、新乡万仙山景区。

大黄河旅游线路之八：大黄河峡谷之旅——惊叹黄河两岸的壮美。

这条线路以黄河峡谷旅游为主题，主要以黄河流域峡谷风光景观为主。河南涉及地市或景点有洛阳、济源、三门峡的黄河三峡。

大黄河旅游线路之九：大黄河湿地之旅——漫步飞鸟徜徉的天堂。

这条线路以黄河湿地旅游为主题，主要以黄河流域湖泊、湿地风光、生态旅游区景观为主。河南涉及地市或景点有郑州黄河国家湿地公园、商丘民权黄河湿地、三门峡天鹅湖国家城市湿地公园。

大黄河旅游线路之十：大黄河度假之旅——体验黄河岸边的悠闲。

这条线路以黄河旅游休闲度假为主题，结合黄河流域名胜风光、风景旅游区、自然保护区等景观。河南涉及地市或景点有洛阳龙潭大峡谷、济源黄河小三峡景区、三门峡豫西大峡谷、新乡八里沟景区。

模拟实训

东京极地海洋馆

游客朋友们：

我们现在来到了开封市唯一一家集文化娱乐、健身休闲、园林景观、动物驯养、海洋生物展览、少儿科普教育为一体的综合性公园——汴京公园。汴京公园原名齐鲁花园、山东花园，是山东会馆商贾杨尚志、徐汉涛、汪宝琦等人，于清同治年间创建的。新中国成立后改为苗圃，1958 年 5 月打通新开门，汴京路从山东花园中间偏南穿过，使其一分为二。1962 年开封市政府在苗圃北半部的基础上恢复兴建了汴京公园。

汴京公园位于开封市东北角，我们可以看到西边就是开封市古老的城墙。公园占地 214 亩，其中水域面积 22.5 亩。现在我们所在的位置是主席像广场，也是开封市重点核心价值观主题广场。面前这座毛主席像和等一会儿我们往前走可以看到的四面钟都是公园的标志性建筑，是市级文物保护单位，更是汴京公园的精神之魂、文化之基。在我们两边分别还有尚艺武坊、全民文化广场等各具特色的文化场地。

我们今天将要重点游玩的东京极地海洋馆位于汴京公园的北边，是开封市 2013 年度国家级文化科技项目重点实施工程，总占地面积 23 亩，总投资 3.3 亿元。这个时尚元素“落户”汴京公园，不仅增加了公园的看点，也让文化产业项目造福于民，为百姓生活服务，使汴京公园焕发新的活力，展现出了勃勃生机，成为开封市发展旅游业的新亮点，对于带动开封经济腾飞、提升城市品位具有重要的现实意义和深远的历史意义。

开封东京极地海洋馆主要展区有极地馆、科普馆、海底隧道、水母宫、珊瑚宫、互动区等。展示的海洋动物品种繁多，极地动物种群规模巨大。游客朋友们可以自由自在地徜徉在国内最高最宽的海底隧道里，欣赏到海底世界、室内极地冰川等奇观，还可以在海洋剧场观赏海豚等海洋动物的表演。另外，场馆内还设有 5D 影院和 7D 影院，这里的电影会带给观众身临其境的感受，7D 影院还可以实现观众与电影之间的互动。

步入海洋馆，首先映入眼帘的是一片白雪皑皑、冰川林立的景象，这里就是极地馆。极地馆里居住着以精灵可爱著称的北极狐、拥有凶狠狡黠目光的北极狼、温顺可人憨态可掬的企鹅等极地陆地动物，还生活着可爱的海豚、海狗、海狮等极地海洋动物。它们将把来自极地海洋世界的震撼与温馨，真实、强烈地传递给在场每一位游客。

面前这个圆柱缸体直径 16.3 米、高 3 米，可容纳 1000 多吨海水。在圆柱缸体内部，各式各样的海洋生物穿梭其间，在这里展示有世界闻名的东方明珠、耸入云霄的摩天大楼等模型，并模拟展现因人类持续破坏环境而导致地球不断升温后，人类居住环境所遭受到的种种破坏，教育人们要保护我们赖以生存的环境，实现人类社会良性可持续发展。圆柱缸体内部每天都有人鲨共吻表演，展现出一幅人鲨友好共处的景象。

来到海洋馆，不可错过的当然是深海霸主的鲨鱼了。在许多电影或文字里，鲨鱼常常被描写成嗜血成性，疯狂凶残的动物，一提起鲨鱼，人们往往会不寒而栗。但是，我们走进鲨鱼馆，里面并非充满着阴森恐怖和血腥残杀，倒是拥有几分悠然闲适。大家看，鲨鱼游泳时主要是靠身体像蛇一样的运动，并配合尾鳍像橹一样的摆动，从而向前推进，稳定和控制主要是运用多少有些垂直的背鳍和水平调度的胸鳍。鲨鱼每侧有 5—7 个鳃裂，在游动时海水通过半开的口吸入，从鳃裂流出进行气体交换。

步入蜿蜒曲折的海底隧道，仿佛置身于奇异无穷的海底世界，色彩缤纷形态各异的珊瑚丛中种类繁多的鱼儿游来游去，青翠欲滴的水草也随着水波的涌动展示着自编自导的舞蹈，或许还会偶见身姿矫健的大海龟突然从头顶飞速游过。透过晶莹透明的隧道壁，大家不仅可以近距离观赏到品种繁多的海洋生物的优美身姿，还可以欣赏到群鱼喂食、美人鱼等精彩表演，更可以目睹人鲨共舞表演。

海洋剧场可同时容纳数千人欣赏海洋生物表演，剧场的席位呈阶梯状，横向呈弧形，确保各个席位上的游客都可以拥有最完美的视觉感受。海洋剧场前方是巨大的 LED 显示屏，实时播放剧场演出，大家可以把目光投向带给大家精彩表演的海洋动物，也可以从剧场正前方的 LED 显示屏进行观赏，实现了多方位多角度的视觉观赏效果。海洋剧场分表演池和休息池，在表演池中海洋动物明星们将为游客带来精彩的演出。

这里是淡水鱼区。众所周知，海水鱼终生生活在汪洋大海里，而淡水鱼则终生生活在江、河、湖泊等淡水中。在生物进化的千万年间，鱼类生息繁衍，代代相传，造就了生活在不同水域的两大体系。多数淡水鱼有着特别的色彩和斑纹，或者体色与周围环境一致，可隐蔽自己，或迷惑敌人及猎物，以保护自己或偷袭猎物。淡水鱼区展示有百余种淡水鱼，千姿百态、各不相同。

梦幻水母宫和奇异水母宫是小朋友们的最爱。这里集中展示了数十种水母。水母是一种非常漂亮的水生动物，它虽然没有脊椎，但身体却非常庞大，主要靠水的浮力支撑其巨大的身体。它们漂浮在水中，犹如花园中盛开的花朵，争奇斗艳、绚丽无比；又像空中的降落伞，婀娜多姿，仪态万千。这些晶莹剔透的精灵，将用它们如丝如锦的腕带，牵引您步入蔚蓝色的梦幻世界。

珊瑚馆中，色彩缤纷的珊瑚是海底世界美丽的装饰。貌似植物实则动物的珊瑚千姿百态，各种色彩鲜艳的鱼儿在其间往来穿梭，一幅生机勃勃的景象。另外，珊瑚馆中迷离变幻的灯光似乎在处处增添着海洋神秘的色彩，为游客还原了一个神秘莫测的海底世界。

这里是海洋馆为游客精心设计的互动区。船型的触摸池造型奇特，船底的蓝色让整个布局更具有海洋的气息，触摸池内清澈的海水中，色彩缤纷的海星们懒洋洋地附着在光滑的似乎还在闪着水光的鹅卵石上，海龟们或独自玩耍，或结伴嬉戏，形态各异的贝壳散布于石头的缝隙中；金鱼池中的锦鲤色泽鲜艳，光彩照人。它们都还是待哺乳的孩子，团里带孩子的朋友可以尝试让小朋友们用小奶瓶给它们喂食哟。

在科普馆，孩子们不但可以近距离接触极地海洋动物，还可以听老师讲解有关海洋及海洋生物的知识。科普馆独特的讲解方式充分地发挥了孩子们爱玩的天性，气氛轻松愉悦，没有应试教育的枯燥，可以让孩子们轻松地融入海洋世界，体验自然、拥抱自然。

海洋馆内还设有 5D 影院和 7D 影院。简单地说，5D 电影就是将视觉、听觉、嗅觉、触觉和动感完美地融为一体。观众在观看电影时，不仅可以“触摸”到电影中的物体，还能“遇到”刮风、下雨、雷电等场景。而 7D 电影与普通电影最大的不同是你既是电影的观看者，又是电影的参与者；你既可感受立体动感电影的惊险，又可提枪和电影里的角色进行作战，也可和亲朋好友共同作战，共享成功。

最后，我们来到欢乐动物王国。欢乐动物王国饲养展出珍稀野生动物30余种，共计200多只。其中有东北虎、非洲狮、智利羊驼、梅花鹿、黑天鹅、孔雀、猴子等代表性动物。为了盛情款待前来欢乐动物王国做客的各位游客，动物明星们特意为大家准备了精彩的演出，包括狗熊单杠双杠吊环、猴子骑自行车、山羊走钢丝等节目。另外，欢乐动物王国的孔雀园和百鸟园将面向游客开放，每位游客都可以走入园中与它们进行互动。

那在这里，留给大家30分钟的自由参观活动时间，30分钟后我们在大巴车上集合。

（资料来源：顺河回族区人民政府．汴京公园．2018-04-07；百度百科，词条“开封东京极地海洋馆”。）

任务四　廉洁奉公，青史留名——红色名人讲解

红色旅游主要是以中国共产党领导人民在革命和战争时期建树丰功伟绩所形成的纪念地、标志物为载体，以其所承载的革命历史、革命事迹和革命精神为内涵，组织接待旅游者开展缅怀学习、参观游览的主题性旅游活动。

开封市红色旅游资源丰富，以廉洁奉公的包拯与人民公仆焦裕禄等红色名人为依托打造的旅游景区与纪念馆等是全国各地开展党性教育、廉政教育、红色培训的良好载体。在进行红色名人、专题、景区讲解时需要格外注意哪些地方呢？

红色旅游景区讲解

红色旅游是一项全国各族人民坚定中国特色社会主义共同理想信念的政治工程。红色文化作为我国先进文化的重要组成部分，必须得到大力弘扬和传承。作为传承红色文化的最直接和最有效的方式，红色旅游导游讲解尤其值得深入探讨。

一、过程严肃性

导游讲解的过程也是对游客进行爱国主义和革命传统教育的过程，因此必须保证正确的政治导向。导游人员必须要以崇敬之心对待革命历史，以严谨的态度对待红色旅游，确保红色旅游“不走调”“不串色”。

二、内容准确性

红色旅游的讲解内容是中共党史、革命史，讲解内容必须符合史实，有据可查，不能妄加推测和杜撰。内容涉及的数据资料要有根据、有出处，真实可信。如有说法不一或者多种解释，可听取权威性的意见。

三、层次递进性

红色文化传承必然经由从表层到深层，从感知物质文化到领悟、产生情感共鸣，再接受精神文化这样一个过程。要通过增强讲解的生动性，层层递进进行景观讲解、事迹讲解、背景讲解等，同时给予旅游者足够思考的独立空间，升华思想和情感。

四、语言规范性

红色文化是国家史的核心部分，要讲述国家史，必须尽量排除方言乡音的影响，除非是模仿革命人士的方言，否则一律要讲普通话，以保证旅游者能够听懂。

五、方法灵活性

基于红色旅游讲解内容的严肃性，应该特别注意根据情景采用多种讲解方法来引起游客的兴趣与共鸣。主要方法有简单概述法、层次讲解法、分段讲解法、突出重点法、有问有答法、触景生情法、故事讲解法、歌曲演唱法、诗歌朗诵法、数字说明法、类比讲解法、知识渗透法、名人效应法、引用名句法等。

模拟实训

包公祠

游客朋友们：

我们现在参观的是国家首批4A级旅游景点——包公祠。包公祠位于包公湖西岸，与宋代管理京城的开封府隔湖相望。是海内外规模最大、规格最高、资料最全、历史最为悠久的包公纪念场馆。

据史料记载，早在金、元时期，开封就建有包公祠，历经金、元、明、清时代。现在的包公祠于1983年在原址上恢复重建，由大门、二门、照壁、碑亭、二殿、大殿、东西配殿、半壁廊、灵石苑、假山等组成，它凝重典雅，具有浓郁的宋式建筑及园林风格，不仅是开封，也是中原旅游区的重要景点，国家首批4A级旅游景点。现在请大家随我前往里面参观。

这是包公祠的二门，首先映入大家眼帘的是门头悬挂的这块匾额，“德昭古今”四字，表明了历代人民对包公清正无私的无限敬仰，也是对包公精神最好的诠释和写照。大家再来看这朱漆红门，这其实是封建社会严格等级制度的体现，是权威的象征。在古代它不是普通百姓可以用的，红门上有门钉，建筑上称作“沤钉”。它数量的多少直接反映了不同的地位和

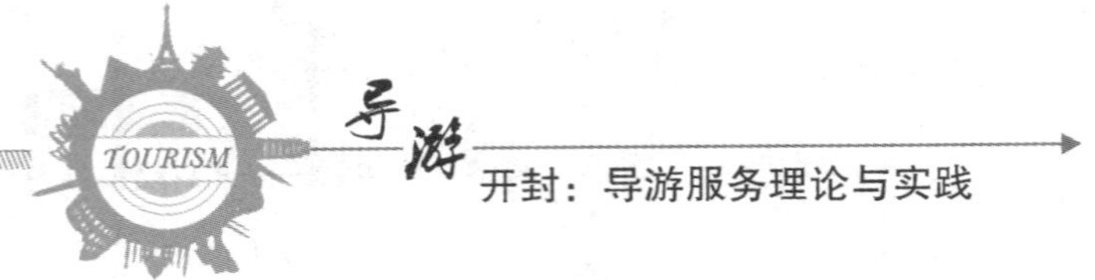

等级。比如说，皇帝的宫门上是九钉九带，也就是九排门钉，每排九个，因为九是最大的奇数，而奇为阳，阳世即人间，九钉九带表示唯我独尊的帝王之尊。皇帝以下王公大臣按职位高低依次减少，包公是北宋时的重臣，所以门前也是带有相应级别数量门钉的。

往前看，前面一座石墙遮挡了大家的视线，这就是我们常说的照壁。它的作用一是遮挡人们视线，不让人直视正堂，使庭院更显曲折幽深；二是阻止传说中不会转弯的小鬼和煞气的进入，保佑主人家吉祥平安。但是，这种色调灰青、图案简洁明了的照壁却不多见，这使得包公祠更加的庄严肃穆。

现在我们来到的是包公祠的中院，这里安静幽雅，花香四溢。我们看到东西两边各有碑亭一座，东边碑亭内是明朝人胡谧在公元 1473 年为开封府重修包公祠而写的《包孝肃公祠记》。碑文开头就说“开封府故有宋包孝肃公祠，盖祀其知开封时功也”，意思是开封府原来就有宋朝包孝肃公的祠堂，是以祭祀来纪念他担任开封知府时的功绩的。请大家再看这里，“祠在府治厅事北，创始未详，岁月历金、元以迄我朝”。这句话的意思就是包公祠在开封府衙办公大厅的北面，始创年月不详，但经历了金、元等朝代，直至我们明朝。这就充分证明了开封包公祠的悠久历史。西边亭子石碑上刻的是 1988 年河南大学教授于安澜先生写的《重建包公祠记》，这也是人们对包公深切怀念的最好见证。

下面请大家随我来参观各个殿堂，我将为大家详细介绍有关包公的生平事迹、清正美德以及种种神奇的传说。

这里是包公祠的二殿，展出的是有关包公的正史资料。包公，名拯，字希仁，安徽合肥人，生于宋真宗咸平二年(公元 999 年)，卒于宋仁宗嘉祐七年(公元 1062 年)，享年 64 岁。包拯少年家贫，28 岁取进士，历任知县、知府、监察御史、转运使、天章阁待制、龙图阁直学士权知开封府、御使中丞、三司使、枢密副使等职，并出使过契丹，死后谥号“孝肃”。他的政绩和特点主要是执法如山、铁面无私、关心民苦、为民请命、努力改革、兴利除弊、严惩贪污、廉洁清正。有关包公的故事和传说，自我国宋、元时期就在民间流传开来，至今，已形成了内容极为丰富多彩的包公文化艺术形象。

在这里，我想请各位朋友猜一猜，大家心目中的包公是什么样子的呢？是不是面如黑炭，高大威猛，头上还有个月牙呢？其实啊，这只是我们心目中包公的形象。那么历史上的包公到底是什么样子呢？请看这幅手捧牙笏、身着官服的全身画像，画像线条清晰如新，人物神情生动，它逼真地再现了包公当年的风度和仪容。原来，包公的庐山真面目是这样一位文质彬彬的白面书生呀！那为什么传说中的包公是黑脸呢？大家知道包公的故事宋代以后就被搬上了舞台，戏剧家们按照包公刚毅的性格，用黑色脸谱来展示包公铁面无私的高大形象。久而久之，包公黑面威猛的形象就牢牢地树立在人们的心目当中了。这幅画像是清代石刻的完整拓片，是一件不可多得的历史文物和艺术杰作。从铭文上我们可以了解到：清朝光绪年间，粤东督学徐琪道经合肥包公的后代家中，看到了一张珍藏的包公画像后，非常激动，决定捐资把画像镌刻到玉石上，并赋诗赞颂，供后人观瞻纪念。

令人感动的是包公晚年留下的家训：“后世子孙仕宦有犯脏滥者，不得放归本家；亡殁之后，不得葬于大茔之中。不从吾志，非吾子孙。”包公的铮铮铁言，表明了包公疾恶如仇，清廉治家的高贵品质，让子孙后代永远牢记家法，恪守祖训。真可谓“留言训后嗣，清廉树家风”了。家训的内容由于词正言切、大义凛然，被载入《宋史》和《能改斋漫录》等书中。

古人曰："诗言志，歌咏言。"包拯进京前写了首明志诗，也是唯一留下的一首诗作："清心为治本，直道是身谋，秀干终成栋，精钢不作钩，仓充鼠雀喜，草尽狐兔愁，史册有遗训，毋贻来者羞。"从包公这首诗的意旨、气势和遣词炼句上，我们可以深切地品味到诗如其人，一个大义凛然、正气冲天的包公跃然纸上。包公上报朝廷，下安百姓，一身正气，两袖清风，成为扬名千载的杰出人物。

这里最引人注目的是《开封府题名记》碑。碑上记载着北宋从建隆元年到崇宁四年，147年间183位开封府尹的姓名和上任年月，包拯为第93任，任龙图阁直学士权知开封府，时年59岁。从这块碑上我们可以看到，包公的任期是从嘉祐二年二月到次年六月，在开封府任职一年零四个月。

大家看，碑上所记比较有名的历史人物还有寇准、范仲淹、欧阳修等，但唯独包拯的名字已模糊不清，这是因为千百年来，前来参观此碑的人们总要情不自禁地触摸或指点包公的名字，天长日久，竟在石碑上摸出了一道深深的指痕。这种现象在南宋时就曾有人记述过，"开封府尹题名，独包孝肃姓名为人所指，指痕甚深"。这充分反映了包公是多么受世人的尊敬和爱戴。

这边"齐山"二字是包公在北宋至和三年任池州知州时，亲笔留下的真迹，字迹至今仍清晰可辨，右侧的题款——"宋刺史包拯书"，是后人误刻。

这是包公逝世后的墓志，是1973年合肥市在清理包公墓地时发现的。墓志铭的作者是吴奎，曾与包公同朝为官，它为人们研究包公提供了最为宝贵的资料。此碑高122厘米，宽120厘米，这里是原碑拓片。

好了，现在我们进入包公祠的后院。这座青烟袅袅、清心雅致的院子坐落着大殿和东、西配殿。首先让我们进入东殿，这里以蜡像和壁画的形式展示了有关包公的演义故事和历史传说。这组群塑蜡像就是人们所熟知的《铡美案》，蜡像形神具备，栩栩如生，正向大家展示着一个脍炙人口的感人故事。大家看，公堂之上，包公不畏权贵，执法如山，手托乌纱，下令行刑，宁肯丢官罢职，也要为民除害，怒铡忘恩负义、杀妻灭子的驸马陈世美，替秦香莲母子伸张正义。你看那皇姑、国太手指包公，盛气凌人，以权压法，企图救下驸马。可陈世美有皇权撑腰，虽被拿下仍不服气。秦香莲领着一双儿女，表情复杂，内心充满了绝望、仇恨和渴望的情感。朋友们对包公的三口铜铡都不陌生吧，相传这是包公陈州放粮时仁宗皇帝所赐，龙头铡用于皇亲国戚，虎头铡用于贪官污吏，狗头铡用于刁民恶棍。请问，那铡陈世美使用的是哪口铜铡呢？好多游客都会说是龙头铡，因为他是驸马。但其实，陈世美的戏剧原形是清朝的一位官员，因此，包拯是无法穿越到清朝上演一出《铡美案》的。

这幅仿古画叫《开封府盛景图》，它场面恢宏，描述了南衙开封府的壮观情景。画面的正中央是开封府大堂，整个建筑布局严整，气势巍然，却没给人以森严和畏惧的感觉。因为包公上任后改变了衙门的作风，允许告状者直入公堂，由自己陈述是非曲直。另外，一般的衙门的照壁内是不许闲人进入的，可这幅壁画上，我们可以看到有不少人正行走在其中，有的还津津有味地在观看墙上的布告，似乎又在为包公惩治了某个贪官而欢欣鼓舞。

这是一幅北宋时期的水磨图景，它的名字叫"闸口盘车图"。图中河旁的闸口上有一座官营的磨面作坊，水磨正在转动磨面，周围有许多苦役在忙着搬运干活，在左上磨旁的茅亭中是监督干活的官吏，一苦一乐，对比十分鲜明。在画面的右下方是一座酒楼，前面搭有"彩楼欢门”。整个画幅细致工整，反映了北宋当时社会生活的真实写照。

各位游客，现在我们参观西殿。这里以模型和壁画的形式向大家展示了包公的历史故事及清德美政。这些壁画表现的都是大家所熟悉的包公故事，如“端州掷砚”“陈州放粮”“国法无亲”“怒铡亲侄”“重开惠民河”“出使契丹”等，故事曲折生动，集中反映了包拯居官清廉、爱国忧民、铁面无私的高贵品质。王子犯法与庶民同罪，在包公这里得到体现。他不仅是一个断案如神的清官，在治国方略上也卓有建树，闪烁着人类文明与智慧的光芒。这里除壁画历史故事外，还展示有宋代官轿、官船等水路工具，包公的官服以及开封府模型等，请大家随意参观。

来到大殿我们看到“正大光明”四个浩气凛然的大字下，包公蟒袍冠戴、端坐于方背靠椅，劲正如松，巍然如山。包公方面阔额，长髯飘胸，有凛凛不可予夺的威严风仪，他双眉微蹙，若视若思，常怀以悠悠报国为民的忠正心胸。请再看他的双手：一手扶椅、一手握拳，在平稳自然的虎威中，似乎又能让人感到一种呼之欲起的动势和力威，令人肃然起敬。这是集历史、思想、艺术和传说于一体的包公的传神写照。这尊铜像高3米有余，重2.5吨，古香古色、端庄肃穆，具有很高的欣赏价值和艺术价值。

大家看包公铜像的帽翅，是不是感觉比一般的宋代官帽上帽翅要长一些呢。这又是一个传说啦，当时仁宗皇帝对包公非常器重，每天视朝时都想见到包公商议朝政，可包公的个头较矮，文武百官朝拜时，皇帝很难一眼见到，便特意嘉奉给包公较长的帽翅。仁宗皇帝对包公的恩宠不仅在生前，包公死后他还亲自前往包家吊唁，并停朝一天，以示哀悼！而且还特别恩准包拯作为陪葬大臣葬入宋陵之中。关于包公的严肃，开封民间还有一个传说，“包公笑比黄河清”，人们要想看到他的笑脸，居然比黄河水变清还难。

大殿两侧陈列着反映包公真实生平和清廉品德的文物典籍。这里有四幅彩陶壁画：“不畏权贵”“体恤民情”“清正廉明”“秉公执法”，形象地表现了包公刚正不阿、据理力争的可贵精神。包公作为家喻户晓的清官形象，在人们心目当中矗立起了一座不朽的丰碑，为世代敬仰。

走出威严肃穆的包公祠大殿，让我们解开思绪，放松一下心情。现在大家来到的是包公祠的灵石苑，这里湖光粼粼、清新秀美，与祠堂的威严肃穆相比更增添了一些雅致，一边是包公湖的波澜壮阔，一边是小桥流水、锦鲤卧波，让人别有一番情致。

好了，请大家在这里拍拍照，20分钟后在停车场集合。

模拟实训

天波杨府

游客朋友们：

我们现在参观的是北宋杨业府邸——天波杨府。天波杨府坐落在开封城西北隅的龙亭北路，南大门外的湖泊叫杨家西湖，又名杨六郎宅水泊。

下面，我先把天波杨府的概况给大家介绍一下。明代《汴京遗迹志》中记载，“杨六郎宅水泊，在里城内西北。"里城就是现在的开封城。为什么叫这个名字呢？清代《宋东京考》进一步指出："本杨六郎宅外湖泊，故名。"北宋太宗太平兴国四年(公元979年)，杨业归宋，举家迁居都城东京(开封)，其府邸就在这里。因位于里城西北的水门"天波门"内，故名天波府。杨业归宋7年后壮烈牺牲，天波府成为杨六郎的宅邸。明清水患之后，清代时遗址上仍修建有纪念性建筑杨氏庙，直到1927年冯玉祥二次主豫时废除。但人民喜爱和怀念杨家将，正如明代唱本所言："文官只说包丞相，武官好个姓杨人。"小说、戏曲中的杨家将演义故事，更是广为流传、家喻户晓。今日的天波杨府，是为了弘扬杨家将的爱国主义精神，于1994年在杨氏故宅附近建成的纪念性建筑。

好了，大家请随我进入府内参观，感受满门忠烈杨家将的过往故事。天波杨府占地90亩，是一座仿宋古典园林建筑。坐北朝南，由东、中、西三个院落所组成。东院演兵场，是杨家将操兵练武的场所。中院杨家府衙，是天波杨府的主体部分。大家现在进入的这个院子就是西院杨家花园，这是一座具有江南园林风格的花园。北区有一座硬山式楼房，有迴廊连接，天波碧潭之水从杨家西湖引入，从花园南部迂回穿过水榭和东、西长廊，经过假山最后绕到花园北部。在拱桥旁的合欢树下立有"天波碧潭"字样的立石。往前走，可看到假山、水池、曲桥、小亭子、水榭和密密的竹林，小巧玲珑，曲径通幽。

我们现在到天波杨府中院，去参观反映杨家将故事的大型民间泥塑。

中院大门高悬杨成武将军题写的"天波杨府"金匾，门前有下马石。宋太宗曾下旨，凡经杨府门前通过的官员，"文官落轿，武官下马"，以示对杨家的敬仰。进大门有照壁，浮雕着梅、兰、竹、菊、荷的图案。两侧是钟鼓楼，钟楼和鼓楼是中国古代沿袭下来的定制建筑，节庆大典中鸣钟击鼓成为古代之惯例。然而天波杨府的钟和鼓，在战乱年代却有着特殊的用途，钟叫聚将钟，鼓为催战鼓，分别为聚集将士，鼓舞士气之用。开封民间相传，杨家聚将钟有两处：一处在龙亭之东，曾被日军炸断盗走，后来有关专家依据照片分析，似为周王府独柱亭之柱；另一处在杨家湖北部，曾露出水面，年长目睹者称极似钟纽。因位置在杨府范围附近，较为可信，可惜此物在解放初期已失去踪影。

穿过过厅是主体建筑天波楼，该楼为带夹层的重檐歇山式建筑，高24米，建筑面积1000平方米。上做宋式斗拱雀替，下为条石台基，室内做藻井天花，室外做五彩遍装油漆彩绘，非常雄伟壮观。此楼即太宗赐予杨业的"清风无佞天波滴水楼"。二楼正中檐下天地云斗匾上刻有"天波楼"3字，由全球董杨宗亲总会理事长杨清钦先生亲笔书写。天波楼一楼大厅为议事厅，有一大型群雕演义故事"杨业发兵幽州救主"。当时杨七郎因打擂闯祸，太宗听信谗言，竟不念杨家为保大宋江山，南征北战立下的战功，将杨业贬谪雄州之后，辽国乘机出兵，设计困宋太宗于幽州城，这时杨业手捧诏书，唤出八个儿子商量营救之策。六郎、七郎站出请命，杨业派七郎为先锋先行一步，杨业带领众人押运粮草星夜向幽州进发。这就是大家熟悉的"七郎八虎闯幽州"。天波楼二楼大厅名报国厅，内有群雕演义故事"佘太君杨门选将"。当时杨家热血男儿战死沙场，边关告急，朝中无将出征。为报国家，佘太君命老家人杨洪击鼓撞钟，杨门女将聚集厅内，佘太君亲自选将，被选中的是七娘杜金娥，八姐、九妹随军出征。显示了杨门女将满门巾帼不让须眉的豪情。

东配殿是五组杨家男将的内容，居中是金刀杨令公杨业，原名杨崇贵，少时随父杨信出征，后北汉帝刘崇赐姓，故改名刘继业，归宋后恢复本姓。杨业之死，是史有明载的大事，我

们重点讲述一下。北宋太宗雍熙三年(公元986年)，潘美、杨业分别被任命为伐辽西路军的主帅和副帅，他们与监军王侁、刘文裕率部接连攻下4州，但东路军的失利，造成全线溃退。宋太宗下令将几州百姓迁往内地。在如何保护百姓安全撤退问题上，杨业与王侁发生争执。杨业认为辽军气势正盛，只要适当出击牵制西进，即可保边民撤离。王侁却要正面大张旗鼓地进攻，指责杨业说："将军平素号称'杨无敌'，大敌当前却阻挠我等作战，莫非另有心思和打算不成?"猜忌之心，言溢于表。作为北汉降将的杨业，只好抱着"先死于敌"的决心，去执行宋军主帅们最后做出的错误作战计划。他唯一的要求是要潘美等领兵在陈家谷的谷口左右两翼埋伏、接应。约定之后，杨业出兵。潘美、王侁、刘文裕各自率部下在陈家谷布阵。在等待了4个时辰之后，王侁就以为杨业已胜去抢头功，竟擅自带兵离谷，潘美拦不住，与刘文裕跟着撤退。战事正如杨业所料。杨业率部奋力作战，从中午打到傍晚，筋疲力尽，终于打到了陈家谷，却不见宋军一兵一卒，悲愤之极，与辽军决战，终因寡不敌众，杨业之子延玉及士卒皆战死，杨业身上几十处负伤。最后因战马重伤不前，独以孤军，陷于沙漠，劲果猋历，有死不回，求之古人，何以如此！虽然监军一职在军中起很大作用，但主帅潘美支持错误，指挥不力，是违约撤兵的主要责任者。宋太宗对当事人都作了处分：大将军潘美降官3级，监军王侁除名发配金州，监军刘文裕除名发配登州。南部有演义故事大郎替主龙棚赴宴，用袖箭直穿天庆王咽喉。有六郎在黄土坡与辽军大将韩昌大战三天三夜最后被俘，3日不食而死，表现出高尚的民族气节。杨业在受到宋方敬仰的同时，也得到辽方的称赞。杨业死后，辽国即在长城北古口建立了一座杨无敌庙。宋太宗对杨业赠官太尉，大同军节度使，特加抚恤，诏书中这样写道："故云州观察使杨业，诚坚金石，气激风云。……而群帅拜约，援兵用回马枪将韩昌杀于马下。"北部有演义故事五郎斧砍萧天佐。五郎出家为僧仍不忘报效国家，这是在大破天门阵。还有七郎闯幽州，这是突破三关来到幽州城门楼下在喊城的情况。接下来请到后殿参观游览。

我们现在来到北殿孝严祠，是杨家家庙，为宋太宗御赐的祭祀处。明清两代曾多次重修孝严寺，1927年为冯玉祥所废。今日孝严祠殿内设置神龛，有杨业、杨延昭、杨文广杨家将三代英雄等塑像和宋、元、明历代皇帝为杨家将授赠的神位。现在全球董杨宗亲总会的杨氏后裔每年都要组团到天波杨府寻根访祖，观光游览。所以说，天波杨府威震四方，也有利于港澳台地区的文化交流。

现在请大家到最后一个大殿——西配殿，里面是五组杨门女将的演义故事。首先看到的是"烧火丫头杨排风"，第二组故事是"七娘迎战马吐温"，第三组"百岁佘太君"。这边两组故事说的是穆桂英大破天门阵，八姐、九妹前去破天门阵的黑风阵。

东院为演兵场，内设点将台、跑马场及宋代兵器展示，还有射箭等项目，等一会儿大家可根据兴趣爱好自由参观，拍照留念。

朋友们，杨家将的爱国主义精神是全世界各族人民的共同财富，希望天波杨府的美丽风光和杨家的浩然正气能带给您愉悦和收获，请记住把天波杨府的祝福带给您的亲朋好友，我们欢迎更多的朋友到天波杨府来！

讲解到此结束，给大家30分钟自由参观的时间，半个小时后，我们在车上集合。

模拟实训

朱仙镇岳飞庙

游客朋友们：

大家好！我们今天要游览的是中国古代四大名镇之一的朱仙镇。朱仙镇距开封市区 20 千米，行车约需 25 分钟即可到达。利用行车的时间，我把朱仙镇的情况简单给大家介绍一下。

朱仙镇历史悠久，秦时，这里出了一个名人，姓朱名亥，因刺杀秦王而成名，遂将此地命名为朱仙镇。南宋绍兴十年(公元 1140 年)，民族英雄岳飞大败金兵于郾城，乘胜进军至此。古时，朱仙镇地当水陆效能要冲，商业繁荣。明清时与景德镇、佛山、汉口全称四大镇。只是到了清中叶后，因为黄河泛滥，逐渐衰落。但它悠久的历史和辉煌的过去，给我们留下了很多名胜古迹和文化遗存。著名的岳飞庙、关帝庙、清真寺、启封城遗址、牛头山、点将台、青龙背等，还有闻名全国的朱仙镇木版年画。今天带领大家游览的是岳飞庙、木版年画和清真寺。

各位朋友，大家现在看到的这座庄严肃穆的庙宇，就是与汤阴岳飞庙、杭州岳王庙齐名的朱仙镇精忠岳庙。始建于明成化十四年(公元 1478 年)，屡经修葺，蔚为大观。坐北向南，占地七十余庙。1986 年由省人民政府公布为省级文保单位。

大家先看山门。岳飞庙山门面阔三间，进深两间，门漆大红，上覆绿瓦。中门上方所悬匾额上，书“精忠岳庙”四个大字，是我省著名书法家陈天然先生题写的。

好，我们拾阶进入山门。

我们现在所看到的这五具铁像，便是“五奸跪忠”。中间的这个就是杀害岳飞的主犯秦桧。秦桧曾是北宋的御史中丞(宋朝最高监察官)。在公元 1127 年的“靖康之变”中，和宋徽宗、宋钦宗以及宗室、百官等一同被抓到金国。不久后他就投靠了金人，并受金统治者的派遣南归，成为金在南宋王朝内部的代理人。他在宋高宗时曾两度当任宰相，独揽大权近二十年之久，极力主张向金求和，妥协投降。他排除异己，残害爱国志士，预谋和策划对岳飞的迫害活动，唆使党羽制造假证，罗织罪名杀害了岳飞。同时遇害的还有岳飞的长子岳云、岳飞的爱将张宪。

紧靠秦桧西边的这个女人，是秦桧的妻子王氏。她在秦桧欲杀岳飞而又苦于找不到罪证时，她嘲笑秦桧缺乏果断，并警告秦桧说：“捉虎容易纵虎难。”王氏的提醒，促使秦桧下决心在新年来临前夕，以“莫须有”的罪名杀害了岳飞。最西边这个叫罗汝楫。他是当时朝廷的谏臣，追随秦桧，充当帮凶。秦桧东边这个叫张俊，是南宋“中兴四将”之一。因妒忌岳飞屡建战功，为了巩固自己的地位，附和秦桧，参与陷害岳飞。他无中生有地诬蔑岳飞倡议放弃楚州，唆使王俊诬告岳飞父子谋反，私设公堂，拷打审问，成为对忠诚义士投井下石的历史罪人。最东边这个复姓万俟(读 mò qí)，单名卨(读 xiè)，字元忠。他在担任湖北路转运判官时，与湖北京西路宣抚使岳飞有往来，因岳飞察觉此人奸诈，对他比较冷淡，他就一直怀恨在心。后来他投靠秦桧，任监察御史，积极参与弹劾岳飞，致使岳飞罢官。在接办岳飞案并任“主审”后更是对岳飞父子和张宪尽其所能地严刑逼供，罗织罪状，陷害岳飞。秦桧死后，他接任宰相之职，强烈反对为岳飞冤案平反。人民群众痛恨这五个民族败类和残害忠良的

刽子手，把他们铸成铁像，让他们袒胸露腹，蓬头垢面，反绑双手，面北而跪。为什么他们面北而跪呢？因为北边大殿里有岳飞的塑像，是让他们向岳飞请罪，一年四季，任凭风刮霜打。几百年来，天天如此，说明了人心的向背。

各位朋友，我们现在来到大殿。大殿上方悬一匾额，上书四个大字“还我河山”，这是岳飞手迹。左右楹柱上有一副楹联，是河南省诗词家协会主席李允久先生所撰，开封书法家周俊杰先生书写。上联是：“一笑十牌凭浩气”，下联是：“常思三字仰精忠”。上联的意思是，岳飞面对调他班师还朝的十二道金牌已经看穿投降派的卖国嘴脸，对秦桧之流的卖国伎俩不屑一顾，浑身充满了浩然正气；下联的意思是说，我们后人要经常地学习岳飞忠于祖国忠于人民、抗击外侮的英雄精神，在工作与生活中不要斤斤计较个人的得失。“三字”是指秦桧强加给岳飞的罪名“莫须有”。

这尊塑像是岳飞的戎装塑像，像高 4.3 米，是全国最高的岳飞泥塑神像。诸位请看，岳飞头戴战盔，身穿金甲，腰系玉带，足登虎头战靴，斜披紫袍，左手捧书，右手扶膝。二目有神，直视远方，忧国忧民，乃文乃武。整尊塑像可以说是威武雄壮，气宇轩昂，栩栩如生。

东西两厢这四员少年小将分别是银锤岳云，金锤狄雷，铜锤严成方，铁锤何元庆。岳家军中的这四员少年小将，在朱仙镇对金兵的决战中，各挥一双大锤，冲向十万金兵的敌阵，大锤翻飞，如砸瓜切菜，金军大乱，抱头鼠窜，顿时溃退。后人敬仰这四位少年小将，流传下“八锤大闹朱仙镇”的故事。

东边这幅油画反映的是岳飞率领岳家军取得朱仙镇大捷后，全军将士兴高采烈欢呼的情景。西边这幅油画反映的是正当岳飞激励三军“直捣黄龙府，与诸君痛饮”之时，接到朝廷命他们急速班师的金牌。岳飞仰天长叹：“十年之力，废于一旦。”岳飞挥泪班师，与恋恋不舍的朱仙镇乡亲洒泪告别。

后院是五将祠。从史书上我们查到岳飞的部将有 252 名。人们选出五名功劳最大，知名度最高的塑成神像，将之称为五将祠。第一员大将是王贵，汤阴人，与岳飞是同乡。王贵在军中任中军统制，是岳飞的第一副手，也是岳家军的勇将。第二位将军是张宪，籍贯不详，张宪是前军统制，后与岳飞、岳云一同被秦桧杀害。第三位是牛皋，河南鲁山县人。他原来是农民起义军的弓箭手，归顺岳飞后，勇猛杀敌，升为岳家军的左军统制。后被秦桧的死党田师中用毒药酒药死，死得很悲惨。第四位是徐庆。徐庆将军家在汤阴，也是岳飞的一位同乡。这位将军的特点是沉默寡言，忠诚勇敢。徐庆屡建大功，深受岳飞的信任。官至防御使，死后赐为昌文侯。第五位大将是杨再兴。杨再兴作战勇敢，至死不屈。后来在临颍马陷淤泥河，身负一百多处箭伤，英勇战死。好，请各位朋友到寝殿参观。

各位朋友，现在我们看到的这组塑像就是流芳百代的“岳母刺字”。靖康元年，也就是公元 1126 年冬天，金兵攻陷开封。岳飞决心从军报国，他收拾好马匹、兵器、包裹后，问母亲姚氏还有何教诲。姚氏命岳飞脱下上衣，取一银针在岳飞的背上刺下“尽忠报国”四字。刺好以后，岳飞让妻子刘氏取镜立其背后，自己亦持一镜于胸前，通过两镜的互照，观看慈母所刺之字。就是这么一照一看，岳飞发现母亲所刺的“国”字里边右下角缺了一点，便诚恳地请教母亲：“母亲大人，您怎么给孩儿刺的这个国字少一点呀？”母亲姚氏语重心长地对岳飞说：“儿呀，现在金兵入侵，侵我国土，杀掠百姓。希望我儿这次从军，要努力杀敌，不要眷念家人。等你打败金兵，收复国土凯旋时，为娘再与我儿添上这一点。”岳母姚氏的话大大激励了岳飞杀敌报国的信心和勇气。岳飞拜别老母，告别妻儿，奔向抗击外侮的民族战场。后来，岳飞成为中国历史上杰出的民族英雄，“岳母刺字”的故事也传为千古佳话。

我们再看这两尊青铜鎏金像。东边这位是岳飞，西边这位是岳飞第二个妻子李娃。这两尊铜像铸于清康熙三十六年四月十八日，是全国仅存的“岳飞夫妇青铜鎏金像”，是国家珍贵的文物。

这边这一尊塑像是岳飞女儿岳李娥。岳李娥幼读诗书，通晓大义，她为父兄鸣冤不许，抱父生前所赠银瓶投井而死，后人又称她为“岳银瓶小姐”。死时年仅十三岁。

请各位游客到五子祠参观。

这是岳飞五个儿子的祠堂，从北往南依序为：长子岳云、次子岳雷、三子岳霖、四子岳震、五子岳霆。中国有句老话，叫“老子英雄儿好汉”。岳飞的儿子也同他一样，热爱祖国，抗击外侮，人民将永远纪念他们。

各位游客，我们现在所看到的是正在筹建当中的岳庙碑林。《满江红·怒发冲冠》是岳飞在抗击金兵战斗中所做的一首词。表现了他对敌寇无比的痛恨，报仇雪耻的迫切心情和收复中原失地的不可动摇的意志。这首词文学价值很高，整首词据传为岳飞手书，书法流畅遒劲，一气呵成。整首词虽然流露出忠君思想，却并不影响其为爱国主义名作。千百年来一直鼓舞着中华民族抗击外侮的仁人志士。

模拟实训

禹王台

游客朋友们：

我们现在参观的是千古名园——禹王台。禹王台风景区位于开封东南部，占地 0.265 平方千米，原是古代梁园遗址，距今已两千多年，是开封市历史最悠久的游览胜地。

这座木制牌坊，是四檐三楼式，悬山顶，正中门楣上是“古吹台”三个大字。古吹台又名禹王台，为什么它有两个名字呢？相传春秋晋国有一位双目失明的音乐家师旷，他的音乐造诣很深，是晋平公驾下的一名乐师。他经常在这座高台上吹奏，人们便把这座高台命名为古吹台，并于乾隆二十七年（公元 1762 年）为他建立了这座牌坊。明代嘉靖二年（公元 1523 年），由于黄河经常泛滥，人们饱经水患，谈水色变，心中不免怀念古代治理洪水有功的禹王，希望禹王的神灵能够保佑开封免受水灾，就在古吹台之上修建了禹王庙，这就是古吹台又称禹王台的由来。这里现在的建筑是清代康熙七年（公元 1668 年）重建的，距今已有三百多年的历史了。台高四米，整座建筑都具有清代典型的建筑风格。

各位游客请看，在我们面前的这座楼叫御书楼，中间这块“功存河洛”的匾额是康熙三十三年（公元 1694 年）康熙皇帝亲题，悬挂于此楼。

各位游客，这组塑像是描述清代乾隆皇帝游禹王台吟诗的情景。乾隆十五年（公元 1750 年），乾隆巡幸河南，来到开封禹王台，有感而发，沉思吟诗。当时乾隆年近四十，意气风发，举国上下国泰民安。初登禹王台看到禹王台的景象及其祖父康熙御书的“功存河洛”匾额，

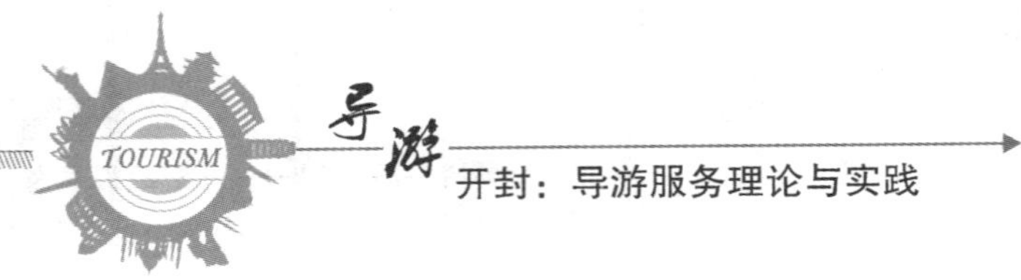

听下属讲述晋国乐师师旷的传说，其诗兴大发吟五言律诗一道，以作留念。而当时乾隆作过诗后就由工匠根据乾隆新题诗句雕刻在石碑上，而这块石碑现在屹立在禹王台后的御碑亭内，稍后大家可以看到乾隆皇帝的真迹。

这组石碑是我国近代的著名书法家康有为游禹王台时所留下的墨宝。他的书法融注了汉笔和魏笔的艺术风格，独具异彩。这十块碑文描写了禹王台公园风景秀丽、鸟语花香的情景，是康有为的得意之作，也是园林碑刻中的珍品。

大家请看，这位就是春秋时晋国的大音乐家师旷，他双目失明，善于弹琴精于辨音，是晋平公驾下的一名乐官，有很深的音乐造诣。

师旷的眼睛为什么会失明呢？这里有个小故事：师旷自幼儿酷“爱音乐，随从名师高杨学艺，他聪明过人，就是生性好动，定不下心来学艺，他师父就训斥他：你学艺不精，只因为好看好动，用心不专一，盲人学琴也比你强。”师旷听了羞惭得无地自容，觉得对不起师父的一片苦心，当晚就用他的师妹高娥的绣花针刺瞎了自己的眼睛。从此他专心练琴，发愤苦练，终于青出于蓝胜于蓝，琴艺超过了师父，相传《阳春》《白雪》这两首曲子，就是师旷的作品。

请大家随我到水德祠。水德祠始建于明正德年间（公元 1506—1521 年），奉祀自战国以来治水有功者三十八人，各立牌位。改建后的水德祠内新增雕塑三尊，中间这位即是战国时魏国的史起，他曾引漳河水灌溉农田，极大地推动魏国的农田水利建设，因此，他被排为治水有功者的第一位。

东面这位是元代贾鲁，元至正十一年（公元 1351 年）在堵塞黄河决口中，由于口大水急，贾鲁博采众议，使沉船法堵口，将 27 条大船连在一起固定于决口处。向船上抛石头，同时凿洞沉船，合拢一次成功。他还由当时的密县经郑州，中牟往南到朱仙镇开挖河道，后人为纪念他的治水功绩，将该河命名为贾鲁河。

西面这位是清代民族英雄林则徐，他在开封城北张湾处治黄河堵口，至今那一段大堤仍被人称为林公堤，林则徐不仅禁烟名垂青史，而且一生治水功勋卓著，江苏、陕西都有他的专祠。

水德祠的东西两侧摆放多位治水功臣的牌位，有元代八位，战国两位，汉代七位，明代七位，清代七位。后人建的水德祠正是对他们治水功绩的歌颂和怀念。

现在我们进入禹王台的主殿——禹王庙。三皇五帝时期，洪水到处泛滥，淹没了大片田地和村庄，仅剩下一些山岗和丘陵。尧任命大禹的父亲鲧负责治水，鲧采用了修筑堤防到处围墙的方法，但洪水无法排泄。九年过去了，洪水仍然泛滥成灾。按当时的法律，因鲧治水无功，舜就把鲧给杀死了。又派鲧的儿子禹去治理洪水，大禹吸取他父亲治水失败的教训，他用疏导的方法，劈三峡，挖渠道，使洪水汇成江河，流入海洋。他为治水，日夜操劳，他在八年的治理洪水期间，曾经三过家门而不入，决心不把洪水治好，永不回家，大禹经过十三年的努力奋斗，终于制服了水患，建立了丰功伟绩，受到了天下百姓的拥戴。那时他们的王位是禅让制，舜念禹治水有功，就把王位让给了禹，禹在位八年死于浙江绍兴。他死后由他的儿子继承王位，禅让制从此改为继承制。禹王的塑像原来是位铜像，但铜像在 1927 年被毁，现在的这个大型塑像是 1981 年 7 月按照浙江美术院大禹陵的塑像复制的。像高 5 米，现为石膏所制。殿内东西两侧是大幅砖雕，内容为大禹治水图和治水完工的庆功图。

大家请看，这块岣嵝碑是在清光绪二十三年（公元 1897 年），河南巡抚刘树棠按照夏代的文字所刻，其主要内容是赞颂大禹的丰功伟绩。相传为夏禹治水时所书，又叫禹王碑。概述大禹治水之功，为治水"参身洪流""久旅忘家"的献身精神，以及治水中的种种艰难困苦。原岣嵝碑在湖南衡阳岣嵝峰上，字迹奇古，人不能识，经多人识读认为是夏禹时，称颂禹功的赞歌，其文字识读多采用明代才子杨慎的说法。明代以后大禹足迹所到之处，几乎都有岣嵝碑。

大家请随我进入大殿左侧的三贤祠。三贤祠建于明代，是明代巡抚毛伯温有感于唐代大诗人李白、杜甫、高适三人同登吹台赋诗而刻意建造的。大家请看，中间这位是李白，东边这位是杜甫，北边这位是高适。

主展室三贤相聚反映的是三位诗人相聚在古吹台上的情景，唐天宝三年（公元 774 年），在京名噪一时的李白因赋"可怜飞燕倚亲装"之句而得罪了杨贵妃，被解除了翰林职位。他东下洛阳，结交了杜甫，两位大诗人神交已久，相见恨晚，便相偕沿着黄河漫游，饱览锦绣山川。初夏时，他们来到开封，在开封又遇到了怀才不遇、浪迹天涯的诗人高适，文坛三杰，风云际会。各位游客，千古名园禹王台风景区的游览就要结束了，我们 20 分钟后在车上集合。

模拟实训

刘青霞故居

各位来宾：

说到民国时期的开封名人，不能不提我国近代著名教育家、社会活动家、辛亥革命女志士刘青霞。她家大业大，却常怀忧国忧民之心，热心公益、乐善好施，赞助创办了河南第一所女校，捐资创办了《中国新女界月刊》，捐出两万元巨资，资助出版革命刊物《河南》。刘青霞与秋瑾齐名，素有"南秋瑾、北青霞"之誉。孙中山为她题有"天下为公""巾帼英雄"书法条幅，鲁迅为她题有"才貌双全"书法条幅，这不能不说是开封的骄傲。今天，位于开封市顺河回族区刘家胡同的刘青霞故居，就是清末民初百万富孀刘青霞在开封市的旧宅之一。

开封刘青霞故居，坐北朝南，建于清光绪六年（公元 1880 年），距今已 130 余年，是典型的并排两座三进四合院。左右对称，共 6 个小院构成的一个整体，共有房 70 余间。东西两宅各有大门，互不统属，仅有一耳室相连。院后是一座花园，将东西两宅连为一体。建筑布局以上房中轴为主线，左右对称，层次分明，布局严谨，是一座典型的四合院建筑。整个建筑从南向北，房屋檐口与屋脊逐步升高，中厅脊高于配房脊，主次十分明显。第三进院为正宅，正厅五大间（前两进为三间），东西厢房虽然也是三间但面阔均较一、二进院稍宽，同样可以让人感到主次的不同，整个院落除了沿这条中轴线可直至上房外，院东侧还有一条贯通南北的通道直达后花园。

历史建筑体现了民族文化发展的时代内涵，是极富生命力的文化遗产，是不可再生的宝贵资源。在开封市委、市政府的大力支持下，经过文物部门的保护维修，这座百年老宅重新焕发出了光彩。刘青霞故居纪念馆精心设计了展览内容，用以展现百年建筑的风采，展示刘青霞女士"天下为公"的家国情怀，体现刘青霞故居作为清末民初中原地区四合院民居建筑

活标本的历史价值，发挥刘青霞故居的教育、科学、建筑审美和文化宣传作用。目前，东院(2号院)展出刘青霞生平事迹展和故居复原，西院(1号院)举办临时展览。

接下来我们从倒座开始参观。

1. 倒座

刘青霞(1877—1923年)，原名马青霞，河南安阳人。她出生于河南安阳蒋村一个官宦之家，清光绪二十年(公元1894年)受父命嫁于开封尉氏县大地主刘耀德为妻，故随夫姓。刘青霞知书明理，擅诗能画，为人豁达、善良，毕生倾尽家财捐资助学，投身革命，是一位杰出的女性。刘青霞和祖籍浙江山阴(今绍兴市)的"鉴湖女侠"、近代革命志士秋瑾为同时代的人，年龄小秋瑾两岁，出身和经历也有诸多相似之处，因此享有"南有秋瑾，北有青霞"的美誉。

刘青霞出身于名门。他的父亲马丕瑶先生是清政府一个清正的官员，清末头品冠戴，从知县做起，直至广西、广东巡抚，相当于现在的省长，是一个典型的具有儒家思想的知识分子，人呼"马青天"。光绪皇帝曾御赐马丕瑶"鞠躬尽瘁""百官楷模"的匾额，在安阳马氏庄园，马丕瑶的厅堂有一副楹联是："不爱钱不殉情我这里空空洞洞，凭国法凭天理你何须曲曲弯弯。"从这些可以看出马丕瑶对做人准则的严格要求，对当今社会是一个警示。

刘青霞是父母最年幼的女儿，她有四位兄长，两个姐姐。大哥马吉森从商，是河南近代工业的创始人之一，最为著名的企业是在安阳与谭世桢合作创办的安阳六河沟煤矿(是现在河北邯郸峰峰煤矿前身)和安阳广益纱厂。

对刘青霞影响最大的是二哥马吉樟。马吉樟从政，曾任总统府秘书。光绪三十年(公元104年)，马吉樟入翰林院为皇帝的侍讲、侍读、日讲、起居注官。马吉樟到日本去管理学务的时候，刘青霞也随之赴日本考察新学教育及办实业的情况。马吉樟深深地影响了刘青霞一生的为人处世风格，对她以后开通思想，追求变革奠定了基础。

2. 西厢房

光绪二十年(公元184年)，17岁的青霞受父母之命，嫁于开封尉氏县的刘家，丈夫刘耀德。当时的刘家是河南首富，在全国开设的当铺、钱庄、商铺近千家，人称"刘半县"。他们自称"南京到北京，不饮别家水，不宿别家店"。

下面我们来看这两张图片。

第一张描绘的是刘耀德在南京街头炫富的场景，他身穿一件长两丈的褂子，拿一个两米多宽的横杆把衣服撑起来，衣服四个角吊四个金元宝，还有四个浓妆艳抹的丫鬟替他撑着衣服，街道两边有摊铺，横杆太宽了，就把街道两边别人的商铺给碰倒了，后面就拉一马车的银子赔给人家，以此来炫耀自己巨大的财富。

第二幕发生在开封，刘耀德和康百万的儿子在开封的城墙上比富，两人用麻袋装满了金叶子到开封城墙上去撒，看谁能撒不停撒不止，最后刘耀德胜出了。

刘青霞结婚七年之后(公元102年)，刘耀德病逝，成为遗孀。25岁的刘青霞为了保住刘家偌大的家产，与婆婆商议，诈称有遗腹子，抱养了刘耀德胞姐的儿子刘鼎元。

刘青霞幼承家教，知书明理，擅诗能画，为人豁达、善良。她深受儒家学说的影响，追求"完善同归""乐善好施""兼济天下"的道德思想，在大灾之年开锅造饭三个月，捐巨资修建贾鲁河桥，创办养济院，在京创办豫学堂和河南省第一所私立女校——华英女校，她将全部家业捐给驻豫的冯玉祥将军，用于办学和革命事业。对社会，她铺路修桥，开办平民工厂。光绪皇帝闻报她的各项义举，特诰封她为“一品夫人”。

刘青霞冲破传统束缚，她怀着自己的人生追求和理想信念，在匡救国难、开启民智的事业中，实现着自己的人生价值。她用生命写就了“巾帼英雄”这一光辉称号。

1907 年是刘青霞人生的转折点，刘青霞跟随二哥马吉樟前往日本考察实务，在日期间结识了孙中山、鲁迅、秋瑾、黄兴等人，特别是与孙中山的会面使她眼界大开，思想锐进，走上了社会活动和资产阶级民主革命的道路。

刘青霞支持革命不惜重金，先后捐资两万多元创办杂志《河南》以及《中国新女界》，《河南》杂志从诞生之日起，就是中国革命党人的喉舌，对宣传辛亥革命起到了积极的作用。鲁迅先生曾多次在《河南》杂志刊发文章支持革命，他感动于刘青霞的胸怀和胆识，以“才貌双全”“中国女杰”相赠。

3. 东厢房

日本之行让刘青霞的思想进一步蜕变，由私到公，由家族办学到民族公益教育，开启民智。她先后资助过多所学堂，最显著的就是在北京兴建的河南公立旅京豫学堂。此外，她在开封尉氏县创办了河南省第一所私立女校——华英女校，捐助创办了中州公学堂——河南省最早的新学堂，还在开封成立了中州女学堂附小，也就是现在的二师附小。

4. 过厅

刘青霞因“乐善好施”被封为清王朝的“一品命妇”，之后却扮演了清朝掘墓人的角色。她多次与革命党人一同参加革命活动，把自己拥有的巨大财富献给了革命，是革命事业雄厚的经济后盾。张钟端先生是当时的河南辛亥革命军总司令，河南辛亥革命十一烈士之一。去过禹王台公园的人应该会对这幅图画比较熟悉（图片），十一烈士就埋葬于此。刘青霞一次次的捐助，激怒了刘氏族人，他们状告刘青霞“私通革命党人”，致使她两次被捕入狱，皆由其兄马吉樟从中周旋，方得脱险。

1913 年初，刘青霞曾两次赴上海觐见当时的铁路督办孙中山，并表示愿意将自己的全部家产捐献给国家，作为修建铁路的费用。当时的孙中山正发愁资金短缺的问题，刘青霞此举恰如雪中送炭，使他大为感动，挥手写下“巾帼英雄”“天下为公”等匾额送给刘青霞，表示对她的褒奖和鼓励。但是后来由于袁世凯的反叛共和，南北分裂，刘青霞捐款的愿望未能实现。

1922 年，冯玉祥豫督时，了解到刘青霞的情况，提出让她出任河南省教育厅厅长，振兴河南的教育事业。刘青霞随后便把自己家中价值 300 万的财产清单和现洋 120 万元亲手交给了冯玉祥。至此，倾其所有，天下为公。

刘家的万贯家财被刘青霞用于铺路修桥、办新学、出杂志，甚至资助革命党人的行为遭到了刘氏族人的怨恨和养子的背弃，同时辛亥革命的失败，也使她的理想破灭，抑郁而终，结束了她辉煌悲壮的一生。

刘青霞生活的 19 世纪末 20 世纪初，是中国社会急剧变革的时代，她有着常人难以想象的胸襟和胆识。在匡救国难，开启民智的事业中，实现着自己的人生价值。

刘青霞的生平事迹部分讲解完毕，接下来大家可以自由参观复原展厅。30 分钟后景区门口集合，谢谢。

模拟实训

刘少奇在开封陈列馆

各位来宾：

刘少奇在开封陈列馆位于河南省开封市北土街10号，陈列馆筹建于1992年，1994年在刘少奇逝世25周年的时候正式开馆对外开放。整个陈列馆坐西朝东，为一天井院式的三层楼群，属于典型的中西合璧式近代建筑，总面积879平方米，刘少奇主席便逝世于该处。馆内六个展柜分别陈列着刘少奇主席逝世前的病历、鼻食管、遗体火化介绍信、火化登记卡、骨灰盒、骨灰寄存证、病床、被褥、枕头、氧气瓶、吸痰器、输液管架、药橱药品、大小便器等。2000年9月25日，河南省政府将刘少奇逝世处公布为国家级重点文物保护单位。

大门上方"刘少奇在开封陈列馆"是由老一辈无产阶级革命家原国家领导人薄一波所题写。接下来就请大家随我一起走进陈列馆来缅怀这位历史伟人的丰功伟绩，追思他在开封的最后岁月。

首先我们来看一下南北两侧墙壁上的碑刻，南边墙上刻的是刘少奇主席《论共产党员的修养》部分手稿。北墙上是邓小平、李先念、陈云、彭真等同志的题词。陈列厅门额上缅怀刘少奇的匾额是邓小平同志所题写，请大家随我到厅内参观。

二十世纪，由中国共产党领导的人民革命，同世界上任何一次革命相比都毫不逊色，是人类历史上最伟大的革命之一。刘少奇在中国这场伟大革命中，为中国人民的解放和新中国的建设在政治、经济、军事、外交、文化教育和党的建设等领域都建树了卓越的功勋，接下来就让我们一起来回顾他伟大一生的光辉历程。

刘少奇1898年出生于湖南省宁乡县花明楼炭子冲的一个农民家庭，起名少选，字渭璜。少年时读过私塾，1913年考入县城第一高等小学，在校期间参加县城举行的反对袁世凯与日本签订的二十一条卖国条约的爱国运动，为了表示保卫炎黄子孙的决心，他特地将自己的名字渭璜改为保卫的卫、炎黄的黄。随着俄国十月革命的胜利和五四运动的爆发，他同我们党的先驱者们一样开始接受马克思列宁主义，思考救国救民的道路。

1920年加入中国社会主义青年团，1921年赴苏俄，进入莫斯科东方大学学习马克思列宁主义理论，并实地考察十月革命的经验，同年加入中国共产党，成为我们党较早的党员之一。

1922年刘少奇受毛泽东的委派，到产业工人比较集中的江西安源路矿，参加领导了闻名全国的安源工人大罢工并取得胜利，在二七罢工失败后，安源地区的胜利成为全国工人运动的一面旗帜，刘少奇同志也因此成为著名的工人运动领袖。在轰轰烈烈的大革命时期又先后在上海、广州、武汉参加领导了五卅运动、省港大罢工及武汉工人收回英租界的斗争，成为我国工人运动的主要领导之一。

1927年出席湖北省总工会第一次代表大会，作组织报告，并被选为湖北全省总工会执行委员兼秘书长。在此期间，参与领导武汉工人群众收回汉口英租界的斗争。后来出席在武汉举行的中国共产党第五次全国代表大会，当选为中央委员。

1934年刘少奇随红军长征，先后担任工农红军第八军团、第五军团党中央代表、第三军团政治部主任。

1935 年在决定中国革命命运的遵义会议上，刘少奇同志坚定地支持毛泽东同志的正确意见。

1937 年卢沟桥事变爆发，全国抗日战争开始，刘少奇根据中央的指示，先后担任中共中央北方局书记和中原局书记，指导长江以北河南、湖北、安徽、江苏地区的抗日工作，在中国人民抗击日本侵略者的伟大斗争中做出了巨大贡献。

1938 年中共六届六中全会决定在延安召开，大会选举刘少奇同志为中原局书记。

1939 年，在延安马列学院做《论共产党员的修养》的报告。毛泽东认为这是一篇“提倡正气，反对邪气”的好文章。

1941 年皖南事变后，刘少奇同志和陈毅同志重组新四军，刘少奇同志为新四军的政治委员，后又在华中局党校做《论党内斗争》的演讲。

1942 年年底，刘少奇回到延安，进入中央领导核心，成为中央书记处成员和革命军事委员会副主席。1945 年在党的第七次全国代表大会上，他科学地概括了毛泽东思想的主要内容，精辟地提出毛泽东思想就是马列主义与中国革命实践之统一的思想。正是从这次会议我们党章中规定毛泽东思想为全党的指导思想。

1947 年，主持召开全国土地会议，制定《中国土地法大纲》，部署解放区的土地改革运动，并决定结合土改普遍整顿党的组织。

新中国成立后，刘少奇同志一直从事党的一线工作，1949 年当选为中央人民政府副主席，1954 年当选为第一届全国人大委员长，1956 年当选为中共中央副主席。在这一时期，他就提出要党政分开，搞活经济，他具有超前的经济建设思想和党建思想。1959 年当选为中华人民共和国主席，1964 年连任这一职务。在国民经济调整时期，他深入农村、工厂开展调查研究，对面临的困难做出清醒而充分的估计，并提出了解决困难的有力措施。他坚持实施“调整、巩固、充实、提高”的八字方针，为我国经济走出困境、进入健康发展轨道付出了大量心血，做出了不可磨灭的功绩。

下面请大家到天井小院继续参观。

我们看到的天井小院的主体建筑是值得一看的，这是 1928 年一位河南新乡的商人建的同和裕银号分号。由于经营不善的原因，被国民党农工银行兼收，新中国成立后，成为开封市市政府的一号院。西面是市长办公楼，东面是会议室。小院整体建筑非常独特，我们大家看一下那几根黑色柱子是中空的，兼作下水管道。前厅小块花纹地板砖也是 1928 年铺的。陈列馆被河南省公布为“重点文物保护单位”。院内正中央是 1993 年敬建的刘主席半身铜像，安放在将军红玉石基座上，由中央美院著名女雕塑家张德华教授雕刻，是和刘主席最为神似，也是他的家人最为满意的。

院内北侧是汉白玉纪念碑，前面“刘少奇主席逝世处”这几个大字是由原国家主席杨尚昆同志题写。碑文由开封市人民政府撰文，刘少奇之子刘源写的敬书。

下面请大家到逝世房间继续参观。

南侧这间就是刘少奇主席的逝世房间。1969 年，当时刘少奇主席已经患上“肺炎、糖尿病”综合征，生命垂危，被专案从北京空运到开封。在医疗条件非常简陋的情况下，刘少奇主席在这里度过了人生中最后的 27 天，于 1969 年 11 月 12 日凌晨六点四十五分含冤逝世，享年71岁，造成了党和国家历史上最大的冤案。刘少奇主席逝世后，遗体在金库通道处存放30多个小时，用“刘卫黄”这个名字以烈性传染病患者的身份在开封火葬场进行火化。骨灰就地存放在开封火葬场骨灰架正中央123号秘密寄存十年之久。正如刘少奇所说：“好在历史是人民写的。”1979年2月中组部和中纪委联合对刘少奇案件进行复查。经过调查核实确定，1968年八届十二中全会上将刘少奇“开除党籍，撤销党内外一切职务，打成工贼、内奸、叛徒”这个决定判定是错误的。1980年，十一届五中全会为刘少奇主席平反。1980年，党中央派王首道、刘澜涛协同王光美同志到河南迎取骨灰。在北京人民大会堂举行完追悼大会后，根据刘少奇生前的遗嘱，将他的骨灰从青岛港撒向了广阔无垠的大海。党和人民没有忘记刘少奇主席，1992年开封市政府将“刘主席逝世处”公布为重点文物保护单位，1994年正式对外开放。

这边展柜内展出的有刘主席的骨灰寄存单、火化收费单、骨灰盒和骨灰架。这个展柜展出的是刘主席生前穿过的衣服、戴过的帽子、用过的皮箱，是1993年王光美同志捐赠的。中间黑色的中山装是刘主席拍摄国家主席标准像时穿的衣服。

北侧书画展厅展柜中是陈列馆征集到的刘主席著名的文献及刘主席百年诞辰时发行的纪念币、首日封和一些纪念品。墙上的书画作品，启功先生和李琦这两幅是王光美同志所捐赠。

下面请大家随我返回前展厅参观。

这里是刘主席遗体停放处。1969年刘主席逝世后，专案组在后面拍完两张照片之后，遗体就被转移到白色担架的位置放了一天半。

旁边是三代党和国家领导人对刘主席的高度评价。陈列馆作为开封市党风廉政建设教育基地，开辟了“刘少奇廉政建设思想与实践”板块供大家参观学习。他一生廉洁奉公，无私奉献。安源时期，他是我党最早进行反腐倡廉的实践者之一；瑞金时期，他曾担任中央审查委员会书记组建了工会轻骑队，发动群众开展反腐败斗争，取得了显著成效；对于腐败现象，刘少奇早在1939年发表《论共产党员的修养》时已敏锐地总结到“革命胜利后，我们要警惕腐败现象的滋生”。1951年，刘少奇在第一次全国组织工作会议上做《为更高的共产党员的条件而斗争》的总结报告，提出更高的共产党员标准。在1952年“三反五反”运动中，刘少奇主持制定了《中华人民共和国惩治贪污条例》(以下简称《条例》)。《条例》作为新中国第一部专门的廉政建设法规，把我国的反腐倡廉工作纳入了法制化的轨道。1956年12月，在中共八届二中全会上，刘少奇提出要限制领导人员的权利、加强对领导人的监督，并提出了废除领导职务终身制的设想。

这把破旧的藤椅曾在中南海办公室伴随刘主席十多个年头。刘少奇在1952年到1968年间常穿的蓝灰色羊毛衣，共有20多个小洞，袖口和扣眼已经破烂。这是刘少奇同志穿过多年的袜子，破了又缝，缝了又补。刘主席一贯倡导勤俭节约、艰苦朴素、亲民爱民的工作作风，他不仅严格要求自己，而且严格要求子女及身边的工作人员。下面这“四不”：“不迎送；不请客吃饭、搞铺张浪费；不收别人的礼物；参观时不搞前呼后拥的陪同”是他深入基层时告诫身边的工作人员要做到的。这与我党现行的八项规定、焦裕禄同志“十不准”精神是非常一致的。下面我们来参观第五部分：缅怀传承。

百年沧桑，神州巨变，伟人已逝，精神永存。今天我们在这里缅怀先烈，就是要学习他们的优秀思想和崇高风范，让我们紧密团结在以习近平同志为核心的党中央周围，深入学习“十九大精神”，万众一心、众志成城、严于律己、踏实做人，全心全意为人民服务，把老一辈革命家所开辟的伟大事业继续推向前进，谱写出更加和谐、美好的明天。

模拟实训

兰考焦桐

各位来宾：

现在我们面前的这棵树就是1963年焦书记亲手栽下的那棵泡桐树。50多年过去了，如今它已经长成了一棵参天大树。树高24.6米，树围约5米，3个成年人伸开双臂才能勉强合抱一圈。兰考人民亲切地称它为焦桐，以寄托对焦书记的怀念，可以这么说，这是一棵长在咱兰考人心上的树。

那么焦桐为什么会长在这里，我们还要从焦书记来到兰考说起。

焦书记来到兰考后的第4天就下到城关公社老韩陵大队察看灾情，从几位老农的口中焦书记听到了这样的一个谚语。谚语是这样说的，“兰考三件宝，泡桐、花生和大枣”。三天后他又一次来到老韩陵，组织群众召开座谈会。当天晚上他就住进了大队的牛屋里，与70多岁的饲养员肖位芬大爷坐在地铺上聊了起来。肖大爷说：“焦书记呀，沙土窝里能种泡桐，它能挡风压沙，木材用处大。”焦书记就把肖大爷的话一字一句地记在记录本上。经过多次深入调查，经县委研究决定，在兰考种植以泡桐为主要树种的生态防护林防风固沙。因为当时的城关公社胡集大队是一个大风口，沙丘很多，也就是大家所站的这个地方，作为全县发展泡桐的重点基地，要在这里种下55亩生态防护林。

1963年3月的一天上午，胡集大队组织社员到这里种泡桐，但对于如何栽种，大队支书与林业主任产生了意见分歧。大队支书说：“既然是全县发展泡桐的重要基地，就要横成排、竖成行，田里那些散乱的桐苗就应该重新移栽。”林业主任说：“人挪活，树挪死，咱不能只追求美观。”社员们一看这种情况，不知道怎么办，便停下了手中的活儿。正好这时焦书记来胡集大队了解种植情况，大伙儿便拥了过去找焦书记评理。焦书记说：“你们说得都有道理，但咱们干工作得先抓主要矛盾。眼下我们的主要矛盾是啥？是度荒救灾！所以咱们要先顾吃饭，再顾好看。”他指着地头上等待种植的幼桐苗说：“栽种这些幼桐苗要考虑到便于将来机械化工作。”他又指着地上长着的桐苗说：“这些就不要动了，等三五年，风沙治住了，再考虑美化问题。”

焦书记就用“先顾吃饭，再顾好看”八个字，把大家说的频频点头，于是大伙儿都忙着种起树来。也就在这一天，焦书记和大家一起种下了这棵泡桐树。我们现在看到的这片泡桐林是已经更新三代的泡桐树了。

种下这片防护林后，焦书记多次到这儿查看泡桐的长势。1963年9月的一天，焦书记和新闻干事小刘又一次来到这里，焦书记把自行车往地头一放，高兴地向路西这片地走来，一边走一边说呀：“你看咱们春天栽的泡桐苗都成活了，长得多旺，三五年就能起到防风固沙的

作用，十年以后，这里就会变成一片林海。”望着焦书记充满希望的眼神，新闻干事偷偷地举起相机，永远留下了那一瞬间的情景。而这张照片也就是大家经常会在一些影视资料里看到的，焦书记双手叉腰与泡桐苗的那张合影。而我们面前的这棵焦桐就是合影中那个长大了的泡桐苗。

焦书记在兰考留下的照片很少，只有四张，这是其中的一张。据新闻干事刘俊生回忆说，每次下乡焦书记总是嘱咐他带着相机，可当他把镜头对准焦书记，焦书记总是摆摆手不让拍。焦书记说：“不要给我照，要多照群众。你忘了？你一举起相机，群众就喊，大家加劲儿干呀，县里给咱照相了！要多拍他们，拍我有啥用。”

2009年4月1日，习近平同志来到这里听过这段介绍后说：“焦裕禄同志连照相这点儿小事儿想的都是群众，他的确心里只装着群众，只想着群众，唯独没有他自己啊。”而现如今，我们就是要学习和弘扬焦裕禄同志心中装着全体人民，唯独没有他自己的公仆情怀。当年焦书记用“拼上老命大干一场”的决心，带领群众治理三害，广种泡桐。而现如今，在咱们兰考，泡桐种植亩数已经达到了40多万亩，兰考人民用泡桐做原料生产家具，民族乐器等也远销美国和加拿大等十几个国家和地区，泡桐产业已成为兰考经济发展的支柱产业。可以这么说，焦书记为兰考人民建了一座真正的“绿色银行”。

而当年为了做好泡桐的育苗研究，焦书记千方百计挽留人才。大家可能还记得电影《焦裕禄》里有这样一个镜头：焦书记捂着肝部，忍着疼痛，到火车站追火车留住林业大学生的感人场景，这个人物的原型就是当时的林业技术员朱礼楚。

朱礼楚，是江西赣州人，从湖南林业学院毕业后分配到了国家林业部(现为国家林业局)，又被林业部派到兰考进行泡桐苗育苗研究。从富足的鱼米之乡来到当年风沙四起、三害严重的兰考，生活很不习惯。他一度想离开兰考，焦书记经常找他聊天，唱戏。当知道他是南方人，喜欢吃大米时，就想方设法凑了些大米亲自给他送去。在那个饥荒的年月，大米更是弥足珍贵的。焦书记的真情深深感动了他，他不惜千辛万苦培育出了能耐盐碱、抗风沙、适合在兰考种植的泡桐苗，将自己的一生都献给了兰考泡桐事业。2009年垂暮之年的朱礼楚在接受凤凰卫视采访时说：“来到兰考，我后悔；留在兰考，不后悔。”

所以呀，焦书记是给咱兰考人民真正地谋了福利呀。

现在每天都会有群众自发地来到这里瞻仰焦桐，天气好的时候还会有一些老人颤巍巍地路都走不动了，还要来这看看。想到当年那个饥荒的年月，想到那个脸色蜡黄的焦书记，看到焦桐树，这些老人都会忍不住地潸然泪下。

我和每一个第一次听到焦裕禄故事的人都有一样的疑问，那就是焦书记在兰考工作的时间只有475天，短短的一年多一点的时间，他做了些什么能让兰考的人民这样地铭记他、感谢他？后来从当地老人的口中我得到了些许答案。可以说焦书记当年是带着“敢叫日月换新天”的决心来到兰考的，他带领兰考人民治理三害，让兰考百姓的生活有了翻天覆地的变化。他把热血、智慧和生命都奉献给了这片土地，所以兰考人铭记他，感谢他，也悉心照看这棵焦桐树几十年的时间。因为在兰考人民心中，焦桐就是焦书记的化身，就是焦裕禄精神的象征。

可能在大家的印象中，焦书记就像影视资料里宣传的那样雄伟高大，他像是一个被神化了的人物，但是在兰考人心中，焦书记就是一个普通人，一个平凡人，一个时常到咱老百姓家中看看咱有啥吃没啥吃，是不是穿得暖住得暖的这么一个人。他把自己放得很低很低，低于人民，但老百姓把他抬得很高很高。

而如今，这棵凝聚着天地灵气的焦桐愈发参天耸立。多年来，它老树发新芽，在这个季节郁郁葱葱。它就矗立在这儿，见证着兰考发生的每一个可喜变化，鼓舞着兰考人民不断开拓进取。

焦桐的故事就为您讲到这里，愿树下的这缕清风能给您带来一丝清凉和感动，愿树下的这些故事能给您带去一些更多的思考和启迪。

模拟实训

兰考焦裕禄烈士陵园

各位来宾：

欢迎大家来到焦裕禄纪念园参观学习。在这里安息着一位让人民群众无限敬仰，一位心里装着人民，唯独没有他自己，一位为人民鞠躬尽瘁死而后已的共产党人。他，就是被誉为当代人民公仆、县委书记好榜样的焦裕禄。

焦裕禄纪念园位于河南省兰考县城北关原黄河故堤沙丘上，始建于1966年2月，占地面积91.7亩，由革命烈士纪念碑、焦裕禄烈士墓、焦裕禄同志纪念馆和焦桐林组成，是全国重点革命烈士纪念建筑物保护单位、全国重点文物保护单位、全国百个爱国主义教育示范基地之一、全国中小学生爱国主义教育基地、全国廉政教育基地、4A级旅游景区、全国红色旅游经典景区。焦裕禄纪念园现存党和国家领导人、知名人士为焦裕禄同志的题词500余幅，焦裕禄同志生前遗物89件、展览图片300余张，生动展示了焦裕禄同志光辉而伟大的一生。

进入园内，大家首先看到的是革命烈士纪念碑，它位于纪念园南部的中心部位，建成于1993年5月，碑高19.64米，寓意纪念焦裕禄同志1964年逝世。纪念碑由碑体和碑座两部分组成。碑体正面刻有毛主席手体“革命烈士永垂不朽”八个大字，碑座正面三块浮雕分别刻有“解放兰考”“访贫问苦”和“查三害”的画面，背面为碑文。浮雕“解放兰考”反映了人民解放军战士为解放兰考不怕牺牲浴血奋战的英雄精神；“访贫问苦”记录了焦裕禄风雪夜下乡访贫问苦，为贫苦农民送温暖的感人情景，表现了焦书记关心群众疾苦，与人民群众心连心的公仆精神；“查三害”则反映了焦书记带领干部深入基层调查研究，和群众一起查三害、战三害的斗争精神。碑体与碑座连接处是一双手捧着泡桐花与松柏枝叶编织的花环的造型，寓意焦裕禄精神像松柏一样常青，像泡桐花一样永远开在兰考人民心中。整个纪念碑在四周苍松翠柏的映衬下，显得洁净无瑕。

接下来，请大家跟随我参观焦裕禄烈士墓。焦裕禄虽然在兰考只工作了一年零三个月的时间，但他却带病带领兰考人民根治了风沙、盐碱、内涝三大自然灾害。终因积劳成疾，不幸于1964年5月14日在郑州病故，时年仅四十二岁。由于当时天气炎热，最初将焦裕禄的遗体安葬在郑州市烈士陵园。1966年，河南省委、省政府根据焦裕禄生前的“活着我没有把沙丘治好，死后也要把我埋在兰考的沙丘上，看着兰考人民把沙丘治好”的遗愿及兰考人民

的迫切要求，于2月26日用专列将焦裕禄的遗体从郑州运回兰考安葬在县城北的一个大沙丘上，现在陵墓经过两次重修已经粗具规模。

焦裕禄烈士墓碑位于纪念碑北侧墓区最高处，由大理石雕砌而成，占地200平方米，由墓碑、墓周护栏和墓后屏风墙三部分组成。碑高2.75米，正面镌刻“焦裕禄烈士之墓”，碑阴为烈士生平简介，墓盖由汉白玉外镶，墓后屏风墙纪念壁上，镶嵌着毛主席题词“为人民而死，虽死犹荣”。墓区广场2100平方米，平整开阔；墓前两侧树立了两座题词牌，分别刻有董必武、郭沫若撰写的长诗。整个墓区松柏参天，庄严肃穆。

焦裕禄同志纪念馆位于墓区西侧。1993年，为了迎接“纪念焦裕禄同志逝世三十周年纪念活动”，兰考县委、县政府在各级领导的大力支持下修建了焦裕禄纪念馆新馆，1994年4月建成，建筑面积2100平方米。该纪念馆是一座现代化建筑，也是目前河南省最大的个人革命烈士纪念馆。馆正面三层，大门正上方镶嵌的“焦裕禄同志纪念馆”为江泽民同志亲笔题写。纪念馆正门前的群雕为焦裕禄事迹群雕。该群雕2010年8月16日（焦裕禄诞辰88周年纪念日）落成，群雕的制作到完成，历时15个月。群雕净高3.6米，加上基座近4.2米，重达4吨。群雕反映了焦裕禄同志在兰考心系百姓、根治“三害”的革命精神。馆内分序厅、展览厅、贵宾室和放映厅等主要组成部分。序厅正面立焦裕禄半身铜像一尊，1994年胡锦涛同志代表中共中央参加焦裕禄同志纪念馆新馆落成和铜像揭幕仪式，两侧分别有焦裕禄当年带领广大人民战天斗地的劳动情景画面。展厅1300平方米，展出内容分前言、序篇、神州赤子、临危受命、执政为民、干部楷模、今日兰考五个部分。计版面、照片300余幅，遗物90余件，生动地展示了焦裕禄同志全心全意为人民服务，鞠躬尽瘁，死而后已的光辉一生。

焦桐林位于焦裕禄纪念园东北，距园区3千米朱庄村南，占地面积近30亩。这是为了更好地宣传和弘扬焦裕禄精神，我们用“焦桐”的根培育出了“二代焦桐”。总书记、时任国家副主席习近平和原国家副主席、时任中央组织部部长李源潮参观“焦桐”后，并亲手栽下了一棵“二代焦桐”，亲自培土、浇水，希望生生不息的焦裕禄精神在神州大地永远传承、永放光芒。此后，其他各单位、各级领导也种下了一棵棵“二代焦桐”，因此，形成了焦桐林。随着时间的推移，各地、各级单位领导会来到焦桐林栽植“二代焦桐”。焦桐林的面积会不断扩大，会更加彰显它的红色旅游意义。

焦裕禄纪念园自兴建以来，一直受到党和国家领导人的亲切关怀和高度重视，胡锦涛、江泽民、温家宝、李长春、习近平、贺国强、李源潮等中央领导曾亲临纪念园视察，号召全党全国人民进一步弘扬焦裕禄精神。

2009年4月1日，习近平同志专程赶赴焦裕禄纪念馆，瞻仰焦裕禄纪念碑，参观焦裕禄事迹展，向焦裕禄陵墓敬献花篮。他说：“来到焦裕禄纪念馆是我多年的心愿，焦裕禄同志用自己的实际行动，塑造了一个优秀共产党员和优秀县委书记的光辉形象，铸就了亲民爱民、艰苦奋斗、科学求实、迎难而上、无私奉献的焦裕禄精神。”2009年11月10日，中央组织部部长李源潮冒着严寒专程来到兰考，瞻仰焦裕禄纪念碑，向焦裕禄陵墓敬献花篮，参观焦裕禄纪念馆。对焦裕禄纪念馆视察后，李部长说：“你们的馆很好，讲解很好，将来全国县委书记培训班开班和结业都要到焦裕禄纪念馆参观学习。”虽然就一句话，但这是对我们工作的肯定。2009年12月13日下午，河南省委书记卢展工专程赶赴兰考，缅怀焦裕禄同志，参观了焦裕禄纪念馆。参观后卢书记说：“以后还要来参观学习。”

多年来，焦裕禄纪念园作为全国爱国主义教育基地，始终发挥着重要的作用，焦裕禄精神时刻激励着全党、全国广大党员干部。焦裕禄这种心里装着人民，唯独没有自己的精神，深刻诠释了“三个代表”重要思想深刻内涵。现在纪念园内松柏吐翠，桐花飘香，环境清幽，景色宜人，参观者络绎不绝，已成为全国党员干部和人民群众净化心灵的重要基地。

（资料来源：焦裕禄烈士陵园官网；焦裕禄同志纪念馆官网；百度百科词条“焦裕禄烈士陵园”，词条“焦裕禄烈士墓”。）

知识链接

河南省10家全国红色旅游经典景区

1. 驻马店市确山竹沟革命纪念馆
2. 信阳市红色旅游系列景区（点）
3. 南阳市叶家大庄桐柏英雄纪念馆
4. 郑州市二七纪念堂
5. 开封市兰考县焦裕禄烈士陵园
6. 安阳市林州市红旗渠
7. 商丘市永城市淮海战役陈官庄战斗遗址
8. 南阳市镇平县彭雪枫故居及纪念馆
9. 濮阳市清丰县单拐革命旧址
10. 安阳马氏庄园（刘邓大军指挥部旧址）

（资料来源：网络搜集整理。）

知识链接

河南省5条红色旅游精品线路

1. 大别山红色圣地游

以信阳大别山区为中心，主要红色旅游景点有：①新县，包括鄂豫皖苏区首府博物馆、鄂豫皖苏区革命烈士陵园、首府路（鄂豫皖中央分局、红四方面军总部旧址)和航空路(鄂豫皖航空局)革命旧址等15个景点、将军故里系列(许世友将军故里、郑维山将军故里游览区、吴焕先烈士故居等)、革命圣迹、金兰山；②商城县，包括金刚台红军洞群、烈士陵园纪念馆；③光山县，包括花山寨会议旧址、白雀园殉难烈士纪念碑、徐畈革命旧址群、王震旧居、邓颖超祖居；④信阳四望山、尖山红色旅游景区、南湾湖风景区等。线路主题形象是“苏区首府，将军故里”。

2. 长征精神游

以罗山何家冲为起点，主要红色旅游景点有罗山县何家冲红二十五军长征出发地、方城独树镇战斗纪念地、淅川荆紫关革命战斗纪念地、卢氏铁锁关红二十五军军部旧址等。线路主题形象是“艰苦卓绝、浴血长征”。

3. 中原抗日故地游

以竹沟革命根据地为中心，主要红色旅游景点有确山竹沟革命纪念馆、中共中央中原局旧址、革命烈士陵园、杨靖宇烈士纪念馆、彭雪枫将军纪念馆、扶沟县吉鸿昌将军故里、巩义豫西抗日先遣支队司令部旧址等。线路主题形象是“抗日烽火，燎原中州”。

4. 中原解放战争战地游

以刘邓大军挺进大别山为主线，主要红色旅游景点有鹤壁石林会议旧址、清丰县濮阳单拐革命旧址、台前县刘邓大军渡黄河纪念馆、正阳雷岗激战纪念地、光山王大湾会议旧址、鲁山豫西革命纪念馆、宝丰县商酒务镇红色旅游景区等。线路主题形象是“千里跃进，逐鹿中原”。

5. 时代精神游

以红旗渠、太行创业精神系列景区和焦裕禄、史来贺、任长霞事迹等为内容，主要红色旅游景点有红旗渠风景区、焦裕禄纪念园、史来贺纪念馆、新乡刘庄、郭亮洞、回龙洞、任长霞纪念馆等。线路主题形象是“艰苦创业，时代先锋”。

(资料来源：河南日报。)

任务五　物质文明，历史见证——文保建筑讲解

文物保护建筑是指历代遗留下来的在建筑发展史上有一定价值并值得保护的建筑。《中华人民共和国文物保护法》将“具有历史、艺术、科学价值的古文化遗址、古墓葬、古建筑、石窟寺和石刻”，以及“与重大历史事件、革命运动和著名人物有关的，具有重要纪念意义、教

育意义和史料价值的建筑物、遗址、纪念物”都包含在文物建筑之内。

记载历史和文化就存在两条并行的主线：一条是文字历史，一条是从古代到今天的建筑。它们相辅相成，时空对仗，雄辩清晰，浑然一体。于是，抽象的文字和直观的建筑就构成既可以思维想象也可以直接触摸的“文明史”。那么导游如何才能用语言来描述好建筑，用一种文明演绎好另一种文明呢？

文物保护建筑(古建筑)讲解

建筑是一项包含了绘画、雕塑等艺术，力学、光学等技术，历史学、人类学等文化在内的综合展示，因此在文物保护建筑的讲解前，需要导游具备相应的、较为全面的科学知识与艺术修养，在讲解中应注重让游客感受到建筑独特的价值所在。

(1)历史价值，建筑充满着它所在时代的信息，可以确定历史的真实性。

(2)文化价值，建筑是社会文化的纪念碑、历史建筑的纪念碑，它有文献的、历史的、考古的、审美的、建筑的、人类学的、景观与生态的、技术的价值。

(3)科学价值，历史物质文明的例证。

(4)感情价值，认同作用、历史传承感、新奇感。

(5)艺术情感价值，接受艺术和情绪的相互作用。

(6)城市规划价值，规划布局及建筑设计相关的历史城市规划因素。

(7)功能价值，可融入现代功能。

开封市全国重点文物保护单位如表 6-3 所示。

表 6-3 开封市全国重点文物保护单位(24 处 27 项，包括兰考)

序号	名称	时代	地址	公布时间
1	祐国寺塔(铁塔)	北宋	开封市顺河区北门大街 210 号	1961 年 3 月
2	北宋东京城遗址	北宋	开封市	1988 年 1 月
3	繁塔	宋	开封市禹王台区繁塔西街 30 号	1988 年 1 月
4	延庆观	元—明	开封市鼓楼区观前街 53 号	1988 年 1 月
5	开封城墙	明—清	开封市	1996 年 11 月
6	山陕甘会馆	清	开封市龙亭区徐府街 105 号	2001 年 6 月

续表

序号	名称	时代	地址	公布时间
7	焦裕禄墓	现代	兰考县建设路北段	2003 年 4 月
8	鹿台岗遗址	新石器时代至周	杞县鹿台岗村鹿台岗小学院内	2006 年 5 月
9	尉氏兴国寺塔	宋至明	尉氏县人民路南侧	2006 年 5 月
10	刘青霞故居(含开封刘家宅院、尉氏刘家大院、尉氏师古堂)	清末民初	开封市顺河区刘家胡同 2 号 尉氏县西大街	2006 年 5 月
11	河南留学欧美预备学校旧址	民国	开封市顺河区明伦街 85 号	2006 年 5 月
12	朱仙镇清真寺	清	开封市朱仙镇老虎洞街	2006 年 5 月
13	开封东大寺	清	开封市顺河区清平南北街 7 号	2006 年 5 月
14	相国寺	清	开封市鼓楼区自由路西段 36 号	2013 年 5 月
15	朱仙镇岳飞庙（含关帝庙）	清	开封市朱仙镇岳庙大街北	2013 年 5 月
16	天主教河南总修院旧址	1930 年	开封市顺河区东郊乡羊尾铺村	2013 年 5 月
17	国共“黄河归故”谈判旧址	1946 年	开封市禹王台区民生街	2013 年 5 月
18	启封故城	春秋	开封市朱仙镇何寨村委古城村	2013 年 5 月
19	段岗遗址	新石器时代至春秋	杞县高阳镇段岗村	2013 年 5 月
20	龙亭大殿	清	开封市龙亭区宋都御街	2019 年 10 月
21	杞县大云寺塔	明	杞县瓦岗村	2019 年 10 月
22	兴隆庄火车站站舍旧址	1915 年	开封市祥符区兴隆乡	2019 年 10 月
23	河南省博物馆旧址	1927 年	开封市龙亭区三胜街 31 号	2019 年 10 月
24	开封伞塔	1955 年	开封市禹王台区	2019 年 10 月

模拟实训

开封城墙

游客朋友们：

咱们现在开始登城，请注意脚下台阶。

在开封众多的文物古迹中，城墙作为开封的象征展示着古城人民的睿智和坚强。开封古城墙是我省保留下来的最大的一处古代城墙，也是现存规模仅次于南京城墙的全国第二大古代城垣建筑。开封古城墙历史悠久，它是开封历史文化名城的标志，是开封历史文化遗产与传统风貌相结合之地，具有较高的科学文化和艺术价值。

开封历史上最早的城墙，始建筑于 2300 多年前的战国。公元前 365 年，魏惠王从安邑迁都于此，并大规模营建大梁城。魏都大梁城与今城墙部分重合，稍偏西北。如今的开封城墙始建于唐朝，北宋和金代作为东京城之里城，不断得到修筑和扩建。从明代开始，城墙包上了青砖，更显得巍峨坚固。历史上的开封城墙虽历经水患与兵燹，但仍保持着元、明时代的建筑风格与规模。

今日开封城墙重建于清道光二十二年（公元 1842 年），根据 1999 年的精确实测，现存的开封城墙周长约 14.4 千米，高约 11.3 米，上宽 5 米多，面积约 13.1 平方千米，青砖结构，与东京内城规模大体相近，具有“五门不对”“城摞城”的特点，其基本格局东西长、南北窄，主干道格局自北宋没有变动，一直为井字形，虽不及宋城之宏大，但连绵一周，基本保存完好。城墙上共有马面 81 座，道路缺口 12 处，碉堡 7 座，其中大梁门、大南门、宋门、曹门、北门为开封原有城门。总体来看，西段、北段城墙部分地段保存较好，城墙外壁皆由长 45 厘米、宽 23 厘米、厚 12 厘米，重约 20 千克的一色青砖砌筑而成，某些地段仍有女墙、海墁存在。

1966 年，开封古城墙被河南省人民政府公布为首批重点保护文物；1996 年被国务院正式列为第四批国家级重点文物保护单位。从 1994 年开始，开封市人民政府开始对开封城墙进行整修。整修后，往日颓毁的残垣已不复见，初步再现了历史上壮观的雄姿。2014 年，为了加快国际文化旅游名城建设步伐，进一步展示古城墙文化魅力，更好地让游客了解开封古城墙的历史，开封市委市政府经过多次专家论证研究，决定将开封城墙（小西门—迎宾门段），也就是现在我们看到的这一段城墙建设成为颇具文化特色的城墙旅游风景区。

大宋城墙景区长 1.6 千米，现存有 10 个马面及 6 座碉堡。由北至南马面及墙体上共有历史沿革、城垣体系、宋代攻防及实物展示、城墙大事件与开封文化等 5 大展区。

现在我们所在的位置是第一展区，我们来更为具体地了解一下开封城墙的历史沿革吧。

初建城池（战国魏）：今开封城前身为战国魏大梁城（公元前 362 年），东西宽约 5.8 千米，南北长约 6.4 千米，位置偏西北，有城门 12 座，修筑严整，高峻难攻，于公元前 225 年被秦将王贲引鸿沟水灌大梁城化为废墟。

重筑汴州（唐）：唐代建中二年（公元 781 年），永平军节度使兼汴州刺史的李勉，对汴州城进行重筑。扩建的汴州城周长达 20 里 155 步，有城门 7 座，均为夯土结构，并将汴河圈入城内，规模宏大，奠定了日后开封城的基础。

神牛仰卧（五代）：五代时期，除后唐皆建都开封。公元 955 年，后周世宗柴荣对开封城进行了一次大规模的修筑，扩建后外城周长 48 里 223 步，轮廓如一头巨大神牛屈膝仰卧，故俗称“卧牛城”，内城仍沿用唐代汴州城城址。

三重城池（北宋）：宋代东京城，重修外城、内城，并扩筑皇城，形成“三重城”的城市格局。外城，原为周世宗所建，至神宗时周长达 50 里 165 步；内城，城址基本沿用唐李勉重修之汴州城；皇城，原为唐宣武军节度使治所。北宋时期的开封城墙为都城之内城，是东京城防御的第二道屏障，增设城门 12 座。

扩建里城（金）：开封曾两度作为金朝国都。金兴定三年（公元 1219 年），为抵御蒙古入

侵，里城南北城墙分别向外扩展，东西墙稍加高筑，有城门13座，奠定了今日开封城墙的规模。金代城墙损毁后，明代在此基础上重筑城墙，后清代又在明代城墙基础上予以重建，其位置保持不变延续至今。

五座城门（元）：元代开封城墙，元世祖至元二十七年（公元1290年）重修，元将泰木花为防红巾军攻城，将汴梁城13座"四方城门只留5座，以通往来，余8门俱塞"，为明清时期修筑开封城墙时所继承。

包砌青砖（明）：明洪武元年（公元1368年），城墙一改夯土结构，在金元时期墙体夯土外包砌青砖，城墙外修有宽5丈的护城河围绕，城门的护城河上还有吊桥。环城修"敌楼五座，大城楼五座，炮楼四座，星楼二十四座"，每个城门上都有城楼屹立，故有"五门六路，八省通衢"之称。

重建新城（清）：明朱崇祯十五年（公元1642年），城墙被洪水淹没。清康熙元年（公元1662年），在明城墙基础上重筑加高，城周长22里70步，高3丈4尺，女墙高6尺，上宽1丈5尺，底宽2丈，城墙一色巨型青砖所筑。道光二十一年（公元1841年），黄河水围城达八个月之久，次年重修，全墙共有84座马面，4座角楼，城外环有深3.3米、广约17米的护城河，曹门、西门两侧留有马道。

全国文保（现代）：现开封城墙，上部为清代修筑，下部为明代修筑，距今600余年，长14.4千米，是我国目前保存较好，长度仅次于南京城墙的第二大古代城垣建筑。有马面81座，城门路口11处，水门2个，碉堡7处，防空洞口60余个。1996年11月开封城墙成为全国重点文物保护单位。

第二展区，为城垣体系的介绍。城垣，其实指的就是中国古代围绕城市的城墙。开封城墙作为围护、防御的完整建筑体系，除了城墙的主墙体（外砖城、内土城）外，还有若干个不可缺少的次要组成部分，如城门、瓮城、护城河、马面、角楼、炮眼、排水槽、马道等。

城门：同中国古代城墙发展规律一样，开封城墙城门、建筑规模和数量也常依城市的大小、形制、方位、用途以及军事等因素来确定。到了元代末年，因军事防御需要，城门堵塞，余5门以通往来，即西门、北门、曹门、宋门和南门。

瓮城：瓮城是位于大城门外的小城，又称月城。其构筑目的是避免城门直接暴露在敌人的攻击之下，在城门外添筑城墙一道，形成一个面积不大的防御性附郭。敌人进入瓮城，就会遭到围攻，好似瓮中捉鳖。

护城河：开封城的护城河宋代时称作"护龙河"，明代时称作"海壕"。护城河一般环绕于城墙内外，少数城墙内侧有内护城河。现存古城中，建有一道城墙与一道护城河的为数较多，而开封则是内外城垣各有一道护城河。

马面：城墙突出部分的城台称为马面，依一定距离在城墙外侧砌筑，有长方形和半圆形两类，因外观狭长如马面而得名。其作用是能使守城士兵站在马面上，从三面御敌，使攻城者不易接近城下。

角楼：角楼作为防御性建筑，均建于城墙转角处，平面作凸出之方形或圆形，上建有角楼，功能与城楼相仿。开封城角楼，始建于明代。如今城墙角楼已不在，但在城墙四角处，都存在圆形的角台。

炮眼：炮眼即炮火射击口。开封城墙现存炮眼始建于明代。炮眼位在女墙（9层砖高）

中间，下面为 3 层砖，本身高 4 层砖，上 2 层砖，再上为城垛，由 47 厘米×44 厘米的城砖构成方框，中间挖孔，孔径为 29 厘米。

排水槽：排水槽槽口顶部为砖砌吐水口，下部与水槽相通，从城顶直达城下，有效地避免墙体被水浸泡。

马道：马道作为城墙内的登城设施，位于城楼两侧。现在西门、北门、曹门和小南门两侧内均有马道。马道又叫登城坡道，紧贴城墙城台内壁，里面贴紧城台，另一面设有护墙，登城处建有栅门。

开封地处中原，位于华北大平原的南端，周围是一马平川，地势坦荡，无山川可恃。北宋朝廷从吸取历史教训出发，对东京城的防御体系的构筑可谓苦心打造。首先，大力营建东京城池并完善城防设施，以充作人造屏障。东京城的城市架构分为外城、内城、皇城三重相环，并绕以内外城濠，将都城坚固、严密地保护起来。朝廷不但构筑了坚固的城池，还在京城与京畿一带安置了数量庞大的禁军，从而构成了京师开封牢固的人防体系。宋初有禁军约二十二万，京师开封驻有十多万，此所谓：宿重兵于京师，以消四方不轨之气。

鉴于将帅“鲜古今之学”，更出于“更天下弊事”之虑，宋仁宗决心“尚武以宣其威，设营以整其旅”，他一方面诏令建武学、设武举，培养选拔军事人才；另一方面，命曾公亮（字明仲，福建晋江人），丁度（字公雅，河南祥符人）负责组织一批学者，“采春秋以来列国行师制敌之谋，出奇决胜之册”，历时五年，绘图著文，编纂成《武经总要》一书，经仁宗核定后刊行。这是我国历史上第一部规模宏大的官修兵学巨著，由仁宗亲自作序，是一部我国古代军事科学的百科全书，对于研究宋朝以前的军事思想非常重要。其中大篇幅介绍了武器的制造，对古代中国军事史、科学技术史的研究也很重要。

那么在第三展区中，我们将会看到《武经总要》中所记载的北宋时期各种冷兵器、火器等宋代攻防图文介绍与实物展示。

宋代攻防器械种类林林总总，作用各不相同，按作用大致可分为以下几个大类：弓弩类、抛石机类、火器类、个人兵器、攻城类、守城类、消防类、辅助类、阻滞类、交通设施等。接下来我们会看到如檑木、飞钩、狼牙拍、铁蒺藜与各类弓弩、火器等攻防器械。

弓弩在北宋军队占据了主导地位，其中因黑漆弓具有防水和处理简单的特点，所以成为北宋军队重要装备。随着北宋国防政策趋向保守，北宋政府更多地将注意力放在防守能力较强的武器上，大弩、床弩逐渐成为“宋军中精锐之远射器”。其中床子弩是一种重武器，是依靠几张弓的合力将一支箭射出，往往要几十人拉弓才可拉开，射程可达 500 米，是宋朝的远程武器。澶渊之盟前夕，契丹大将萧达览即是中了床子弩箭阵亡的，使契丹士气大挫。

而砲，则指的是抛石机，是在火器出现前威力最大的远程攻击武器。北宋是砲发展的全盛时期。《武经总要》上共记载了各式砲十九种。值得一提的是，宋时的砲还可以发射多类特种砲弹，有加入火药，利用爆破力杀伤敌人和引燃敌人战具的砲弹。自宋末元初，古代火砲开始成为中国军队的重要装备，主要用于攻守城塞，也用于野战和水战。

在第四展区的碉堡中，我们可以看到城墙近年来发生的各类大事件。

第五展区着重介绍了开封的文化历史。开封是享誉世界的历史文化名城，城市历史悠久，文化底蕴深厚，为便于对开封历史文化知识的了解和记忆，河南省委副秘书长、办公厅主任，原开封市委书记吉炳伟将它概括为“一条中轴线、两座古塔、三重城池、四水贯都、五大湖

泊、六城叠加、七张名片、八朝古都、九个称谓、十种文化”。那么在第五展区，我们就向大家展示开封的辉煌历史与优秀文化。

亲爱的游客朋友们，大宋城墙景区内除了刚才为大家介绍的主要展区以外，在不同的马面与碉堡还设有游客休闲体验区、城墙历史变迁沙盘展示、城墙老照片展示、抗战时期场景复原展示以及漫游咖啡馆、摄影酒吧、电影公社等特色店铺，接下来的自由时光就留给大家。20 分钟后我们在车上集合。

模拟实训

大梁门

游客朋友们：

大家好！“城门启处帝王都”，大梁门是开封城墙的西门，始建于唐建中二年(公元 781 年)，北宋时又称“阊阖门”。原来的城门楼屡经水患战乱已经残破落败，我们今天看到的大梁门是 1998 年在原址上重新建造的。现在就请大家与我一起参观大梁门景区。

讲城门必然要先提到城墙。在中国现存的古城墙中，开封城墙的长度仅次于南京，位居全国第二，比同样城池完整的西安城墙周长长出 0.7 公里，所以，就城墙的完整长度而言，它是中国第一。大家第一眼看到，可能感到开封城墙不如南京、西安城墙那般高大，但这正是开封惊艳世界的地方。用专业点的话说，开封城墙“地面以上”为明清时期的城墙。为何要强调“地面以上”？这就关联到开封民间长期以来一直流传的一句童谣：“开封城，城摞城，地下埋有几座城？”这“城摞城”，就是开封区别于其他所有古都城墙的特色。

城摞城，门摞门，那城墙呢？是不是“墙摞墙”呢？刚才我说地面以上所能看到的城墙，只是明代和清代修缮的城墙，而其他朝代的城墙，就深深地淤埋在这座城墙的下面。

在中国古代都城发展史上，大部分都城因兵火水患损毁后，都采取了抛开旧都城，另选新址营建新都城的做法。如秦都咸阳城、汉唐长安城和隋唐东都洛阳城等，它们避开旧城，移地兴建新城，少则相距十几里，甚至几十里上百里另辟新址。而古都开封，虽历经兵火水患，但基本上都是在旧址上屡毁屡建，城市的坐标基本固定，城址没有移动，中轴线不变，由此形成了开封城“城摞城”的独特现象。这不仅是中国古代都城发展史的奇迹，也是世界文明史上罕见的奇观。

那么童谣中的传说，究竟是不是真实的？就在这座城楼修好的两年之后，也就是 2000 年，文物部门在勘测开封城墙真实高度时，意外地在城楼马道北侧发现了一层保存比较完好的早期马道遗址。后来深入下去的考古发掘，先后发现了不同年代的三层马道，而且上下相叠。神奇的开封“城摞城”之谜就从“墙摞墙”这里得到了验证。这里，就成为今天我们可以直观地看到“城摞城”奇观的地方。

马道，顾名思义是骑马上城的通道，主要功能是运兵、运送粮草和武器。今天我们看到的叠压着的三层马道，采用的都是礓磜的建筑形式，也就是我们生活中常用的“搓衣板”的形状。它有两个作用：一个是便于防滑，另外一个就是城墙排水渗水的需要。

我们先看最下面第三层马道。大家看到，这层马道虽然露出来的部分非常少，但它是完全被第二层马道所垂直叠压。从它裸露出来的部分，我们可以清楚地看到，它的砖面已经被磨得非常厉害，几乎被磨平了，证明它被使用的时间比较长。这层马道是乾隆年间（公元1739 年）的马道，使用了将近 100 年的时间。

第二层马道，它是在第三条马道废弃的基础上修建的，大约修建于道光二十年（公元1840 年），第二层马道看起来还很崭新，砖的棱角还没有被磨损，证明它被使用的时间比较短。因为这层马道修好不久，黄河一场大水，淹毁了开封城。道光二十二年（公元 1842 年）三月，在淹毁的城墙之上又重新修筑开封城墙，也就是我们现在看到的开封城墙。

这两层马道的考古发掘，具有很高的学术价值、历史研究价值和文物价值。我国著名的历史地理学家朱士光教授，称开封"城摞城"现象是中国都城建设史上活的"化石"，因为它在全国是为开封所独有的。

大家会问，那第一层马道在哪儿？一会儿我们登大梁门城楼的时候，将看到第一层马道。第一层马道就是道光二十二年（公元 1842 年）重修时的马道。这三层马道，一层摞一层垂直叠压，成为开封"城摞城"最好的实物佐证。

我们再看中间的门楼倒塌遗址。这一片废墟是当年被洪水冲垮的门楼。道光二十一年（公元 1841 年）的那次洪水来势凶猛，城内的平均水深 2—3 米，几乎所有的建筑都淹毁在大水之中，城楼也在所难免。我们仔细观看，废墟当中可以看到许多门楼的建筑构件，那个方形的砖垛，就是当时的门墩，还有筒瓦、板瓦等。那个位置有个牌子，写着"人体遗骸"，现在我们只能看到两三块人体的遗骨。但当年发掘的时候，那是两具完整的人体骨架。据专家推测，是一对母子躲避洪水来到这门楼之下，凶猛而来的洪水冲垮了门楼，他们，不幸被瞬间倒塌的门楼压在了里面，身边还有一些逃难的物品和散落的铜钱。

在门楼遗址的周围，是用青砖铺砌的"明台"。通过"踏步"拾级而上，走上明台，过门楼，登马道，上城墙，这里展现给我们的是一个非常完整的登城全过程。

在马道最低处，青砖摞列的右墙根，就是明代的城墙。由于明代城墙历经的年代比较久远，城砖表面被风雨侵蚀以后凹凸不平，清代重新用青砖将其修补平整，使墙面保持和谐统一。所以，中间这一块是清代挖补过的明城墙。而我们现在看到明代城墙，是它的最顶部，由于黄河水患，它的绝大部分已经深深淤埋在我们的脚下。而在它的上面，就是在明代城墙基础上修筑的清代城墙，这是 1842 年的古城墙，它和第一层马道是一同修建的。

我们可以这样梳理一下，浅表的地下 3 米为清道光二十一年黄河泛滥而成的淤沙层，再下 1 米为清文化层，可见清代的活动痕迹；再下 3 米为明崇祯十五年黄河泛滥的淤沙层，再下为 2 米的明代文化层，金元文化层不足 1 米深，北宋文化层厚 3 米，再下面就是唐以前土层。从这些纹理当中，我们可以看到清晰的历史脉络。抚今追古，历史在这里凝聚成文化，时间在这里凝固成空间。每一块砖里，都镌刻着中华民族五千年的灿烂文明，每一座城垛，都象征着开封这座古都的千年文脉和城市精神。

近年来，为了进一步加强文物保护利用和文化遗产传承，开封不仅对城墙进行了大规模的保护和修缮，还引入最新的科技成果，让历史的遗迹在我们的眼前鲜亮地"活"起来。这座古马道遗址博物馆刚刚改造完成，在充分保护现有三层马道的基础上，结合遗址立面和遗址本体，打造了一处沉浸式实景数字沙盘。配合颠覆传统的影片制作方式，利用虚拟现实技

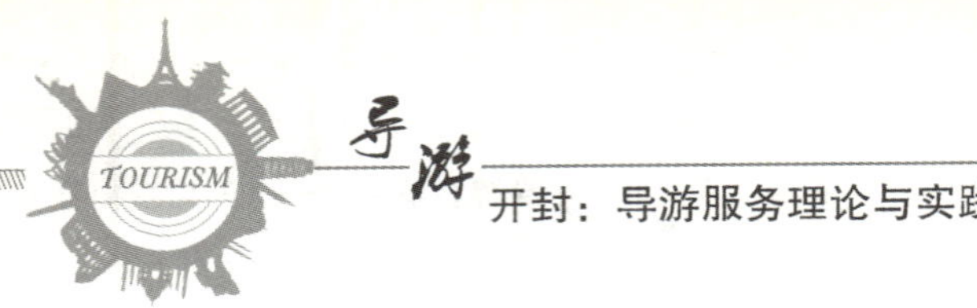

术，实现裸眼3D效果，让大家站在遗址之上，就可以直观遗址全貌并了解它的前世今生。

城门楼内，我们还通过六面8K高清LED屏组合形成全沉浸虚拟环境。360度的空间包裹，能为大家带来强烈震撼的视觉冲击力。地面观看平台以开封城“内城城墙”概念进行专属设计，实景打造一座由表及里的“呼吸城池”，让大家站在城池之上，亲身感受跨越千年时光，见证开封古都的传承。

接下来大家可以沿着古马道至万岁山段自由参观，景区在沿线2公里打造了AR增强现实导览互动系统，把原本静态的展示方式升级成为动静结合的趣味互动体验，大家通过内置故事线及人物IP的引导可以在互动游览的过程中了解宋朝武备知识及开封城墙故事。我们11:40在车上集合。

模拟实训

顺天门遗址

游客朋友们：

“开封城，‘城摞城’，地下埋有几座城。龙亭宫，‘宫摞宫’，潘杨湖底几座宫……”一段流传于开封民间的顺口溜，道出了埋藏在开封地下的一个世界奇观。接下来我们将要参观的就是顺天门遗址。

顺天门是北宋东京城外城西墙上的一座城门，其遗址位于开封市金明区，东临夷山大街，北到晋安路，西接开封市金明中学，南依汉兴路。北宋东京城顺天门始建于五代后周世宗显德二年(公元955年)，时称“迎秋”门，宋太宗太平兴国四年(公元979年)改名“顺天”门。因向西直通郑州且与内城上的郑门相对，故又称“新郑门”。顺天门是位于宋东京城外城西墙上连接御道的正门，沿用至金代，于公元1232年金哀宗弃城南逃后废弃。

顺天门遗址发现于1982年，1983年考古工作者曾尝试进行发掘，因地下水位较浅未能完成。本次考古发掘始于2012年，由河南省文物考古研究院、开封市文物考古研究所联合组队，经过六年的工作，探明了门址的平面布局，并通过局部发掘揭示了宋代顺天门主城门的结构布局，弄清了城门的沿革历史。

可以说这次发掘是北宋东京城遗址考古史上规模最大、发掘地层最完整的一次考古发掘，也是首次对东京城城门遗址进行考古发掘，揭示了顺天门主城门的规模、形制、基础建筑方法，五代至北宋时期该门址由单门道到三门道，瓮城从无到有的变化过程等，为研究北宋东京城的布局、古代都城城门形制演变、开封城市发展史及黄河水利史提供了可靠材料。

顺天门的城门结构包括一座方形瓮城的内外两道城门。瓮城平面呈长方形，南北宽160米，东西进深100米，为“直门两重”的结构。城墙现存宽度为18—20米，残存高度1—4米，距现地表深5—9米。考古发掘揭示的顺天门主城门位于瓮城西部主城墙上，为一门三道布局，由墩台、隔墙、门道组成。城门整体南北宽54.2米，东西进深23.8米。

主城门外侧包砖，蓝砖砌成，黄褐土作黏合剂。再向外就是夯土城墙，无包砖。主城门内侧、北墩台北侧清理出一处马道，应为顺天门北马道。马道宽5.6米，勘探确认其总长度约 26 米。

在瓮城内主城门南北两侧近城墙处各清理出一座高台房屋建筑基址。两座建筑南北对称，形制布局相同，南北进深均为 10.8 米。沿建筑台基的东侧和北侧均发现有方形磉墩，在北侧建筑的北部同时期灰坑中清理出迦陵频伽、灰陶套兽、龙纹瓦当等建筑构件。

除了目前已发现宋代城门和城墙遗址、宋代至清代层层叠压的“路摞路”现象以外，我们现在看到的就是清代民居院落“夹路而居”的一个村落场景。整个村落保存完整，道路、院落、房屋、水井、农田等生产元素齐全，灶台、砖台、鸡窝、锅碗瓢盆等生活设施和生活用具齐全。遗址内房屋相接、道路相连，布局紧凑，生活区内供水充足，排水通畅，出入便利，日常设施完善，生活气息浓郁。

这次发掘实际面积 2706 平方米，清理出了五代、宋、金、元、明、清、近现代等各时期大量遗存，包括 479 个灰坑、24 条沟渠、16 座院落、59 座房屋、179 道墙、40 条道路、2 处农田、1 口井、43 口灶等遗迹，出土了 3500 件陶瓷、金属、砖石、钱币等类型的文物以及 1000 多袋陶、瓷、骨、石等类型的文物标本。

接下来的时间留给大家自由参观，20 分钟后我们在车上集合。

模拟实训

开封鼓楼

游客朋友们：

我们面前这座雄伟的建筑物就是开封鼓楼了。在我国，大凡古老的城市与寺院都建有钟楼和鼓楼。这两座楼是我国古代城市用于报时和显示威严的建筑物，也是我国古代城市文明的标志之一。鼓楼、钟楼，可以算得上是城市历史记忆的象征。所有的老城市都有一个中心。到西安，必须要看看钟楼，而到开封，即使游客不跟旅行团，随便走走，左绕右转也一定会到达鼓楼。

开封鼓楼，被誉为“中国最早的鼓楼”，始建于明代洪武十二年（公元 1379 年），是古城开封的标志性建筑之一。据资料记载，鼓楼的台基高 3 丈，砖砌瓮门，通东西大道。台上建楼两层，各 3 间，距地面高约 7 丈。鼓楼上层周围有游廊栏杆，登楼远望，全城在目。楼上南间架有牛皮巨鼓一面，直径约 1 米，声音深沉浑厚，能传数十里。咱们抬头看，鼓楼东西檐下各悬巨匾一块，西檐下额题“声震天中”，东檐下额题“无远弗届”。

清人冯应泰写有七言律诗《登鼓楼》：“危楼高矗壮天中，极目新城百尺雄。梁园繁华归逝水，宋家议论散秋风。地钟嵩岳千层翠，险亘黄河万古虹。兴废不堪登眺感，疏砧又动夕阳红。”各位朋友发现“诗情”和“实情”的差别实在是太大了。这里原来并不是广场，而是耸立着一座高大的建筑物——鼓楼。据《开封胜迹志》记载，城内原有钟、鼓二楼，东西相望，以报昏晓，相传为宋太祖创建。在很久以前，宋代钟、鼓二楼早已不复存在。到了明初，在宋代钟、鼓二楼遗址上又建起了钟、鼓二楼，是一座体现明代建筑风格的古建筑。

我们今日所见的鼓楼是 2013 年复建的。鼓楼高 28.8 米，基台高 10.5 米，南北长 32

米，东西宽 27 米。主体为中国古代城门类建筑，共 3 层，一层为高高的城台，有五米高的拱形门洞供车辆、行人通过，二层、三层是绿色的琉璃楼檐建筑。修复后的鼓楼街，涉及古建筑 29 座，修复立面达到 3 万平方米，总体呈现明清建筑风格。2015 年 3 月 5 日，开封鼓楼上鼓仪式举行。一面鼓腹直径 2.5 米的大鼓被吊上鼓楼五楼安放成功。鼓楼大鼓鼓身由 108 块鼓板组成。以后在重大节庆和重要节日时，鼓楼将击鼓庆祝。鼓楼的大鼓将再次响起，"无远弗届、声震天中"。

鼓楼广场也是开封最大的夜市所在地，是往来开封的游客和"吃货"们的必到之处。

北宋时期，这里是大宋王朝的都城，经济发达，百业兴盛，打破了坊、市界限，处处店铺林立，从而形成了大小不等的商业饮食市场。随着时代的发展，开封城的饮食夜市不仅大量出现，而且非常繁荣，甚至雪宵雨夜，也是灯火闪耀，能够清楚地听到小贩合辙押韵、声声入耳的叫卖声。每当夜幕降临，广场两侧，统一规格的小吃货车整齐地排列在饮食区内，高吆低喝、悠扬婉转的叫卖声和餐具的碰击声成为开封的一大亮点。夜晚的鼓楼一片繁华的景象，梦回大宋，这里就是汴梁城的繁华写照。

鼓楼广场南北两条街道为步行街，东西两条街道改为由西向东的单行道（公交车除外）。鼓楼城门洞下的直道为机动车道，左右两边的环道为公交车道。夜市摊位分布在环道四周大小不等 4 个区域的人行道上，整个夜市共规划摊位 237 个，桌凳 340 套，可同时容纳 1360 人就餐。

在这里，可以品尝到开封特色的炒凉粉、黄焖鱼、红薯泥、杏仁茶、八宝饭、特色烧烤等；主食类的有灌汤小笼包、杞县烧饼、烧卖等。如果您要选一些特产馈赠家人，包公酥、桶子鸡、酱牛肉、麻辣花生等因有尽有。

鼓楼这边是老区市中心，商业氛围浓厚，特产较多。您待会儿吃完小吃，可以赏赏夜景，到周边走一走。我们就不再集中，请大家记好酒店的名称和联系方式自行返回，若有什么问题可以随时给我打电话。

模拟实训

河南大学

游客朋友们：

河南大学是河南省建校最早的高校之一，这里曾是河南贡院的所在地，1903、1904 年，全国最后两次会试在此举行，上千年的科举制度在此终结。河南大学于 1912 年，由林伯襄先生创建，最初校名为河南留学欧美预备学校，曾与当时的北平清华学堂（即今天的清华大学）、上海南洋公学（即上海交大）并列可以直接向欧美输送公费留学生。后经历中州大学、第五中山大学、省立河南大学等变迁，新中国成立后又多次易名，先后历经开封师范学院、开封师范大学等阶段，终于在 1984 年恢复河南大学校名。

我们面前这座气势宏伟的建筑就是百年名校河南大学的南大门了，南大门始建于 1936 年，是由刘季洪校长根据其前任许心武、李敬斋在 1930 年所设计的校园规划蓝图修建的。

大门为传统的牌楼式建筑，整体为砖木结构，四柱三开间。大家看，在大门的双重飞檐上各有几只小兽，它们被称为脊兽。脊兽在中国古代代表着一个人的身份和地位，只出现在皇亲国戚、三品官员的房屋以及公共建筑之上。而河南大学作为一个教育机构，在它的大门的房檐上设置了五品脊兽，这彰显了河大在当时河南教育界的尊贵地位，也使得整个校门厚重、沉稳、庄重、大方。其实当年的南门本不是这样的，初建的南门只有这中间的主楼，2000 年为迎接即将到来的 90 年校庆，在保持原有风格的基础上，增加了左右校门各一座，与整个建筑配合得天衣无缝，同时又显得层次分明。南门正面有河南大学四个大字，出自北宋著名书法家米芾之作。穿过校门我们回头看一下，这是柳体金书书写的校训"明德新民，止于至善"。校训是许心武校长在任期间从《大学》开篇中选取的。"大学之道，在明明德，在亲民，在止于至善。"这些话言简意赅地道出办大学的原则在于发扬光明的德行，革新民心，达到完善。大门建成后不久即遭"七七"事变，历经多年抗战，幸未毁于战火，1953 年，校大门背面的校训被去掉了。2002 年庆祝建校 90 周年之际，河南大学校大门彩绘一新，"明德，新民，止于至善"的校训又重新悬挂于大门内侧。

继续往前走，我们面前的路便是博雅路，博雅路全长 500 米，意为迎接来自五湖四海的宾客，是连通南大门与大礼堂的中轴线。中轴线东内侧有"六号楼"；东外侧有分布整齐的十座斋房（称"东十斋"），中轴线西内侧有"七号楼"；西外侧有两座斋房（称"西二斋"），其西部有清代"改建河南贡院碑"与"重修河南贡院碑"两个碑廊。建筑群总体构图以主体建筑居中，前门后堂，左右斋房，是典型的中国传统书院建筑布局，浑厚典雅，美观实用。该建筑群是河南乃至我国近代高等教育事业历史进程的有力见证，具有极高的历史、科学、文化和艺术价值。2000 年 9 月被河南省政府列为第三批重点文物保护单位。2006 年 6 月，河南大学近代建筑群被国务院评定为第六批全国重点文物保护单位。

接下来大家会看到有一尊青铜塑像格外显眼，这就是河南大学的校父林伯襄先生。林先生是河南商城人，著名的教育家。1911 年辛亥革命胜利后，他被任命为省教育司科长。1912 年，留学欧美预备学校正式建立，他被任命为校长。在任的 4 年中，他广罗有识之士，辛苦经营，培养了大批人才。继林先生之后，又有丁德合、李敬斋、查良钊、许心武、刘季洪、姚从吾、范文澜、稽文甫等著名教授和学者继往开来，先后主持学校工作，他们也都"筚路蓝缕，以启山林"，同样是河大的骄傲。我们在此深深缅怀这位伟大的先行者。

在林先生的左手边就是河大预校时期的校大门。它主要采用河北的汉白玉、山东的花岗岩和河南的青砖建成。这在当时闭塞的中原地区可谓是一大创举，也是当时河大师生思想开放的见证。大家看为什么这门上的画框都是空白的呢？其实这个大门是在 2000 年的时候为迎接即将到来的九十年校庆仿建的，原来的已经在战火中被摧毁。由于仿建时所参照的照片中，画框模糊不清，所以就采取了留白的方式。这也体现了河大师生尊重历史的学术态度。

再往前走就到了博文楼，也叫做六号楼。这是学校最早的中西合璧式建筑，于 1915 年破土，1919 年建成。该楼设计者武长发在时任校长李敬斋的指导下，发挥自己的聪明才智和建筑经验设计完成。中间 4 层，两翼 3 层。中间部分，6 根爱西洋巨柱贯通二三两层，门口设平台直抵二层。底层为基座层，灰泥粉饰，二层以上为青砖清水墙、西式玻璃门窗。其屋顶、墙体对称布局，中间高两侧低，颇具中国传统建筑艺术风格，而布局、柱式、楣饰、圆券柱

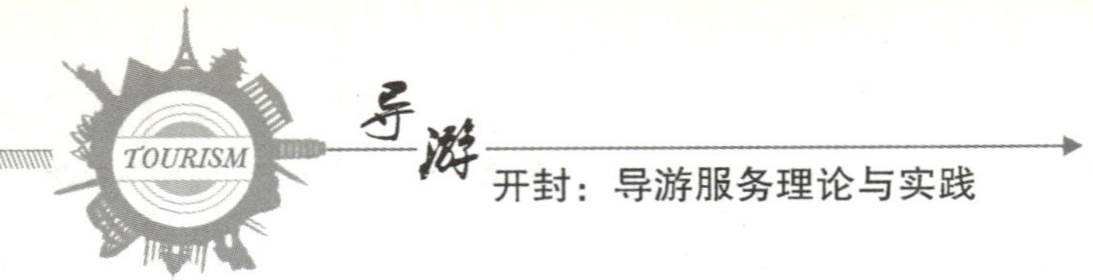

廊、花瓶形栏杆等又为西式建筑手法，给人以稳固厚重之感。1925 年，时任中共中央北方区委负责人的李大钊同志曾应邀到博文楼的三楼大厅向全校师生做《大英帝国主义者侵略中国史》的讲演，极大激发了广大师生的爱国热情。因此学校在博文楼西侧树立李大钊先生头像以示纪念。

与六号楼隔路相望的是小礼堂，它在大礼堂未建成前曾是学校的教学活动中心。这个建筑的门中线和屋脊不在同一条直线上，房檐较短，是典型的日式建筑的风格，传说是由日本劳工负责修建的。在抗战期间小礼堂曾被侵华日军作为河南省日军总司令部，这也是河南大学近代建筑群得以完整保存的原因。在大门的墙上我们能看到河南大学的校训"团结勤奋，严谨朴实"八个大字。

这是学校的文物馆，始建于 1985 年，现隶属于河南大学历史文化学院。其前身为河南大学历史系文物陈列室，是目前河南省唯一的高校博物馆。占地面积 3000 平方米，建筑面积 1550 平方米，使用面积 1440 平方米。河南大学文物馆外观为盝顶式仿古建筑、兰瓦封檐，显得古朴、典雅、庄重。"文物馆"三个字是 1985 年 6 月著名考古学家夏鼐先生亲笔题写的。文物馆里面有从战国到元明清历代文物的陈列，馆藏文物达 4300 余件。文物馆共有"中国钱币、铜镜陈列馆""中国瓷器陈列馆""华夏文明展厅"以及"临时展厅"四个陈列馆，可谓是河南大学的藏宝库。

刚才，您已经领略了南大门的古朴，稍后您还会感受大礼堂的雄伟，那么如果用一个词来形容七号楼的话，就是典雅。七号楼，又名博雅楼，于 1925 年落成，是中西合璧式的河南大学近代建筑群的重要组成部分。

说到"中西合璧"，您刚刚已经看过六号楼那塔斯甘与爱奥尼相结合的罗马巨柱，很明显，七号楼也是用近八十根塔斯甘式巨柱来呈现西式特征的，但有一点您肯定没有发现：从高处看，七号楼是一个罗马数字Ⅱ。整个楼为砖木结构，歇山式屋顶，顶上有四座塔状，用于通风透气的气楼，使屋顶显得高低起伏，富于变化。四周多出房檐约两米，檐下有透雕挂落板近两千块，画面内容丰富，雕刻精美，堪称一绝。挂落板下有约二百个小巧的垂花柱，花柱两旁都插有雀替，远看起来，仿佛二百只喜鹊张开翅膀，停在檐下，规则中透着生动，既华丽庄重，又活泼可爱。

七号楼最初被用作教学活动中心，那就不得不考虑人流疏散的问题，因此建有东西南北四个门。有了这四个门，即使同学们下课一起出来，也没有拥挤不畅的感觉，足见设计之精妙。

下面，咱们再去听一听校歌，回顾一下抗战期间河大的流亡史。《河南大学校歌》诞生于 1940 年，由嵇文甫先生作词，陈梓北先生谱曲。当时中华大地正遭受日寇侵略者的铁蹄践踏，河南大学辗转搬迁，经鸡公山、南阳镇平，最后停留在伏牛山深处的栾川县谭头镇办学达 5 年之久。具有强烈爱国主义精神的河大师生在党的领导下开展了多种形式的抗日救亡运动。在抗战最艰苦的时刻，河南大学决定创作《河南大学校歌》，利用歌曲的形式，通过广大师生传唱，以凝聚师生，鼓舞抗战斗志，弘扬学术传统，坚持办学不辍。

在校歌石的对面，大家可以看到一片小树林。虽然他们看起来普通，但却有不普通的含义。大家知道它为什么叫七七林吗？高考曾被迫取消，直到 1977 年才恢复。所以那一届学生对母校的感情十分深厚，就在他们入校 30 年后回归母校的时候栽种了这片小树林，一共有 7 种树，每种树有 7 棵，共七七四十九棵，跟七特别有缘，所以叫做七七林。

再往前走就到了九号楼了，也叫做博学楼。这栋楼与我们刚刚看到的六号楼七号楼的建筑风格不同，这栋楼的建筑风格比较简单大方。20世纪50年代中国与苏联交好，这栋楼是这一时期由苏联专家过来援建的。

大家看我右手所指的方向，十个建筑，一字排开，如同琴键。这十个建筑被称为东十斋，西二斋则位于七号楼的后面，这些建筑被统称为“东西十二斋”。因此在河大学生中有这样的说法：《红楼梦》中有“金陵十二钗”，河南大学有“河大十二斋”。十二斋，遥遥相对，外观一致，特别是咱现在看到的东十斋排列十分整齐。斋房位于南大门至大礼堂轴线之两侧。礼堂两侧分布斋房正是沿袭古代书院前门后堂左右斋房的做法，而且对建筑群起衬托作用。东一二斋、西一二斋建成于1921年；东三四斋及五六斋建成于1926年；东七斋至十斋建成于1952年。每幢斋房三层，建筑面积552.48平方米。12幢总建筑面积为6629.76平方米。结构为砖木型，屋面为横三道屋脊且四周有城垛式女儿墙相围，斋房门口均设有仿古式垂花门罩，顶部覆有筒板瓦。大小不等，形状各异的30块木雕花板镶刻在两个垂柱之间，板上雕有梅兰竹菊、珍禽异兽，为整幢建筑的明珠。1936年4月20日，爱国将领张学良亲临河大东斋房学生宿舍视察。十二斋初建时作为青年教师的公寓，但是这里面却没有厨房和厕所。传说铁塔里的灵感院有龙脉的存在，为了引龙脉过来，所以不建厕所等污秽之地，但是现在里面设施已经十分完备。

中轴路的尽头是河南大学近代建筑群的标志——大礼堂。大礼堂，由从欧美留学归国任河大工学院土建系教授的张清涟教授设计，自1931年11月20日破土动工至1934年12月28日落成，历时三载，用资20万元。可别小看了这20万银圆，这在当时可占了河南省一年教育厅经费的三分之二，足见当时河南大学在省内的尊贵地位。也有这样一种说法，200银圆在当时的北京可以买一座四合院，那河南大学大礼堂就可以买下1000个四合院了。大礼堂占地近4000平方米，南北长73.75米，东西宽53.75米，高24.4米，雄卧校园南北主轴线与东西主轴线的交汇点上。张清涟教授可谓是高瞻远瞩，当时河大的师生共计500余人，却兴建了可容纳3000多人的大礼堂，足见河大的魄力。

大礼堂整体为宫殿式建筑，分上下两层，钢筋混凝土结构，殿式多屋顶组合，水泥地基，青砖墙，大玻璃窗，采光良好。若是雨天您来参观，就会发现一个十分有趣的现象：大礼堂立柱虽高，但门前却滴水不漏，没有形成雨帘。您能猜到这是为什么吗？这是因为大礼堂采用先进的内部排水管道，雨水就顺着房檐上的管道流进室内了。这可以说是一项既科学又美观的设计。礼堂南立面正中设3个双扇平开大门，入口外立面两侧设置4组8根爱奥尼式巨柱，东、西、北有4个直通室外的出入口。整个建筑主体为重檐歇山式复杂、多重屋顶组合，周边四角挑起，左右对称，上下一致高低起伏，变化多端。屋顶覆以青灰筒板瓦，各脊端有脊兽，门厅雕梁画栋，檐下垂花柱、雀替、挂落均作透雕彩绘，龙头、狮子、凤鸟等动物图案雕绘得形象逼真，栩栩如生。在全国堪称建筑艺术精品的大礼堂给人以气势雄浑、挺拔高峻、巍峨壮观之感，不愧为中西建筑艺术风格巧妙结合的典范。

我们现在往西走，去看一看河南贡院碑。这里保留了两通四角碑亭，每个碑亭内都立有一通清代河南贡院碑。其一为《改建河南贡院碑记》，立于雍正十年（公元1732年），碑文为当时河南巡抚田文镜撰写；另一通是《重修河南贡院碑记》，立于道光二十四年（公元1844年），撰写碑文的是时任河南巡抚的牛鉴。碑文详细记载了河南贡院迁移和兴建的具体情况，历经数百年后，碑文已是斑驳难辨了。贡院于清顺治十六年（公元 1659 年）在明代周王府旧址上（今龙亭）修建，号舍 5000 多间，由于四周常年积水，雍正九年（公元 1731 年）迁往开封城东北隅的上方寺内（今河大），号舍增至 11866 间。道光二十一年（公元 1841 年），黄河水冲击开封。为加固城墙，阻止洪水灌城，拆毁贡院房舍，将砖瓦、材料充作防洪物资。翌年，重修贡院，建号舍 10009 间，1904 年清代最后一次全国会试在此举行。

好了，游客朋友们，百年学府河南大学校园参观到此告一段落，我们 20 分钟后在车上集合。

任务六　兼容并包，和谐发展——宗教文化讲解

宗教是人类社会发展进程中特殊的文化现象，是人类传统文化的重要组成部分，它影响到人们的思想意识、生活习俗等方面。宗教是一种群体社会行为，它包括指导思想、组织结构、行为规范等方面的内容，在其形成和发展过程中不断吸收人类的各种思想文化，与政治、哲学、法律、文化包括文学、诗歌、建筑、艺术、绘画、雕塑、音乐、道德等意识形态相互渗透、相互包容，逐步形成属于自己的宗教文化，成为世界丰富文化的成分。

宗教的历史与人类的活动史有关，城市及其周边地区往往成为各宗教活动的中心。开封作为八朝古都，历史悠久，宗教文化资源丰富，佛教、道教、伊斯兰教和天主教都有宝贵的历史文化遗存，如大相国寺的千手千眼观世音菩萨塑像雕刻精美，工艺独特；延庆观的玉皇阁是蒙汉文化融合的产物，世所罕见；铁塔独特的建筑风格中外闻名。那么导游员如何才能将这些蕴含在宗教景点历史中的人文故事与令人追慕的人文精神讲解到位呢？

宗教文化景区讲解

在导游人员进行宗教文化类景区讲解时，一定要树立正确的历史观、国家观、民族观、文化观，正确认识宗教的性质、功用，宗教产生、存在、消亡的原因、条件，尤其重要的是，要借助于哲学、社会科学和自然科学的知识和理性，正确对待宗教，克服、消除宗教心理，超越宗教偏见和宗教价值体系的束缚，正确理解和把握我国的宗教政策，熟悉和了解、尊重国外游客的宗教信仰和习俗，争当优秀的“文化使者”。

在掌握了一定的宗教文化背景知识与相关法律政策以后，导游还要针对不同旅游团的特点，采用灵活的讲解方法，选取最佳游览路线，让游客最大限度进行感悟，从中体味宗教教义的哲理性、宗教建筑的艺术性、宗教文化的丰富性、宗教氛围的神秘性。如外省游客到河南省旅游，一般都会选择郑汴洛线路，郑州有少林寺，洛阳有白马寺，若在开封的行程安排中还有大相国寺，那导游就必须调整导游词的内容，采用重点突出法，只讲解每个景区中最具代表性的部分，不让游客感觉重复乏味；同时采取横向对比法，讲到“天王殿”中“护法神”韦驮天将手执“金刚降魔杵”的寓意时，可以讲三所寺庙进行对比，让游客更加明白地了解“十方丛林”和“子孙丛林”的区别。

模拟实训

大相国寺

游客朋友们：

大家好！我们现在参观的是著名的皇家寺院——开封大相国寺。

说到大相国寺，许多朋友会想起我国四大古典名著《水浒传》中对她的描写，还有水浒草莽英雄鲁智深倒拔垂杨柳的故事，脍炙人口。今天的大相国寺依然素负盛名，以它千余年的悠久历史和宏伟的建筑，而被名列中国十大佛教寺院之一。

大相国寺位于开封市中心闹市区，迄今已有1460多年的悠久历史，素有“大相国寺天下雄”之誉，现为国家AAAA级旅游景区。

首先，我想向大家介绍一下大相国寺的历史。相国寺的名称是从唐朝开始的，这里原为魏公子无忌信陵君的住宅。在南北朝时期，北齐文宣帝天保元年(公元555年)，始创寺院，名叫建国寺，后毁于兵火。到了唐代，这里成为歙州司马郑景的宅院。武则天时期长安元年(公元701年)，著名僧人慧云由湖南来到汴州。他夜观天象见城中有灵瑞之气，天明后，又在郑景宅内池中看见殿台楼阁和弥勒佛居兜率宫的景象，于是他便募购此宅院建造寺院。在破土动工时，恰从地下挖出北齐建国寺旧碑，于是便把寺院命名为建国寺，并把高一丈八尺弥勒佛像供奉在寺内。到唐延和元年(公元712年)，唐睿宗李旦梦见相国寺弥勒佛像，又为了纪念自己从相王的地位坐到了皇帝的宝座上，于是便下诏令把建国寺改名为相国寺，并亲笔写下“大相国寺”的匾额。由于黄河水患李旦书写的匾额已不存在，我们现在看到的匾额是由我国已故中国佛教协会会长赵朴初老居士书写的。唐宋两代是相国寺的鼎盛时期，尤其是北宋时期，相国寺是全国最大的佛教寺院，寺内建筑巍峨，雕梁画栋，巧夺天工，金碧辉煌，有“金碧辉映，云霞失容”之称，大相国寺占地540亩，是现代规模的18倍，内分64个禅律院，每个院都设主持，并赐予封号，僧众达万余人。逢国家大事，如皇帝祝寿祈祷，巡亲以及进士题名多在这里举行，所以相国寺被称为皇家寺院。

北宋灭亡之后，相国寺遭到严重破坏。大家都知道，历史上最大的洗劫是黄河泛滥，开封被淹没，建筑全毁，现存的是清朝乾隆皇帝拨款在原址上修建的，遗留下来的为四进院，古建筑群，雄伟壮观，仍不失皇家寺院辉煌。1963年被定为省级重点文物保护单位，2002年由文化和旅游部评定为AAAA级旅游景区。

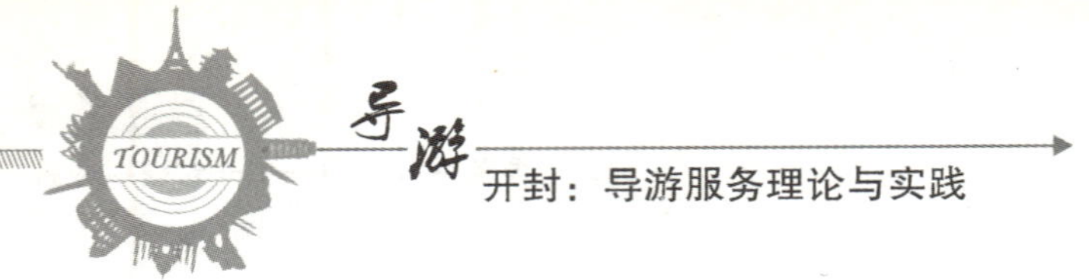

各位游客，现在我们所要通过的这道门也就是山门了。三门也称为山门，因为寺院大多居于山林之处，故称山门殿。现已为专门名词，即便在平原也称山门，因有空门（中），无相门（东），无所门（西），象征三解脱，所以又称三门。

入相国寺内，在我们面前这两座相似的建筑是钟鼓二楼，钟楼里悬挂一口铜钟，这口铜钟是清乾隆三十三年（公元 1768 年）铸造，高 2.67 米，重五千余公斤。钟上刻有"皇途巩固，帝道遐昌，佛日增辉，法轮常转"四句话，每句头一个字加起来就是"皇帝佛法"。相传这口钟在霜天撞击，钟声悠扬深远，传遍全城每个角落，所以"相国霜钟"被誉为汴京八景首位。和钟楼相对的是鼓楼，现已不对外开放，只有寺院内发生重大事情时，才可敲响。

我们迎面的这座坐北朝南，五间三开，覆金黄琉璃瓦盖顶的大殿便是天王殿，天王殿里供奉的是弥勒佛、四大天王和韦驮菩萨。我们先看一看大肚子弥勒佛，相传他的道场在宁波雪窦寺。在五代后梁时期之后，江浙一带的僧院里开始出现笑口弥勒的塑像，这个塑像是按照一个名叫"契此"的和尚的形象塑造的。据《宋高僧传》等佛书记载，契此是五代时期明州（今浙宁波）人，又号长汀子，他经常手持锡杖，杖上挂一布袋，出入于市镇乡村，在江浙一带游化行乞，乞得之物就放在布袋里，因此人们当时称他为"布袋和尚"。他身体肥大，衣着随便，言行不拘小节，为人预测吉凶非常灵验，还能预晴雨，人们觉得他神秘莫测。公元 916 年（后梁贞明二年）契此坐化于明州岳林寺庑下的一块磐石上。由于他在圆寂时留下一偈语："弥勒真弥勒，分身千百亿，时时示世人，世人自不识。"后人认为他是弥勒化身转世，于是便为他建塔供养。相传再过五十六亿七千万年后，他将做为释迦牟尼的接班人，降到人间成佛，说法度众生，因此他又被称为未来佛。在别人看来这么长的时间，早就迫不及待了，但他还是一副豁达乐观的样子，笑呵呵地耐心等待，所以大家可以看两边这副楹联就是对他的真实写照"大肚能容，容天下难容之事，慈颜常笑，笑世间可笑之人"。同时也在告诫后人凡事要以宽待人，不要斤斤计较。

首先，请大家随我拜一拜这位手持青光宝剑的天王，他便是南方增长天王，因为他的剑能镇住世间妖魔鬼怪，保护人间和平，所以是不带剑鞘的，由于他的剑是持在手中，因此非常锋利，所以取谐音代表风。他旁边这位怀抱碧玉琵琶的便是东方持国天王，细心的游客可以发现琵琶上没有弦，虽然没有琴弦，但持国天王仍能用它弹奏着八方乐曲，护持着万国和平，因为他善于调音调弦，所以代表调。与持国天王相对的是北方多闻天王，他以闻多识广著称，大家请看他左手持混元珠伞，右手持银鼠，相传多闻天王的伞是不能打开的，如果将伞打开，便会将世间万物都收起来。那么，右手所握的这只银鼠，相传也是一种非常可怕的动物，如果把它放在人间，它便会吃尽天下一切植物的根，所以多闻天王一直把它紧紧握在手中，由于伞是遮风挡雨的雨具，所以他代表雨。他旁边是西方广目天王，他以高瞻远瞩而著称，他右手持珠，左手握一条龙头蛇身的怪物，这个怪物只能顺着摸，所以它代表顺。关于它还有一个传说，相传宋朝开国皇帝赵匡胤即位时，常到相国寺烧香拜佛，这天他来到相国寺看到广目天王手中握着一条龙，就非常不高兴。因为在古代皇帝是被誉为真龙天子的，有哪位皇帝愿意让别人把他握在手中？虽然他没有表现出来，但却被一个聪明的小沙弥看到了，他把这件事告诉了方丈，方丈就请工匠把龙改为了我们现在看到的这条龙头蛇身的怪物，当赵匡胤再次来到相国寺时，看到广目天王手中所拿的龙改为了龙头蛇身的怪物，自然龙心大悦了。这四大天王是佛教的保护神，合称护世四天王，同时他们也代表着风调雨顺，百姓拜他们四位就是祈求风调雨顺，五谷丰登的意思。我们现在看到的是韦驮菩萨，他原来只是增长天王身边的一名侍卫，可他为什么从一名卫士成为菩萨呢？相传这是因为释迦牟尼涅槃时，留下了几颗珍贵的舍利，其中一颗被小鬼偷走了。当时韦驮被称为“飞毛腿”，他凭借飞毛腿追回了舍利，所以被称为菩萨。我们再看一看韦驮菩萨双手合十，金刚杵在手背上，就是说我们大相国寺是管吃管住的十方丛林。

现在我们进入大雄宝殿，我们面前的这三尊佛像是佛教中的横三世佛，我们右边的这位是东方净琉璃光世界的教主——药师佛，全名“药师琉璃光如来”，他曾发十二大宏愿“拔众生苦，医众生病，满众生愿，为众生解除痛苦，消灾延寿”，他手托法轮，“法轮常转”象征着佛法像车轮一样滚滚向前，摧毁一切邪恶之势和人间的烦恼。

中间这位是佛陀释迦牟尼，也就是乔答摩·西达多。也许在人们的心目中会有疑问是否有这个人？其实历史上确有此人，他是印度迦毗罗卫国的王子，他父亲是净梵王，母亲是摩耶夫人，他们两人十分恩爱，但膝下无子，在他母亲 45 岁时，做了一个奇怪的梦，梦见一个小人儿骑着六牙白象向她左肋骨下撞了一下，之后，她便怀孕了。当时必须按照习俗，怀孕期满后须回娘家生产。在途中路过蓝毗尼花园休息时，她伸手去摘婆罗树上的花，却动了胎气，之后佛陀便降世了。当时天气非常炎热，天空突然出现九条龙为他喷洒香水，因为当时恰巧是阴历四月初八，所以便形成了我们现在的节日——“浴佛节”。他 29 岁时痛感人世间生老病死的各种痛苦，舍弃王族生活，出家修道，经过六年艰苦修行，35 岁时在菩提树下“成道”，创立了据说能使众生脱离苦海的佛教，被佛门弟子尊称为释迦牟尼，意思为“释迦族的圣人”。他胸前的金色符号，唐朝武则天称它为“万字符”，意为“万德吉祥”。

这一尊就是接引佛，也称阿弥陀佛。我们经常听到“阿弥陀佛，阿弥陀佛”，指的便是这位佛，他手拿金莲台，以此接引众生去西方极乐世界。据《阿弥陀佛经》记载，西方有极乐世界，那里“无有众苦，但受诸乐”，清净光明，无限安乐。佛教徒常颂“阿弥陀佛”的意思就是把那些修行圆满的人接送到西方极乐世界中去。

大家看两边的就是十八罗汉，他们就是护持着三世佛的十八罗汉，是由十六罗汉发展而来的。唐五代时期的张玄、贯休两位和尚在十六罗汉后面加画了降龙和伏虎两位罗汉，而后苏轼又作“赞十八罗汉”和“赞十八罗汉颂”等，所以宋朝以后寺院中大多供奉十八罗汉。现在大家来到这里，仔细闻一下，是否有一种淡淡的清香？它是由檀香木制成的《海岛观音壁塑图》发出来的。中间这位就是海岛观音，她又称渡海观音，看她手持净瓶，据说净瓶中的水永远也倒不完，寓意让老百姓永远脱离苦海。观音两旁是她的得意弟子，左“小龙女”，右“善财童子”。具说善财童子出生时就有许多金银珠宝出现，可是他却一心向佛，视金银如粪土，在菩萨指点下，拜了五十三位老师，后边的就是他五十三参，参参见佛的情景，最后取得正果跟随海岛观音四处行善。

大家看，海岛观音脚下踩的这只动物是什么？它称为“鳌鱼”，传说它是海里非常凶猛的动物，据说它一翻身就会天崩地裂，海岛观音为了维护和平就踩到了鳌鱼头上，让它永世不得翻身，有句成语“独占鳌头”便源于此。观音在印度为男身，他原是印度王太子，名不煦。成佛后观音宏愿要免除众生一切苦恼，佛为他受记，称“观世间”。其意思是苦恼众生，一心

称名，菩萨即是观其音声，皆得解脱。现在据佛经中记载，“观世间”在无量劫前早成正果，号“正法明如来”，为实现宏愿，普度众生，今现身菩萨身，到将来成佛。

接下来请大家随我到世上罕见的八角琉璃殿看一下，它结构奇特，是一座罕见的八角回廊式建筑。这座殿由三部分组成，最外面是游廊殿，里面是无井院，中间是中心亭，1980 年采用先进撬升技术使整座殿整体提高 1.67 米，它是我们开封的骄傲。八角琉璃又称“罗汉殿”，殿内安放的是释迦牟尼讲经会“大型群塑”。

让我们去看看相国寺的镇寺之宝——千手千眼佛吧！这尊佛像是清乾隆年间由一位民间艺术巨匠花费了整整五十八年的时间，呕心沥血，用整棵银杏木雕刻成的，高 6.6 米，须弥座高 0.55 米，为四面造型，每面各有大手六只，最上面两手高举阿弥陀佛，也就是说他一心一意向佛，每面像成扇状，遍布着大大小小的胳膊和手掌，南北两面为四层，东西两面为二层，每只手中刻有一只眼，共计有 1048 只眼，所以称千手千眼佛。观音是我国民间信奉最多的一位菩萨，他们全名是“大慈大悲救苦救难观世音菩萨”。细心的朋友可以看出每面各只小手手势都不尽相同，所以堪称世界罕见的艺术精品，而且你还会发现我们的这位千手千眼观世音与众不同的是，为一位男像，并且包括他的身材和身形都是男性化，所以他又是我国唯一的一尊密宗四面银杏木雕千手千眼观世音菩萨。

好了，罗汉殿就介绍到这里，下面请大家随我到后面参观最后一个大殿——藏经楼。

大家进里面看一下，这个开过光的白玉佛是 1992 年水陆法会时，一位新加坡的老居士在泰国订做送给我们的。他的眉心有一颗闪亮的红宝石。泰国信仰的是南传佛教，他们的佛像是非常灵秀的，这里的这个佛与大雄宝殿里的形象是不同的，她线条优美，端庄秀丽，造型非常之女性化。大家请抬头看一下上面这个匾额上有四个字“是寿者相”，这是我们中国著名书画家时千里为真禅大师过八十大寿时所送的寿礼，意思为这是长寿者的相貌，在这里也恭祝我们今天所有游客是长寿者相貌。

在藏经阁的西边是大师堂，供奉的是空海大师，他曾十七次随日本遣唐使团赴唐。他回国后，大弘天台密法传于日本，成为东密的创始人，被广大弟子尊为言宗开山祖师，被日本天皇授予“弘法大师”称号。大相国寺，经北宋之鼎盛影响日深，远为日本政府和佛教所钦慕，在公元 139 年日本小松天皇敕命足义利将军，在日本京都建与大相国寺同名的寺院，此举架构了中、日两国相国寺的殊胜因缘。1992 年中、日两国相国寺结为友好寺院，已故赵朴初会长亲笔题写的中日友好纪念碑，坐立在前院天王殿的右侧。

我们面前这座雄伟的建筑是于近年在原址上复建的资圣阁。“大相国寺天下雄，天梯缥缈凌虚空。三千歌吹灯火上，五百缨缦烟云中。”这是元代诗人陈孚在登上大相国寺资圣阁时所咏出的诗词。资圣阁始建于唐玄宗天宝四年，五檐滴水，雄伟壮观，当时称为排云阁。唐大顺二年毁于雷火，咸平四年重修后改名为资圣阁，曾以“资圣熏风”之景被列入“汴京八景”之一。

各位朋友，大相国寺讲解到此已经全部结束了，东西厢房有中原佛教文化展和大相国寺书画院，周边属于僧人居住的地方。各位朋友如果有兴趣，可以自由参观 30 分钟。30 分钟后，我们在车上集合，谢谢！

知识链接

中国著名寺院

河南嵩山少林寺。少林寺是少林武术的发源地，在中国称得上是无人不知无人不晓。它为何称“少林寺”？少林寺是北魏太和十九年孝文帝为安顿印度高僧跋陀落迹传教而敕建的，坐落在河南省登封市嵩山少室山下的茂密丛林中，所以取名“少林寺”。少林寺以武术称名于世，隋唐时期已具盛名。少林武术在宋代已自成体系，风格独绝，成为中国武术派别中的佼佼者，史称“少林派”。

河南洛阳白马寺。白马寺是佛教传入我国后官办的第一座寺院，被中外佛教界称为“释源”“祖庭”，号称“中国第一古刹”。你知道它为何名“白马”吗？据传，东汉永平七年(公元 64 年)，汉明帝刘庄因夜梦金人，遣使到西土拜求佛法。公元 67 年，汉使及西土两位高僧，以白马驮载佛经、佛像抵达洛阳。公元 68 年，汉明帝敕令在洛阳城外建僧院，为记白马驮经之功，该僧院被命名为“白马寺”。

河南开封大相国寺。看过《水浒传》的人都知道，“鲁智深倒拔垂杨柳”的故事就发生在这里。相国寺是我国著名佛教古刹，北齐文宣帝高洋天保六年始建，为了宣扬文宣帝的“建国”之功，初名“建国寺”。后毁于战火。唐长安元年，僧人慧云来汴，募款购地建寺。挖出了北齐建国寺的旧牌匾，故仍名“建国寺”。唐延和元年，睿宗李旦为了铭记自己由“相王”身份即位当皇帝，将“建”改为“相”，从此，“大相国寺”寺名一直沿用。

浙江杭州灵隐寺。去过杭州的人都知道，杭州有座灵隐寺，是古今闻名的名刹之一，家喻户晓的济公和尚就出在这里，灵隐寺位于杭州西湖西北的飞来峰前，始建于东晋咸和元年，已有近 1700 年的历史。据说印度僧人慧理来杭，看到这里山峰奇秀，认为是“仙灵所隐”之地，便建寺于此，并取名“灵隐寺”。

江苏苏州寒山寺。唐朝诗人张继途经苏州时，触景生情写下《枫桥夜泊》一诗：“月落乌啼霜满天，江枫渔火对愁眠；姑苏城外寒山寺，夜半钟声到客船。”从此寺以诗名，传播古今。寒山寺始建于南朝梁天监元年，原名“妙利普明塔院”。相传唐代僧人寒山曾在该寺居住，故改名为“寒山寺”。寒山寺的钟声不但有悠久的文化历史内涵，还有奇妙的功能。所以旅游者都要亲自聆听寒山寺的钟声。

上海龙华寺。龙华寺是上海历史最悠久、规模最宏大的古刹，位于上海市龙华镇。相传东吴孙权于赤乌十年(公元 247 年)为孝敬母亲而建龙华塔，五代吴越时期在塔周建成龙华寺，后历经兴废。现在的龙华寺为清光绪年间重建。龙华即传说中的龙华树，树广四十里，因花枝如龙头，故名。据说弥勒得道为佛时，坐于龙华树下。一般认为，“龙华寺”的名称即源于这个传说。

天津大悲禅院。大悲禅院位于天津市河北区天纬路，是天津市保存完好、规模最大的一座佛寺。清朝顺治时期的高僧世高，始建大悲草堂。康熙年间，曹斌（浙江人，武进士）任天津卫守备时，在大悲草堂基础上建成大悲禅院，并延请世高在院中传禅。据说世高和尚开始在草堂中供奉观世音菩萨，观世音菩萨号大悲菩萨，所以草堂以“大悲”为名。大悲禅院正殿后还建有大悲殿，其中供奉着泥塑贴金二十四臂观世音菩萨坐像。

西藏拉萨大昭寺。大昭寺在藏传佛教中拥有至高无上的地位。大昭寺初名“惹刹”，始建于公元7世纪吐蕃王朝的鼎盛时期，寺内供奉文成公主从大唐长安带去的释迦牟尼12岁等身像。后来该寺改名为“大昭寺”。昭，在藏语中释作“佛”，“大昭”指释迦牟尼佛，“大昭寺”意思是释迦牟尼像的佛堂。世上只有三尊佛祖等身像，以12岁时释迦牟尼身为皇子的鎏金铜像最为精美与尊贵。

江苏扬州大明寺。大明寺因寺中高僧鉴真大师东渡日本传法而名扬天下。初建于南朝宋孝武帝大明年间，故称“大明寺”。唐天宝元年，大明寺高僧鉴真大师应日本僧人邀请，为弘扬佛法，筹划东渡日本，其后历经十年艰险，先后失败五次，终在唐天宝十二年东渡成功。鉴真大师为中日友谊开辟了新的篇章。大明寺前有一座高大、古朴的牌坊，前有“栖灵遗址”的篆书横额，这是因为寺内建有九层的“栖灵塔”。

陕西西安慈恩寺。慈恩寺也是我国名闻古今的寺院。唐代高僧玄奘曾受朝廷圣命，在此翻译佛经十余年，是当时长安著名的译经场所。慈恩寺位于西安市南郊，是唐代长安最宏丽的佛寺，建于唐太宗贞观二十二年（公元648年），是太子李治为了追念慈母大恩而建造的，故名“慈恩寺”。

模拟实训

铁塔

游客朋友们：

我们现在参观的是国家级AAAA级景区——铁塔风景区。它坐落在开封城东北角，总面积为37.24公顷。铁塔，始建于北宋皇祐元年（公元1049年），原名开宝寺塔，高55.63米，八角十三层，因其通体镶嵌褐色琉璃砖，颜色近似铁色，从元代起，民间俗称为“铁塔”。铁塔以精湛绝妙的建筑艺术和宏伟秀丽的身姿而驰名中外，是目前我国最高大、历史最悠久、保存最完整的一座琉璃砖塔，是1961年我国首批公布的国家级重点保护文物，享有“天下第一塔”的美称。主要景点有铁塔、接引殿、石碑、盆景苑、灵感院、铁塔文物陈列馆、何公轩、开封古城墙，以及月季园、上方苑、竹园、铁塔湖等等。铁塔景区集文物古迹、园林艺术为一体，为全国百家名园之一。

说起铁塔，不得不说起“塔”这一独特建筑的来历。塔，起源于古印度的佛教。据佛经记载，佛祖释迦牟尼在世时，佛弟子问佛，怎样才能表示对他的虔诚，佛祖听罢，把身上披的方袍平铺于地，再将化缘钵倒扣在袍上，然后再提锡杖竖立在覆钵之上，于是，一座塔的基本雏形便出现了。在佛祖圆寂后，佛塔作为供奉佛祖释迦牟尼的舍利子之用。西汉末年，佛教传入中国，佛塔也随之在中国兴起。南北朝以前我国佛塔一般为四方形木结构，虽华美壮观，但易朽易焚。自南北朝起，佛塔多以砖石构成，宋代以后又出现了琉璃塔。在佛塔质地构造改进的同时，外观也由四角、六角至八角，甚至十二角，又不断演变，日趋复杂、精美，最终成为我国古建筑中最高大、最壮丽、最坚固的一个类型。其中，琉璃塔中历史最久远、最高大、最精美的当属我们开封的铁塔。

铁塔一带古时是一座佛教寺院，最初建于北齐天宝十年（公元 559 年），名独居寺。唐代，开元十七年（公元 729 年）唐玄宗东封泰山归来，途经汴洲，在独居寺旁设行宫短暂休息时，游幸独居寺，下诏改独居寺为封禅寺。到了北宋时期，宋太祖赵匡胤于开宝三年（公元 970 年）以北宋开宝年号，改其名为开宝寺。在此前后，北宋朝廷连年拨款扩建开宝寺寺院，使开宝寺规模宏伟，殿堂壮丽，斋舍完备，僧侣众多。内部划分为二百八十区，设有福胜院、上方院、等觉院、永安院、双林院、仁王院等二十四禅院，成为京城最大寺院之一，和大相国寺共同分辖东京各寺院僧侣。当时京师立左右街僧录，左街相国寺，右街开宝寺，同为首都佛教寺院领袖。北宋初年，寺内设有贡院，诏令全国举子在此会试。会试期间，官差往来，车水马龙，开宝寺成了全国文人举子汇聚之地，加之北宋历代皇帝时常到寺院内游幸、祈祷和宴享，故而寺院名声大噪，成为宋代闻名遐迩的巨刹，在国际佛教界影响巨大，同国际间的佛事活动往来很多，开宝寺进入历史上鼎盛时期。

铁塔原建于夷山之上，后来由于黄河泥沙沉积，将夷山及塔基淤没。据史书《如梦录》记载，基座辟有南北二门，向南一门匾曰："天下第一塔"。基座下有一八棱方池；背面有小桥跨池而过，由小桥进北门入塔。由此可以想见，当年铁塔如同一株破水而出的芙蓉，亭亭玉立，更使塔身外观出落得挺拔灵秀，瑞丽舒展。

如果大家仔细地观察铁塔会发现，铁塔并非是垂直于地面而建，而是微向东南方向倾斜，这就要追溯到铁塔的前身了。铁塔未建之前，在开宝寺福胜院内，曾仿照天宫的形状，建有一座纯木结构的佛塔——灵感木塔。后人视它为铁塔的前身，也有人称它为铁塔的母塔。为供奉从吴越国领地杭州迎取的佛舍利，宋太宗于太平兴国七年（公元 982 年）开始筹建开宝寺木塔，筹建的木塔建于开宝寺的福胜院内，负责设计和监造的是当时著名的木工喻浩。喻浩，浙东人，虚心善学，技艺超群，曾任杭州都料匠，史书上称他"有巧思，超流辈"，著有《木经》三卷，是我国古代重要的木工专著。喻浩督造的开宝寺塔，八角十三层，高 360 尺，上安千佛万菩萨塔下作天宫奉安佛舍利，历时八年，终于端拱二年（公元 989 年）竣工落成。

塔初建成时，远远望去，塔势偏西北倾斜，以为是建筑失误，喻浩解释说："京师地平无山，而多西北风，吹之不百年，当正也。"可见他的用意精细，谋筹深远。此塔极其伟丽，在京师诸塔中最高，且制度甚精。"其土木之宏壮，金碧之炳耀，自佛法入中国，未之有也"，被赞为"一时之盛观""天下之冠""巨细精巧，近代所无"，喻浩也因此被喻为"造塔鲁班"之称。后人对建造开宝寺木塔做出重大贡献的喻浩和郭忠恕多有赞叹曰："郭家画本千秋重，喻浩神功一代殊。"开宝寺木塔因建造在开宝寺的福胜院内，故初名"福胜塔"。宋真宗天宝祥符六年（公元 1013 年），有金光出相（即塔顶铜宝珠放光）车驾临幸，舍利乃现，故赐名"灵感塔"。可惜喻浩设计建造的这座华美绝伦的灵感木塔仅存世 56 年，就于宋仁宗庆历四年（公元

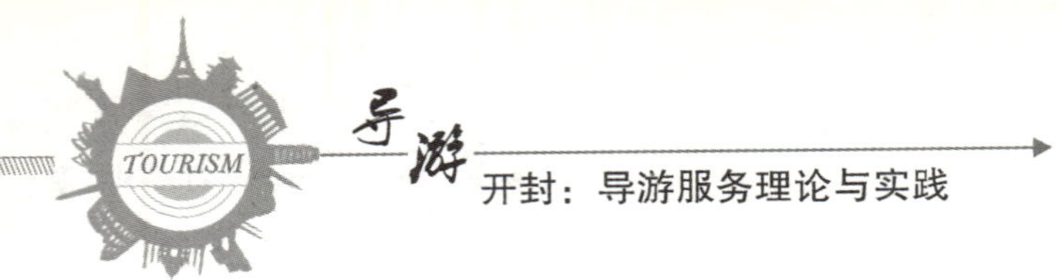

1049年)六月遭雷击而焚毁了。到了皇祐元年，宋仁宗下诏在距此不远的夷山上，仿照木塔的样式，改用琉璃砖，建造了我们今天所看到的这座铁色琉璃砖塔。

现在请大家随我一同走上前去细细欣赏。我们可以看到，铁塔塔身挺拔，装饰华丽，层层开设明窗，其余皆为盲窗。明窗取向不同，一层北，二层南，三层西，四层东，依此类推。设计明窗，除有采光、通风、瞭望之用，还能减缓强风对塔身的冲击力。远看近观，铁塔仿佛是一座木塔，玲珑剔透，精湛绝妙。塔砖以许多形状大小各异的"结构砖"相组合。这些结构砖，就像经过斧凿的木料一样，有榫、有眼，组装起来，严密合缝。

铁塔外壁镶嵌的花纹砖有五十余种，花纹图案包括飞天、降龙、麒麟、坐佛、玉佛、菩萨、狮子、伎乐、花卉等，造型优美，精妙生动，具有鲜明的宋代艺术风格，这些砖是研究北宋雕刻艺术和塑造艺术的精品。

铁塔内有砖砌登道，绕塔心柱盘旋而上，历一百六十八层台阶可至塔顶。登到第五层，可以看到城内景色；登到第七层，可以看到城外原野；登到第九层，可以看到浩瀚奔腾的黄河，领略到黄河号称"天河"的含义；登到第十二层，则祥云缠绕，云雾扑面，似入太空幻景，此即著名的古开封汴京八景之一的"铁塔行云"。有诗曰："浮屠千尺十三层，高插云霄客倦登。润彩氤氲疑锦绣，行人迢递见觚棱。半空铁马风摇铎，万朵莲花夜放灯。我昔凭高穿七级，此身烟际欲飞腾。"每当风度云穿时，环挂在塔身檐下的每层八个共一百零四个铁铃悠然而动，叮当作响，更让人心旷神怡、流连忘返。

细心的游客在欣赏这座卓绝的建筑艺术时，总能惊奇地发现，眼前的铁塔的确是向东南方向倾斜的，看来，喻浩先生当年的担心并非多余。

铁塔胜景历来是文人骚客歌咏的对象。元人冯子振曾赋诗歌咏中秋节铁塔燃灯的壮观："擎天一柱碍云低，破暗功同日月齐。半夜火龙翻地轴，八方星象下天梯。光摇潋滟治蛛蚌，影落苍冥照水犀，火焰逼人高万丈，倒提铁笔向空提。"

九百多年来，铁塔历经地震、暴风、水患，特别是1938年5月，日本用大炮对铁塔进行轰炸，北面从第四层至十三层的各级檐角、塔壁遭受到不同程度的毁坏，但仍巍然屹立。1952年10月，毛泽东主席来汴视察工作时曾言："这个铁塔名不虚传，代表我们中国人民是打不倒的，他们把它打不倒，我们把它修起来。"领袖的一番赞扬，是对铁塔精神品质的高度概括。1956—1957年，开封对铁塔进行了全面修复，1961年，铁塔被国务院批准为我国第一批重点文物保护单位。

观完铁塔，请大家跟随我到接引殿继续游览，这是一座重檐伟阁、漆栋画梁的大殿，周围由二十四根大柱支撑，青石栏杆，望柱上雕刻有形态各异的96只小狮子，栩栩如生。

接引殿建于1985年，里面供奉着宋金时期的珍贵文物接引佛。大家现在看到的这尊高大慈悲的站佛，就是西方极乐世界的阿弥陀佛，俗称"接引佛"。这尊高大的佛像是北宋开宝寺遗留下来的珍贵文物。她由纯铜铸造，身高5.14米，重12吨，赤足站立，胸前铸有象征吉祥的万字符号，穿有山水云朵花纹的袈裟法衣，左手横胸是将佛教徒送往西方极乐世界，右手下垂是以此宝手接引众生。佛像上方有一具"光明无量"的匾额。周围四根柱子上写有两副楹联：一为"诸恶莫做，众善奉行，已了如来真实意。四大本空，五蕴非有，是为波罗蜜多心。"一为"四十八愿普被群机，冻定万修万人去。二十五有同生正信，合当一念一如来。"佛像周围的殿壁上绘制有大型壁画"西方净土变"，上有佛像70多尊，图中有慈眉善目的菩萨、婀娜多姿的彩女、手托花盘的仙娥、舞姿轻盈的飞天等，锦衣广带，彩涤飘飞，笙箫婉转，鹤舞鹿鸣，一派温馨和谐的天国景象。

除了文物古迹外，园内还有盆景苑、灵感院、竹园、上方苑、赏心园、梅园等多处园林景点，把江南园林、北方园林和古典园林的风格巧妙地融为一体，亭台楼阁、小桥流水、花草树木相映成趣，一步一景，步移景变，美不胜收，构成了意境深远的游览空间。

铁塔的东边是碧波荡漾的铁塔湖，在炎炎夏日，这里举办的大型荷花艺术节，展现了“接天莲叶无穷碧，印日荷花别样红”的美丽景色。

游客朋友，铁塔景区的游览就要结束了，我们 20 分钟后在车上集合。

知识链接

中国现存的十大名塔

山西应县释迦塔。高层纯木结构式佛塔，位于山西省应县城内西北佛宫寺内。始建于辽清宁二年(公元 1056 年)，一直保存至今。释迦塔全称：佛宫寺释迦塔。因其全部为木构，通称为应县木塔。塔总高 67.31 米，是中国现存唯一的纯木构大塔，全塔高 67.3 米，塔身共分五层六檐，如果加上内里四层暗层，也可以算是九层。

郑州登封嵩岳寺塔。多角形密檐式砖佛塔，位于郑州登封市中岳嵩山南麓峻极峰下嵩岳寺内。始建于北魏(公元 523 年)，主体一直保存至今(除塔顶重修于唐)，现存中国建筑年代最久的名塔。嵩岳寺塔是唯一的一座十二边形塔，是全国古塔中的孤例。其近于圆形的平面，分为上下两段的塔身，嵩岳寺塔上下浑砖砌就，层叠布以密檐，外涂白灰，内为楼阁式，外为密檐式，总高 41 米左右，周长 33.72 米。

陕西西安大雁塔。四方形楼阁式砖砌佛塔，位于西安市大慈恩寺内。始建于唐代永徽三年(公元 652 年)，现存为武则天长安年间(公元 701—704 年)，原址重建。大雁塔是现存最早、规模最大的唐代四方楼阁式塔砖。大雁塔是砖仿木结构的四方形楼阁式砖塔，由塔基、塔身、塔刹组成，现通高为 64.517 米。塔基高 4.2 米，南北约 48.7 米，东西 45.7 米；塔体呈方锥形，平面呈正方形。

云南大理千寻塔。方形密檐式空心砖砌佛塔，位于今云南大理旧城苍山脚下崇圣寺前东侧。始建于唐代南诏劝丰佑时期(公元 824—859 年)，主体一直保存至今。塔高 69.13 米，为 16 级方形密檐式空心砖塔。千寻塔东临洱海，西负点苍山，是南诏都城大理的标志性建筑。在千寻塔的西面，南北对称有两座八角平面砖砌密檐式塔，二塔形象和大小相近，高度约 40 米，大约建于宋代。

苏州虎丘塔。仿楼阁式砖木套筒式结构佛塔，始建于公元 601 年(隋文帝仁寿元年)，现存为建于五代后周显德六年(公元 959 年)，并保存至今。该塔由 8 个外墩和4个内墩支承，现存塔身高度为47米。由于塔基土厚薄不均，塔墩基础设计构造不完善等原因，从明代起，虎丘塔就开始向西北倾斜。经专家测量，塔尖倾斜2.34米，虎丘斜塔也被称为中国的比萨斜塔。

河南开封铁塔。高层通体褐色琉璃砖佛塔，始建于太平兴国七年（公元982年），原为木塔，后毁。现存建于北宋皇祐元年（公元1049年），并保存至今。铁塔原名开宝寺塔，重建于北宋皇祐元年，即公元1049年，铁塔成等边八角形，共十三层，高55.88米，底层每面阔为4.16米，向上逐层递减。因其通体镶嵌褐色琉璃砖，颜色近似铁色，从元代起，民间俗称为"铁塔"。

江苏苏州报恩寺塔。楼阁式砖身木檐混合佛塔，位于苏州市内北部偏西报恩寺中。始建于三国吴，南朝梁（公元502—557年），现存主体重建于南宋绍兴二十三年（公元1153年），并保存至今。塔高76米，是中国最高大的砖木结构楼阁式古塔。

浙江杭州六和塔。楼阁式外木内砖层数不规则佛塔，坐落在杭州市钱塘江北岸的月轮峰上。始建于北宋开宝三年（公元970年），现存塔身重建于南宋绍兴二十六年（公元1156年），并保存至今，塔高59.89米，其建造风格非常独特，塔内部砖石结构分七层，外部木结构为8面13层，即外看13层，塔内只有7层。

山西洪洞广胜寺飞虹塔。楼阁式多彩琉璃佛塔，矗立在洪洞县东北17公里的霍山之巅。始建于东汉，现存主体为明嘉靖六年（公元1527年）重建，并保存至今。塔平面八边形，是有十三檐的楼阁式佛塔，全高47.6米。飞虹塔是全国现存最大最完整的琉璃塔。

浙江杭州雷峰塔。首座彩色铜雕宝塔，位于杭州西湖南岸夕照山的雷峰上。始建于北宋太平兴国二年（公元977年），旧塔已于1924年倒塌，现重建于2002年10月25日，是一座最具现代感的塔。

模拟实训

繁塔

游客朋友们：

我们现在参观的是繁塔，因建在繁台上的天清寺内，故又称天清寺塔，民间俗称繁塔。位于北宋东京外城以内的东南隅，在今开封城外东南三里左右，是一座佛塔。

有的游客会奇怪，繁塔不是建在天清寺内吗？为什么现在只剩下一个塔而不见寺院任何踪迹呢？这是因为繁塔所在的天清寺始建于五代周世宗显德二年（公元955年）。元末，为兵燹所毁。明代又在天清寺的废墟上建起三座寺院：中仍称天清寺，南称国相寺，北称白云寺。明末，黄河水淹开封，三寺均毁于洪水。清初，桂山和尚借助河南巡抚张自德之力，又在繁台上重建一所寺院，把明代的三个寺院包括进去，统称国相寺。1927年，冯玉祥执豫政，下令废止佛教，毁弃寺院，国相寺被拆除。从此，繁台上只剩下了一座繁塔。

大家请随我进园内观看吧。繁塔有两奇。一是名字奇特。繁，不念 fán，而念 pó。相传在高台附近曾居住过姓繁（pó）的人家，所以人们称这个高台为繁台，因塔建在繁台上，故称繁塔。但据专家考证，因唐宋以前汉语语音中国无轻唇音，现代汉语里凡声母为 f 的字，唐宋时均读作 b 或 p。作为专有名词，繁塔并没有随着语音演变的一般规律而发生变化，仍然忠实地保存了宋代的古音，称繁（pó）塔。二是形状奇特。整座塔明显地分成上下两部分。下半部原是一座六角形大砖塔的一部分，这座砖塔似乎被人从第三层拦腰斩断，只剩下一个三层的平台。上半部则是在这座平台上又建起的六角七层小砖塔。小砖塔底座的直径大约是平台的三分之一。这样，远远望去繁塔的形状极像古代的“编钟”。整个塔高 36.68 米。据塔铭及题记所载，原塔初建于北宋开宝七年（公元 974 年），是一座六角形空心造楼阁式仿木结构砖塔。每层重檐，均由五铺作斗拱承托。下檐顶部由卧砖叠涩收进，无覆瓦。上檐顶部为平台，可行一人，无栏杆。高共九级，高二百四十尺，约合今 73 米，比铁塔还要高出 20 多米，是北宋东京最高的一座塔。

至今开封民间还流传着一首民谣：“铁塔高，铁塔高，铁塔只到繁塔腰。”为什么现在我们见到的繁塔又没有铁塔高呢？目前比较流行的一种观点是因为“铲王气”，繁塔遭到了人为的破坏。

明初，太祖朱元璋立 26 个儿子中的嫡长子为太子。太祖未殁，而太子先逝。朱元璋只好按古制将皇位传给长孙朱允炆，即后来的惠帝（建文帝），这引起了儿子们的不满。其中的开封周王朱肃和北京燕王朱棣不但排行靠前，而且曾随朱元璋南征北战，都能带兵打仗，拥有一定的军事实力，是明朝皇位的直接威胁者。虽然燕王朱棣发动“靖难之役”，最终在皇位斗争中取得了胜利，但朱棣最初的手段十分隐蔽，不像周王那么露骨和咄咄逼人，所以周王便成了朝廷打击的主要对象。

明洪武三十一年（公元 1398 年）闰五月，朱允炆即位，建文元年（公元 1399 年），即命曹国公李景隆率兵围住周王府，将周王世子、后宫眷属全部解往京师南京，废为庶人，发配云南，拆毁了周王府的银安殿，同时又拆繁塔以“铲王气”。于是繁塔被拦腰截断，只余最下面的三层，以为这样一来，就彻底消灭了隐患，却没有想到真正的隐患是燕王朱棣，枉费了心机，白拆了繁塔。只要封建王朝“家天下”的性质不变，即使是独裁者预立王储，载入史册，也无济于事。拆掉繁塔，又能起什么作用呢？徒为后人留下笑柄而已。

明成祖朱棣上台后，召回了在藩的亲王，以叙亲情之谊。随后又恢复了建文帝在削藩中被废诸王的爵位，赐以钞币金银，取得了诸王对朱棣政权的支持。待政权巩固之后，朱棣才开始对分藩制度进行了改革。

繁塔被拆去半截后，成了一座断塔。尽管丑陋，但因是皇上下令拆毁的，整个明代谁也不敢修补。直到清初，明朝的禁忌不再起作用才在上面补修了一座六角七级小砖塔，即我们现在所看到的这个样子。形状虽然古怪，却也新鲜别致。

大家请小心跟随我进入塔内参观。繁塔的结构复杂而奇特，每层都不相同。塔的规模宏大，底面积五百平方米。塔壁极厚，虽是空心，但每层塔室都各不相通，正门不能登塔。从北面进塔后，入室见洞顶一孔直达二层，叠砌成，从那里送进一缕亮光，如同天窗。孔中所见景物，可望而不可即。上塔须从左右两侧夹道攀登，可直达三层。如欲进入二层或塔颠，须

沿塔外壁盘旋。里攀外旋，如入迷宫。初次登塔，如无导游，难以捉摸，使人觉得变幻莫测。

朋友们请看，繁塔的造像艺术极为精美，塔身内外遍嵌造像砖，一砖一像，包括菩萨罗汉、乐伎等共108种，近7000尊，姿态各异，形象生动。远观繁塔，通身造像组成美丽的纹饰，大小如一，排列有致，与塔身构成统一的整体。

佛像砖每块一尺见方，中心为一圆形佛龛，佛像结跏趺坐于莲花座上，形象端庄，雕工精细。菩萨有文殊、普贤、观音、准提等。以观音菩萨变化最多，有四臂、六臂以至十二臂。菩萨多已女性化，体态丰盈，隽秀多姿，曲眉丰颐，脸颊圆润，与唐代仕女神韵相似。宋代十六罗汉造像，虽数量不多，而姿态神韵各呈异彩，别具风神。降龙罗汉面目清秀，宛如雅士；伏虎罗汉则袒胸露腹，俨若天神。有的以"如意"支撑下巴，闭目沉思，恍似禅定；有的脚蹬草履，手拄拐杖，抬头凝视，如思圆融。总之，罗汉造像神态各异，个性鲜明，相貌迥异，既有中土和尚，又有外来胡僧。造像最为复杂的是乐伎，共20名，皆着菩萨装，头饰化佛，身披璎珞，衣纹流畅，雕造细腻。她们各执不同的乐器，井然有序地排列在十二层塔心室的前壁上。排箫乐伎结跏端坐，双手握箫，口对箫管，似乎乐音正在缓缓而出。吹笙乐伎两手执笙，以指按孔。一对击钹乐伎，一开一合，轮流拍击，配合默契。琵琶乐伎怀抱琵琶，左手抚弦，右手执拨，双目微闭，似沉浸在优美的乐曲之中。腰鼓乐伎左手以掌抚鼓，右手以杖击鼓，意态从容，悠然自得……二十位乐伎神态各异，演奏着十三种二十件乐器，形神皆备，风姿绰约。

繁塔内还保存着许多珍贵的石刻，共178块，碑刻以宋代为主，其中以"三经"最为著名。在第一、二层南塔洞的东西两壁上，大家可以看到分别镶嵌着四部石刻佛经，各由六块青石拼成，长四米多，宽近一米，周边饰以莲花浮雕。内容为《金刚般若波罗蜜经》《十善业道经要略》《大方广圆觉修多罗了义经》上下卷。它们皆刻于北宋太平兴国年间(公元976—984年)，由北宋著名书法家赵安仁所书。赵安仁善楷书，曾在国子监书写《五经正义》，深受宋太宗赏识。他的书法方正淳厚，端严整齐，最适于书经。

当年的繁塔是从民间募集资金修建的，蹬道上方的每块额石都镌刻着布施者的姓氏、籍贯和心愿。许多佛砖上还墨写着捐助人的姓氏与佛名，至今还依稀可辨。二层北塔室内有十余方修繁塔题记，保存完好。其中有北宋海军节度使持进检校太师陈洪进于太平兴国三年(公元978年)舍银五百两的题记，有善男信女们发愿布施砖、灰、车、牛、米、面、酱、菜、醋等的题记。助修时间最晚的是淳化元年(公元990年)，参与施工的有太康县、西化、华县等地的"修塔会人"。助修人士上自文武官员，下至贩夫走卒，各色人等应有尽有。繁塔修建时间之长，捐助人员之广，布施物品之庞杂，古今罕见。这些记载为研究建塔历史和宋代佛教的传播都有重要的参考价值，也是重要的历史依据。

繁塔历来是拜佛游览的胜地，历代文人的题咏比比皆是，宋代的梅尧臣、苏舜钦都有登繁塔诗，繁塔中还有金代文学家赵秉文的两处题记。

好了，繁塔的介绍就给各位介绍到这里，大家下楼梯的时候一定要小心，我们车上集合！谢谢！

模拟实训

延庆观

游客朋友们：

我们参观的景点是道教名观延庆观。

延庆观位于开封市包公湖北岸，是为了纪念道教全真派的创始人重阳真人王喆所建的。作为一所道观，它在中国道教史上占有重要地位。它与北京的白云观、四川的常道观并列成为我国的三大名观。

王喆也就是我们所熟知的王重阳，他生于北宋政和二年(公元 1112 年)，因为不满金人的统治，他在 48 岁那年出家做了道士。传说，他在陕西甘河镇遇到了仙人吕洞宾的点拨，得到仙人秘籍之后入终南山修炼，创立了道教全真派，并且先后收授了七名弟子，即马钰(丹阳子)、丘处机(长春子)、谭处端(长真子)、王处一(玉阳子)、郝大通(太古子)、刘处玄(长生子)和孙不二(清静散人)，也就是人们后来所称的“全真七子”。

金大定九年(公元 1169 年)，王重阳率领弟子马钰、丘处机、谭处端、刘处玄来到开封。由于开封曾是北宋时期的政治、经济、文化中心，交通便利，经济繁荣，王重阳便把开封作为传播全真教教义的中心之地。不幸的是，一年之后，王重阳便病逝于此，他的弟子为了纪念他，便在开封修建了重阳观。金末，重阳观已毁，到元初(公元 1233 年)，全真派的弟子丘处机命人把重阳观进行重修扩建之后，元朝皇帝忽必烈赐名为大元朝万寿宫。元末，由于兵火战乱，万寿宫大部分被毁。明朝(公元 1373 年)，道观进行重修后，更名为延庆观。虽然几经易名，但此地始终被认为是全真教的祖庭圣地。

走过山门，我们面前这座上尖下方的建筑就是玉皇阁。经过 700 多年历史的沧桑巨变，现在，观内的主要建筑就仅存玉皇阁了。玉皇阁的建筑艺术和风格，有着显著特色。它坐北朝南，通高 18.25 米，分为上、中、下三层，全都是用青砖砌成，不施梁架，是一座带有元代特征的明代无梁阁建筑。

阁的第一层，底部是四方形，外檐是四坡顶，正南方开有一扇瓮门，门楣之上有幅“二龙戏珠”砖雕。在门的两侧各有一扇直棂铁窗。进了门内，就是玉皇阁的底部了，下方上圆。下面是一个四方形阁室，上面是一个圆形的穹隆顶，这正好印证了古人所谓的“天圆地方”之说。四角有斗拱承托，这种既不施梁柱，也不设梯道的建筑风格颇似一座蒙古包，这在我国的道观建筑中是独一无二的。

在阁室正中，面朝南端坐着铸于明朝的一尊铜像，名叫玄武，是道教所尊崇的“北方之神”。说起玄武神，民间有一个关于他的美妙故事。相传，他是古国王的一位太子，自小就非常神猛。有一天，他正在东海玩耍，突然看到天空飘来的彩云上站着一个相貌威武的天神，更没想到的是，天神居然赐给他一把宝剑，并且命令他到武当山修炼，经过 46 年的苦心修炼，他终于得道成仙，一时威震北方。

第二层，从外观来看，它是一座实心的八楞柱体，周围用碧绿色琉璃瓦砌出连续的山花，波澜起伏。在每个山尖上都有一个龙头，龙头朝里，在龙的背上插有一把剑柄。据说，龙生九子，这就是它的其中一子，名叫鸱吻。鸱吻生性狂妄自大，连老龙王也不放在眼里。龙王为了煞煞它的傲气，就把它叫到面前，问道:“既然你的本领这么大，这座房脊你能把它吞下去吗?”鸱吻头一昂，尾一摆，二话不说，逮住这房脊便把它一口给吞下去了。说时迟，那时快，龙王“刷”地一下抽出宝剑，一把插在了它的背部，把它永远和房脊钉在了一起，让它高瞻远瞩，心胸变得宽广一点儿。实际上，古人认为鸱吻五行属水，把它放在屋脊上，可以起到镇除火灾的作用。它背上的剑，说是为防止它逃走，其实是为了起到装饰和加固房脊的作用。鸱吻的正下方有一个绿色兽头，头朝外，它叫悬鱼。每当下暴雨时，如果夹层存有积水的话，水就会从它的嘴里面流出来，然后顺着第一层的四坡顶泻下。一方面起到排涝作用，另一方面，起到装饰效果。整个第二层从外观来看，内外互不相连，高低相应，浑然一体，并且每一层的装饰都互不遮挡，令人目不暇接，眼花缭乱。

第三层，是一个八角形亭阁。亭子的正南门门楣之上有块匾额，蓝底儿金字，上面写着“玉皇阁”三个大字，在亭子里面供奉着玉皇大帝，在他的两侧，分别有一个侍臣分东西而立，各高 1.5 米。这三座雕像都是用汉白玉雕刻而成的。第三层无阶梯可攀登，象征着玉皇大帝超然世外，高高在上，高不可攀，给人们增添了一种神秘感。三层阁顶，是一个八角攒尖顶，上面覆盖着碧绿色的琉璃瓦，攒尖顶的顶端，有一颗铜质的火焰宝珠，宝珠四周的垂脊上有骑狮子的仙人，还有骑狮子的蒙古武士。这个蒙古武士头戴尖顶卷边毡帽，脚穿筒靴，连他身上穿的皮毛衣服，纹路都非常清晰。像这样雕刻精美的琉璃构件，能从元代保存到现在，是非常不容易的，它具有很高的文物价值和欣赏价值。从这个骑狮蒙古武士的脊饰和下面蒙古包式的建筑风格，不难看出整个玉皇阁的建筑艺术就是蒙汉文化的巧妙结合。玉皇阁原建在高台之上，后遭水患埋于地下三米。1985 年发掘维修时，使它恢复了原貌。

玉皇阁周围的东西厢房是新建的。东厢房里现在陈列着王重阳的蜡像及《王重阳与延庆观展》，有王重阳及全真七子的生平简介。西厢房则陈列着《六十甲子展》，有道教所尊崇的 16 位星宿神的画像。王重阳是受吕洞宾点拨得道的。吕洞宾是八仙之一，这在连接东西厢房之间长廊的壁画中有所展现。东长廊壁画，画的是八仙过海，与之相对应的西长廊上的壁画是八仙醉酒。传说，王母娘娘每到她生日之际都要举办一次蟠桃盛会，在瑶池宴请众神。当时，八仙也受到了邀请来到蟠桃会上。席间，仙女们在仙乐声中翩翩起舞，令八仙十分陶醉，他们把琼浆玉液喝了个够。不知不觉中，一个个醉态百出。您瞧，张果老喝得酩酊大醉，手扶着椅子，站都站不起来，韩湘子醉眼蒙胧，酒从杯子里洒出来了都不知道。画家把这八位仙人刻画得惟妙惟肖，极富古典美。

各位朋友，延庆观的讲解到此结束，下面请大家自由参观，20 分钟后我们在大门口集合上车。

知识链接

全国十大名观

北京白云观。位于北京西便门外二里许，是道教全真三大祖庭之一。自元以降，久为全真“第一丛林”。新中国成立后，中国道教协会、中国道教学院及中国道教文化研究所等全国性道教组织、院校和研究机构先后设在这里。现为道教全国重点宫观、北京市重点文物保护单位。

武汉长春观。位于武昌大东门东北角双峰山南坡。观内崇奉道教全真派，以其创始人重阳祖师门人邱处机道号“长春子”命名。

浙江金华观。坐落在浙江省金华市双龙洞南侧，民间称黄大仙观，相传为道仙赤松子安期生登真羽化之地。

广州五仙观。位于广州市惠福西路，建于明洪武十年（公元1377年），是一座祭祀五仙的谷神庙。

开封延庆观。位于包公湖东北部，是中国道教史上具有重要地位的宫观。建于元太宗五年（公元1233年）。原名重阳观，是为纪念道教中全真教创始人王重阳在此传教并逝世于此而修建。后改名延庆观。

龙虎山正一观。位于江西省鹰潭市贵溪市境内的龙虎山张道陵炼丹处。据《龙虎山志》记载：第四代天师张盛自汉中迁还龙虎山之后，曾在此建祠祀祖。

襄阳真武道观。位于湖北省襄阳市襄阳城西南俗称“小金顶”的真武山。明永乐十年（公元1412年），成祖降谕修建武当山道观。

武乡会仙观。位于山西长治市武乡县城东25公里的监漳村西。南宋昔羽道士贯志韬会仙于此，故以得名。

武陟嘉应观。位于河南焦作武陟县城东南12公里杨庄村南，建于清雍正元年（公元1723年），是雍正皇帝为纪念在武陟筑坝堵口、祭祀河神、封赏治河功臣，而修建的一座集宫、庙、衙三位一体黄淮诸河龙王庙。

苏州玄妙观。位于苏州市观前街，苏州香火最盛之处。玄妙观极盛时有殿宇30余座，是当时全国最大的道观。

模拟实训

朱仙镇清真寺

游客朋友们：

朱仙镇清真寺是河南省现存规模较大、较完整的伊斯兰教古建筑之一，带有浓厚的民族色彩与伊斯兰装饰风格。经历史多次修葺，至今仍以旺盛的生命力而存在，同时在寺中仍保留着完整的伊斯兰教礼仪。从乾隆年间起，清真寺的管理就步入正轨，几百年来除了“文化大革命”时期之外，基本上未曾间断。清真寺于1986年被河南省人民政府公布为省重点文物保护单位。2004年，河南省旅游局批准该清真寺作为伊斯兰文化旅游景点，正式对外开放，现在这座清真寺已经被正式列入国家级文物保护单位。

清真寺位于开封城南22公里处的四大历史名镇之一——朱仙镇老虎洞街。它始建于北宋太宗兴国年间，整个寺院占地近万余平方米，建筑雄伟壮观，在全国百大清真寺中，其精湛的建筑风格和装饰均属罕见。这座清真寺由前山门、碑楼、配殿、大殿、窑殿、耳房、南北厢房、沐浴室、后山门，以及“回”字形的庭院布局几部分构成。可以说是研究清代伊斯兰教清真寺建筑文化的典型实例。

让我们先从前山门说起。前山门位于寺中轴线的最东端，面阔三间，进深二间，高10米，单檐歇山顶。山门两侧为呈“八”字形的扇面墙，墙中央有精美的砖雕图案。

这座山门，由八根石柱和四根木柱支撑。柱础底部为四角，上部为八角，象征四平八稳。这两根石柱上写有一副对联，上联是：“圣教炳中天趋跄时须守言规行距”，“圣教”指的是伊斯兰教，“炳”是光明、光辉之意，“中天”指今天这个世界，也有如日中天的意思。要求现有的穆斯林要塑造博爱、仁慈的完美形象，言谈举止，待人接物，必须要遵守教规，对自己的行为负责，彰显穆斯林的本色。下联是“主恩弥大地跪拜处毋忘踌厚踽高”，意思是真主的恩典散布大地，普惠众生，所以每个穆斯林到清真寺礼拜时，要举止得当，心怀敬畏，其中“踌”乃“小步”的意思，“踽”是指腰背弯曲的意思，指的是礼拜的动作要规范，端正，不得草率。往前走，现在展现在我们面前的是山门上悬挂的三块鎏金大匾，中间这一块题为“至教真源”乃乾隆三十年赐进士出身翰林院河南巡抚朱玉琨所书。右匾题为“真一寰真”意思是说真主是独一的。左匾题为“未雨先知”，这是乾隆五十年夏月御赐翰林院大学士纪昀书，纪昀是大家都很熟悉的纪晓岚。这位大才子，为什么会给朱仙镇清真寺专门题字呢？这其中还有一个脍炙人口的典故，一会儿再给大家细细讲述。

好，现在让我们跨进山门，这一跨仿佛使我们跨进了一个充满伊斯兰文化氛围的天方国度，又好像使我们沿着历史足迹，回到了明清时代一个伊斯兰文化与中国儒家文化交相辉映的历史空间。

这根柱础石，可谓是本清真寺的镇寺之宝，最为奇妙。刚才我们在外边已经介绍了那块题为“未雨先行”的匾额。那四个字就是来源于这块石头，即未雨先知石。这块石头是古代劳动人民预知天气变化的“晴雨表”。这其中有一个典故：清乾隆五十年（公元1785年）的一个夏天，乾隆下江南巡游，途经朱仙镇见清真寺幽静便下榻清真寺，当时正值七月天，天气晴朗炎热，乾隆皇帝离开时，当时清真寺的赛阿訇是阿拉伯的后裔，送给纪晓岚一件斗笠，一件狐皮袄和一把雨具。纪不知何意，赛阿訇说，天有不测，必有大用。乾隆一行驱船顺运粮河南下，刚走出二十余里，就风雨大作，雷雨交加，气温骤变，纪晓岚赶紧把赛阿訇送的狐皮袄给乾隆皇帝披上。自此，纪晓岚倍受皇帝恩宠。而纪更加不解，于是巡游结束后专程返回清真寺，询问赛阿訇何以预知风雨。赛阿訇引领纪至石柱旁指着石柱上的石刻画说：“自古清真寺有一说法，‘通天灵柱是根宝，刮风下雨早知道’。”随后又指着对面的柱础石说：“还有一说法，‘月晕有风，础润有雨，风雨交加，必有冰雹’。而你们来的前天晚上有月晕，柱础石湿润如洗，因此我断定天有不测。”

纪晓岚走近石柱用手摸着石刻画问道：“这种奇象始于何时？石刻画中一人打伞又是何意？”

赛阿訇遂将纪晓岚请至教长室待茶，然后言道：“说来话长，乾隆初年，本寺有位钱老阿訇，此阿訇学识渊博，德隆望重。他白天封斋，夜晚礼拜，终年不辍。当时他家住河东，素常除了经大石桥到清真寺，不去其他场合。老人家来清真寺有一奇特的习惯。无论天气晴雨总爱打一羊皮伞遮住脸部低视而行，人们不解问之，他解释道，念经人讲的是心静如水，目不斜视，此举乃为避免目视异性而乱了功修云云。于是人们都敬称其为‘皮伞阿訇’。”

“有一天，朱仙镇一从事皮毛生意的穆斯林商人骑马从陕西回镇，途至中牟时，路遇钱阿訇骑着一头毛驴西行。钱阿訇嘱托商人道，‘有两件事，望你替我代办，其一，你回去告诉大家三天后有无名氏赠送石材给清真寺，让大家准备迎接。其二，今日镇上有人“无常”（去世）了，你告诉大家不得给此人立碑修墓。’然而商人回到镇上却发现悲痛万分的穆斯林群众正在参加钱阿訇的葬礼。商人将途中所闻告之于众，众人悲喜交加，对钱阿訇崇爱尤甚。最后按钱阿訇的遗嘱将其遗体简素掩埋。”

“三天后，清真寺果然接到运粮河码头送来的货票，货票上写朱仙镇清真寺收，下写无名氏，中间盖有阿拉伯字样的戳印。巨大的石材搬至寺门口。时至大清嘉庆十年，原有的清真寺年久失修，濒临倒塌。于是寺委会决定重修清真寺。能工巧匠先将石材在水中浸泡了七七四十九天后，开凿出了八根石柱和八块柱础石作为山门的基础，并在其上雕刻了许多精美的图案。为了表示对钱阿訇的怀念，老人家打伞过桥的图景也被刻在了山门内侧左边的石柱之上。然而令人不可思议的是，天将下雨之前，石柱上的石伞和对面的柱础石上就会出现大量的晶莹剔透的水珠来。翌日必有雨降。后来这一奇观被人们发现，并争相传颂。于是朱仙镇最早的晴雨石就诞生了。嗣后，镇上农民耕种收晒，商人把握商机，都要以它来预知天气，尤其是每天到清真寺礼拜的穆斯林，每当经过此石柱时必要驻足观察，若发现潮湿，便提醒自己第二天来清真寺礼拜时当带雨具，以防被淋。”赛阿訇讲完此典故，纪晓岚仍听得如痴如醉，有随行官员推之，方才如梦初醒，赞道：“好一个未雨先知也”，并挥毫写下“未雨先知”四个大字赠予清真寺。

后来制了匾，挂在寺大门上，后惜被毁，如今挂在大门上的这块匾，乃开封市著名书法家牛光甫先生书写。

好，让我们往里走，现在我们看到的是明清时期原有建筑风格，虽然 1984 年进行了落架整修，但它的基本构架没有变化。尤其是大梁上大面积的彩绘也是原汁原味的清代作品，虽然经过几百年的风化，但其展示的花卉、几何图案仍清晰可见，具有浓郁的河南地方特色，是研究清代绘画艺术的宝贵资料。

我们再看脚下的方石，共有两块，第一块较小，第二块稍大，两者之间没有路石连接，而第二块朝前直至大殿则有路石连接，这说明什么呢？这说明了伊斯兰教先天、中天、后天的世界观。先天即人出生之前灵魂所存在的世界，中天即指我们存在的这个世界，后天指死亡之后的归宿。而从先天到中天，不是人的意志，而是真主的意志，所以这两块方石之间没有路石连接。而象征中天的方石与象征后天的大殿之间则有笔直的路石连接，这条路石则提示穆斯林只有通过礼拜反省自我，接近真主，才能获得后天真主所许诺的优美归宿。因此这条笔直的路石象征着伊斯兰的康庄大道。后人也把它称为“天堂之路”或“达天俊路”。

大殿一般由前卷棚、大殿殿身、后窑殿三部分组成。这三部分各有起脊的屋顶，上面用勾连搭的形式连在一起，形成一座完整统一而又起伏灵活的大殿建筑。这种勾连搭结构，自明代以后便普遍使用于内地清真寺较大的礼拜殿，成为中国内地清真寺的一种典型形式。所谓勾连搭，是将两个或两个以上的坡顶平接，其间形成排水天沟，将雨水排向天沟两端。这种建筑结构，使清真寺大殿在平面布置上富有极大的灵活性。一座大殿，经过几十年、上

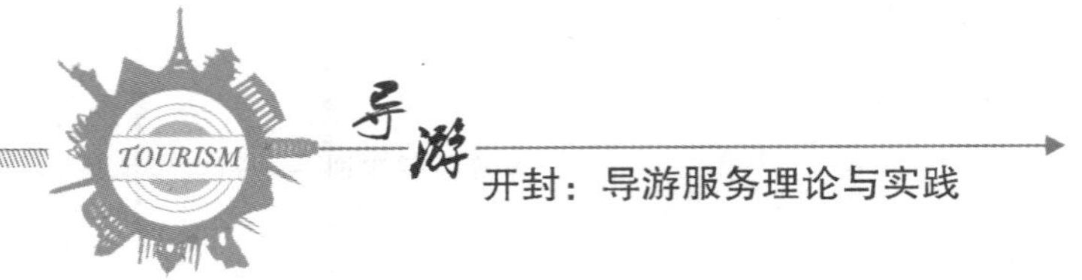

百年之后，因穆斯林人口激增，殿内容纳不下时，即可用几个勾连搭，将大殿扩充增大。

现在我们看到的是本清真寺的又一大奇迹——鱼鳞窗，距今已有三百多年的历史。所谓鱼鳞窗就是用大片的鱼鳞代替玻璃或白纸固定在窗户上做防风透明之用。每片鱼鳞的尺寸为8平方厘米，可想这样的鱼该有多大，据专家说，像这样的鱼鳞窗，全国罕见。讲到这儿有一个疑问，朱仙镇地处中原，远离江河湖海，哪里来的这么大的鱼呢，这些鱼鳞是从哪里来的呢？相传，在明万历年间，祖籍朱仙镇的哈姓人士定居东海某岛国以捕鱼为生，一次他带领儿孙出海，捕到一条罕见的且浑身鱼鳞透亮的大鱼，足有三丈余长。如此之大鱼且通体发亮是年过七旬的哈氏首次见识的。将大鱼搬运至家，令人惊喜的是，哈氏竟然从鱼腹中掏出一颗硕大的夜明珠，每到晚上便光芒四射。惊喜之余，哈氏将儿孙招至跟前说道："吾辈虽在此渔业多年，但我们的根系则在中州名镇朱仙镇，我们的'伊玛尼'(信仰)要求我们将真主赐予我们的洪福回赠主道，造福乡民。此夜明珠虽为无价之宝，但为我私有必染贪吝之嫌，以我之意应将此珠进献故籍朱仙镇清真寺以求得来世真主之厚报，你们意下如何？"众子辈交口赞许。为了便于妥善保存，哈氏用优质紫铜打造了一个巨大的宝瓶，然后将夜明珠放入宝瓶封存。此后，哈氏看到散落在地的大片鱼鳞突发奇想：若把这些透亮的鱼鳞嵌在礼拜殿的窗户上岂不是别有一番风景？于是带领家人打磨鱼鳞，直至更加剔透。一切准备完毕后，哈氏带领儿孙驱船北上，星夜兼程，历时数月辗转回到祖籍朱仙镇，亲自将宝瓶放于清真寺大殿脊顶，并将鱼鳞片嵌于殿前窗户之上。此后，每至夜晚，在殿内灯光的照射下，通过鱼鳞片能反射出七色光彩。清真寺上空的宝瓶在夜明珠的照耀下光辉四射，为方圆数十里的乡民指点迷途。

好，现在让我们走进清真寺最核心的部位——礼拜殿。中国清真寺的礼拜殿无论它是什么建筑形式，也无论它处在东西南北哪个位置，一律都是坐西向东，也就是说大殿的门朝东，背朝西。因为世界穆斯林礼拜的朝向都面向沙特麦加的天房，而中国处在沙特的东面，所以礼拜的方向都是朝向西。这座礼拜殿，由一个窑殿、两个耳房和一个坐静房构成，前面正中央的叫窑殿，阿拉伯语为"米哈拉布"也可翻译为"凹壁"，西方称为"壁龛"，是设在大殿后墙的正中央的小拱门，它的方向正朝麦加天房，它存在的意义在于标志礼拜的正向，领拜师率众人礼拜时，必须要正面朝它而站立。窑殿内部可以不加任何装饰，也可以以古兰经文或花卉几何图案来装饰。两边的叫耳房，顾名思义，像人的两个耳朵一样分处两边，它的作用是增光透气，尤其是天热时，打开耳房，有助于空气的流通。后边东北角叫坐静房，斋月的后十天，穆斯林遵从穆圣的圣行，在此房静坐，戒绝任何人间俗事和非法事物乃至私心杂念，一心礼拜、诵经、学习及诚心悔过，力求更加接近真主。

大殿是礼拜所用的，那么礼拜的意义何在呢？礼拜是穆斯林和真主建立联系的一种重要方式，通过礼拜达到拜主如见主的境界，这样有助于穆斯林规范自己的行为，端正自己的心态。同时礼拜也是穆斯林不断反省自我的一种方法，正如《圣训》所言，一日五番拜如同在门前小河中洗了五次澡，身上不会再有污垢，通过礼拜能使穆斯林远离罪恶，保障身心健康。

(经过月门)这里叫水房屋，也叫沐浴室，是穆斯林在礼拜之前，洗大小净的地方，教法规定：每个穆斯林，每天五时拜，要洗三到四次小净，小净所洗的部位是最易被污染和最需要被清洁的部位，如手、脚、脸、胳膊等。而大净即是淋浴，要求穆斯林一周至少要洗一次大净，每到聚礼日，穆斯林们都会来换洗大净。这边全是洗大净的地方，而这边是洗小净的地方，即洗前后两便。这里是洗手、脸、脚之处。

后院是专门练武用的场地。现在我们看到的是位于寺院中轴线最西端的后山门，它属于单檐悬山顶，柱梁结构，垂脊扎兽，出檐，坡度较缓，檐下拦额雕刻着经文和花鸟图案，和前山门遥相呼应，有致和谐。

这座清真寺也是体现昔日朱仙镇辉煌的一个缩影。朱仙镇的全盛时期是明末清初。当时全镇面积为25平方公里，人口二十多万，民商四万多户。镇内街道纵横、百货云集。也只有在那样一个鼎盛时期才会产生这样一座规模宏大、闻名全国的清真寺。

想必大家都已经领略到了伊斯兰文化的神奇与魅力。朱仙镇清真寺我们就先参观到这里，请大家稍事休息后到车上集合。

模拟实训

东大寺

游客朋友们：

大家好！自古以来，少数民族在我国光辉灿烂的历史文化长河中发挥了十分重要的作用，说起开封的伊斯兰文化，就不得不提起以经学文化和武学文化贯穿其中的清真寺。开封市最大建筑规模的东大寺，因其周边居住回族群众众多，也因其经学文化和武学文化较为突出，曾被誉为“河南首坊”。1963年定为“开封市文物保护单位”，2000年，被省政府定为“河南省文物保护单位”，同年被评为全国百座“模范清真寺”之一，2006年，经国务院批准成为“全国重点文物保护单位”，2014年，作为河南省代表，被评为全国“模范和谐寺观教堂”之一。

东大寺，又称东清真寺、古城大梁寺，位于顺河回族区清平南北街路西，后临北羊市街，占地十余亩，是开封市有着重要文物价值的建筑群。东大寺始建年月资料没有记载具体日期，原寺在今开封城外东南三四里处的文庄（宋门外附近）。据现存碑刻记载：今寺明洪武年间即为“敕修大梁清真寺”，明永乐五年“敕赐增修”。明洪武元年三月，朱元璋部下攻克开封并在此布置北进，在此期间，居住在大梁清真寺一带的回族群众积极参加，朱元璋深受感动，因而赐书“精忠尚武”横幅悬挂大殿内，后改挂万岁牌。明永乐五年又敕谕重修。后该寺屡经兵燹水患，屡次修葺扩建，明末，又一次毁于黄河水患。今天大家参观的开封东大寺是清道光二十六年重修的，基本上保持了当时的原貌。

东大寺规模宏伟，古色古香，整座大门雕梁画栋，气势肃穆威严。寺内建筑以中国宫廷式建筑为原本，本质上保持了中国古代建筑风格，因该寺穆斯林历朝历代护国有功，多为敕谕修建，因此，该寺也能称得上是一座皇家寺院。寺坐西朝东，内为二门三进式，大门五间，对面原有一座大型照壁，今已不复存在，门前街道旧为清真街，如今已被清平南北街取代。大门两旁有朱红栏杆，朱门碧瓦，甚是好看，门楣上方悬有一匾，上书“东大寺”鎏金字样，为新华社原社长穆青的亲笔题词。门楣下方突出四根方木，镌有“护国清真”四字，右边门楣下为“大道生辉”，左边门楣下为“终始无歧”，左右有边门可进。大门正脊顶上，矗立一座精工

烧制的“七孔仙桥”，又名“一桥三亭”，俗称“七孔桥”，是伊斯兰教民凤凰涅槃的象征。门前立有威猛石狮两座，栩栩如生。

二门外有一块宽敞的青石板路面，两边建筑为“经书义塾”，是东大寺免费招收穆斯林子弟学习文化知识的地方，历代阿訇、伊玛目在此处讲经教学，明初改为“明德小学”。如今，南边建筑是寺内武术馆和传统体育表演团的所在地，内有石锁、沙袋、各种兵器等武术器材，专供穆斯林习武强身之用。二门三间，门内上方悬有歌功颂德匾额一幅，上书“功绩显著”四个大字，南北墙上镶有重修东大寺大殿捐资碑，为1997年为歌颂重修古寺的穆斯林功绩所制。当时，东大寺年久失修到了重建不可的地步，尤其是大殿卷棚和部分建筑，更是岌岌可危。在无资金来源的情况下，东大寺阿訇、社首及本坊穆斯林劳碌奔波，筹集资金，拆除旧建，重新翻修，使整座寺院焕然一新。二门两旁是南北走廊，北边走廊排列石碑三座，分别为明洪武年间的阿文“古兰经”碑，乾隆四十七年的“具甘结”碑，清康熙二十八年的“重建清真寺碑记”，另有数十座古碑多于“文革”期间被毁。

二门内是宽敞的庭院，院内青松翠柏，四季常青，亦有花草点缀其中，曲径通幽。庭院内原建有望月楼两座，对称而立，高十余米，具有宣礼用途。二门两边为南北讲堂，专供阿訇和伊玛目宣讲伊斯兰文化知识和民族宗教政策法规所用。这是水房，水房进门处悬有“沐身浴德”字样大匾，室内可供二三十人做大净，百余人做小净。庭院西面为大殿，大殿台基高于地面一米有余，殿前有卷棚和宽阔平坦的月台，月台是供阿訇或伊玛目与寺内乡老探讨学习的露天场地。大殿为硬山顶，玻璃瓦，高十米左右，殿内红漆明柱，花卉图案五彩缤纷，采光充足，宽敞明亮。地板铺有各色布匹，西北角处有一阁楼式木式建筑敏拜尔，朴素典雅，洁净大方，为阿訇或伊玛目宣讲教义的演讲台。大殿后方原有平房二十余间，曾被开封树脂厂占用，如今已经建成一座与东大寺建筑风格一致的两层建筑，是河南省民族团结进步教育基地和伊斯兰文化博物馆的所在地。

游客朋友们，与东大寺悠久的寺史和气势宏伟的建筑一样，伴随着该寺的重修翻建而发生的历史故事同样声名远扬、盛久不衰。据史料记载：清道光二十一年（公元1841年），黄河于张家湾决口，洪水直逼而来，围困开封长达八个月之久，城墙崩塌，险情迭出，致使河南巡抚牛鉴惶恐泣涕，激励官民并悬赏抢险，以保开封。开封城内回族群众与满汉民族奋起并肩抗险，出生入死，誓不受赏并捐献大量物资，二十名回族青年协同河营兵跳入汹涌的黄水中，黄水被堵住了，但只有一名回族青年活了下来，时人曾撰写《汴梁水灾纪略》倍加赞扬，水灾过后，牛鉴奏请重修该寺，并制作了精工匾额“护国清真”以示表彰。

辛亥革命期间，开封市辛亥革命烈士之一的丹鹏晏曾以东大寺为秘密活动所，起义前定东大寺为回族会员的起义誓师会址。后为人告密，丹鹏晏牺牲，其组织者刘步云感回族之恩，改信伊斯兰教。东大寺在20世纪30年代前后有八大社头，为寺内重大事务决策者，其中最著名的是魏子青、杜秀升。魏子青在汴、郑、洛创办城市电力工业，为河南省电力工业的先驱；杜秀升任河南商务总会会长达数十年之久。二人为河南工商业的巨子，为振兴河南经济做出了巨大贡献，他们除参与寺务外，也大力发展了开封回族教育事业。当年的“养正小学”“回民中学”都为他们所创。

作为开封穆斯林群众心目中的圣地，每逢“开斋节”“古尔邦节”，都会有2000多个穆斯林来东大寺参加会礼，挤满大殿庭院，盛况空前。如今，该寺还积极开展对外交流与合作，每年都有虔诚的穆斯林前往麦加城朝觐，前来参观访问的国际友人和亚非穆斯林络绎不绝。

好了，东大寺我们就先参观到这里，请各位游客随我一道参观清真食品街。

模拟实训

开封耶稣圣心主教座堂

游客朋友们：

我们现在看到的这座教堂——开封天主教堂总占地面积约为10亩，是天主教河南教区的主教座堂，是河南省最大的天主教堂，也是我国天主教著名的教堂之一、省级文物保护单位。1917年由意大利传教士谭维新主教主持所建，历时三年时间，于1920年全部竣工。至今已有近百年的历史，是开封现保存最完整的古欧式建筑之一。这座教堂具有很浓的欧式特点，若从俯视角度来看的话，整座教堂成"十"字形，具有很深的天主教信仰内涵。主要建筑有圣堂、主教府和钟楼。

第一次有具体记载基督教传教士进入开封的时间是在1608年。此后，从明万历四十一年(公元1613年)到明天启五年(公元1625年)，先后有意大利籍神父艾儒略、法国籍神父金尼阁、意大利籍神父郭后静等天主教耶稣会传教士到开封拜会当地上层知识分子，并做短期的传教活动。

明崇祯十五年(公元1642年)，明朝政府为解脱李自成起义军对开封的围困，掘开了黄河，决心引洪水淹城。黄河水退去后，整个城市被泥沙淤没，全城30万人，仅幸存3万。位于著名的延庆观西面的洪河沿天主教堂坍塌，费尔德神父及十余名教徒被大水困于教堂内，据说只有一名教徒幸免于难。两年之后，明朝灭亡。天主教在开封的传教活动，一度中断十余年。

鸦片战争后，1844年签署的条约规定，西方人可以在通商口岸建造教堂，清廷有保护天主教的义务，同年法国天主教遣使会来到河南，重启传教活动。但这次天主教进入中国，由于侵略战争的背景而成了带有文化殖民性质的活动。伴随着中外矛盾的加深，传教士在中国，尤其是在内地的传教，遇到了前所未有的抵抗。开封民众难以忍受战争失败而带来的民族屈辱感，反洋教情绪甚为强烈，清政府官员也不敢贸然允许传教士进入开封。1870年，意大利人西满任河南教区主教，他试图重立教堂，恢复在开封的传教活动，虽有个别外籍传教士进入了开封，但城内没有任何旅馆或居民敢收留他们。

直到1902年，意大利神父谭维新在中国神父时慎修的陪同下来到开封，要求清政府同意恢复天主教会。时慎修神父曾留学罗马，毕业于梵蒂冈传信大学，精通三国语言并能言善辩。他多方奔走，于1905年在开封市袁坑沿街购买民宅，建为教堂，天主教会至此重又立足开封。1910年罗马教廷任命谭维新任河南南阳地区主教，另派一名意大利籍米兰外方传教会会士包乃宣到开封主持教务。1915年，开封从南阳教区分离出来，成立开封教区。1917年，谭维新到美国进行募捐，回开封后，在理事厅街东段路北、草市街南段路西选定四座相连

的民宅为新堂址，并与上海、天津两地教会联系，聘请设计图纸和承建单位。理事厅教堂于1917年动工，1919年建成。

教堂建成至今，历经百年风雨，钟楼更是在战争中遭受炮击，圣堂也在“文化大革命”中遭到过破坏，但至今仍基本保存完好。我们现在看到的只是当时教堂的一部分。在20世纪上半叶，这里及其周围百米范围内，曾是一组以教堂为中心，包含了教堂、主教府、小修院和教会学校的建筑群。理事厅天主教堂现存圣堂、钟楼和主教府各一座；另外，钟楼北部的原小修院两栋二层楼，只剩东侧一栋，现在成为以谭维新主教命名的“维新”敬老院；西侧一栋在20世纪90年代末被划入原开封市第十四中学，并被拆除。

理事厅教堂基于盛期罗马风格的艺术形象，为古城开封带来了浓郁的异域风情，并成为与相隔万里之外的意大利北部文化相遇的象征。理事厅教堂的圣堂是典型的拉丁十字巴西利卡(basilica即长方形会堂)，是非常早期的教堂建筑风格。基督宗教仪式的需求决定了教堂的平面布局，这种长方形大厅适合教徒集中礼拜。而且拉丁十字象征着基督受难，因此成为天主教堂的基本平面形式。一般来说这种长方形会堂的周围有列柱和回廊，内部采用拉丁十字形，十字的开头是圣坛所在地，位于最东端太阳升起的方向，象征着再生和复活。然而理事厅教堂圣堂的十字在北端，主入口在正南方，造成这种区别的原因仍不清楚。

教堂建筑南北长34.6米，东西宽22.7米，高约18米。圣堂为三开间，共七个进深，整个教堂建筑面积619.2平方米，可容纳千余人礼拜。

我们可以看到正面中间开门，两侧和门上部开高度不等的尖拱窗。整个南立面横向由对应于室内柱子、突出于墙面的扶壁墙垛分成三段，左右对称。纵向亦分成三段。正中开间的五个尖拱窗据记载，原是由彩色玻璃组成的五幅人物像，正中为耶稣圣心香，东西略低的两幅，一为圣伯多禄，一为圣保禄两位宗教徒像，再低一层的东西两侧为清朝政府禁教期被逮捕处死的刘方济、董文学的传教士像，但在“文化大革命”期间全部都被打碎了。

我们现在进入教堂内部。圣堂内设有主祭台，圣堂命名为“耶稣圣心堂”。主祭台正南方东西两侧排列成两行各五根巨型水泥长柱。东侧祭台供玛利亚塑像，西侧祭台供耶稣塑像，主祭台两侧为东西更衣室，更衣室的上层为东西唱经楼，在更衣室内有楼梯而上。教堂内四周有距地面约3米高的弯形长窗，大窗高4米，宽1米，小窗高1.5米，宽0.6米。窗户均为固定型钢架，大小窗均由扁银条镶嵌弯形的五彩玻璃组成。教堂南面正大门的上方，为四个大窗，由五彩玻璃所组成巨型人物全身图像，教堂内东西两侧最上层为一排各7个的圆窗，直径约为1米，装透明玻璃，光线较强并呈光束形射入教堂内。这样的设计，能使教堂内的光度造成从地面向上逐渐明朗的层次。从而更增加了教堂内的庄严肃穆的气氛和神秘感。

除了传统的圣坛，以及圣坛之上的耶稣塑像以外，有意思的是圣坛的左右两侧的墙壁上挂着一幅红底黄字对联，东面写着“普世真光耀奇，光光临诸夏”，西面写着“全腔爱火发神，火火燎中原”，似乎表明了传教士们的决心。整个圣堂装饰简单朴素，少了欧洲本土教堂的尖形拱顶、飞拱以及雕塑、壁画、镶嵌画、巨大的彩色玻璃窗等装饰，但整个建筑结构给人坚固厚实、严谨统一的印象，蕴含着一种庄重肃穆的神圣感。教堂内部因狭小的窗户使圣堂里的光线幽深阴暗，与外面阳光灿烂的世界形成强烈的对比，使人似乎进入了神秘与超世之境。

来到教堂的西侧，我们现在可以看到北边这座便是教堂的钟楼。钟楼最早出现在教堂建筑中，一是为召唤信徒礼拜，一是为了报时。在战争频繁时期，修道院和教堂兼作堡垒，这些钟塔又可作了望之用。起初，钟塔独立在教堂旁边，后来钟楼的位置发生了变化，逐渐和圣堂连为一体。钟楼从地面到楼顶十字架上端高约 40 米，钟楼内共分 8 层，每层均有螺旋形木梯相通。顶部是高 6 米的圆锥形顶，上有 8 米高的十字架。钟楼内最上层悬有巨型铜钟一口，安装于轮机之上，有粗绳穿过楼板直垂地面，敲钟时拉动绳子即发出响声，钟声可闻十余里。

左手边则是主教府，共分为三层，一层是地下室，主要是为储存葡萄酒所用。地面两层，一层主要是接待室、餐厅等房间，二层是修士的住房。

作为基督教传经布道的场所，它反映了西方文化在东方的经历，是其所在的中原腹地与欧洲交往历史的重要组成部分。作为历史建筑，它是 20 世纪初，西方建筑文化在中国内地传播的例证，是中国近代建筑史中内地教堂建筑的重要实例。由于在历史文化上与建筑艺术上都颇具价值，2006 年，教堂被确定为河南省重点文物保护单位。

好了，天主教堂的参观就到此结束了，请各位游客朋友们稍事休息后到车上集合。

（资料来源：范飞. 开封理事厅教堂研究[D]. 西安：西安建筑科技大学，2004；金耀丽. 文化开封——宗教文化[M]. 郑州：河南人民出版社，2015.）

任务七　七角八巷，胡同寻踪——历史街巷讲解

历史文化街区是城市在发展过程中所留下的历史痕迹的载体，蕴含着深邃的文化遗产精华，是城市的形象名片和金字招牌。其主要的价值不仅体现在构成历史风貌的文物古迹、历史建筑，还体现在保存构成整体风貌的所有要素，如道路、街巷、院墙、小桥、溪流、驳岸乃至古树等。

开封市现有著名街区大多是基于城市文脉改造的历史文化街区。这类街区通常位于城区范围内，原本有一定的历史文化遗留。通过对原有建筑的改造包装、插花式的补充新建筑、对街区规划的重新梳理，形成的兼具文化旅游、城市休闲复合功能的城市文化旅游休闲目的地。在氛围营造上，开封市大多街区是以历史为骨架、穿上现代消费的衣裳，同开封市“外在古典、内在时尚”的整体形象保持高度一致。那么不同历史文化街区需要讲解的内容有什么呢？

历史文化街区讲解

历史文化街区是一个成片的地区，有大量居民在其间生活，是活态的文化遗产，有其特有的社区文化。一个城市的历史遗迹、文化古迹、人文底蕴是城市生命的一部分，具有特色的历史文化街区能够唤醒城市的记忆，留住人们的乡愁。因此，导游在讲解的时候，要将历史遗迹与历史文脉统一起来，不能只注重讲解历史建筑，还要深入挖掘建筑背后所承载的文化。

一、讲解历史建筑

首先，见物言物，要先介绍街区整体的建筑风格，讲解其改造背景与过程，让游客知晓城市是如何通过历史街区的打造来衬托古城开封的魅力所在。

二、讲解名人故事

由名人故居、老字号商铺入手，讲解背后的名人、故事，让游客通过对这些建筑前世今生的联想，认识到历史文化街区也是一种文化的传承、历史的缩影，唤醒他们的历史文化保护意识。

三、根据街区性质的不同，合理安排讲解时间

如以历史活化定位的书店街、以百态商街定位的马道街和以名人生活定位的双龙巷在讲解时间安排上必然会有不同，书店街和马道街以游客自行体验为主，因而可以根据情况安排少量的讲解或不讲解。

知识链接

河南省第一批省级历史文化街区名单

(1)开封市双龙巷历史文化街区。

(2)开封市书店街历史文化街区。

(3)开封市马道街历史文化街区。

(4)洛阳市东西南隅历史文化街区。

(5)安阳市仓巷街历史文化街区。

(6)安阳市西大街历史文化街区。

(7)安阳市城隍庙—高阁寺历史文化街区。

(8)浚县东大街历史文化街区。

(9)浚县南山街历史文化街区。

(10)淇县中山街历史文化街区。

(11)濮阳县明清四街历史文化街区。

(12)商丘市北城历史文化街区。

(13)商丘市南城历史文化街区。

(14)新密市县衙—礼节街历史文化街区。

(15)新密市仁育街历史文化街区。

模拟实训

马道街

游客朋友们：

我们现在所处的位置就是开封市著名的特色街区马道街了。马道街北起鼓楼广场，南接自由路，全长约440米，宽10—17米，共有27幢楼体(包含经营门店118户)，是民国时期与上海南京路、北京王府井大街起名的中国三大商业街之一。近年来，开封市政府对马道街进行了升级改造，该工程也是开封市实施“文化＋”战略和鼓楼特色商业区创新发展的重点工程。

马道街的名字从何而来呢？其历史可追溯到千年前的北宋时期，当时，马道街是大相国寺的一部分，明代初称“寺东门大街”，后来才改为马道街。明代周王建藩开封后，经常到大相国寺拜佛听经，随同前来的马队就在大相国寺东门外一带遛马等候。随着大相国寺香火重新兴旺，加上当时的祥符县衙设在大相国寺西侧，大相国寺东墙外的一片荒地上，开始有不少赶脚儿的人，牵着骡马，或者赶着车在此聚集，等候雇佣。当时的牲口，特别是马匹是人们出行的主要交通工具，终日熙熙攘攘，车马不断。后来有人在这儿建房开店做生意，祥符县的马快班也驻在此地，逐渐形成街道，人们就叫它“马道街”。到了清代光绪年间，该街成为名副其实的马道街，最多的时候有10多家骡马车行。陕甘马帮商贩在此贩马，大多住在鹁鸽市善义堂(后改为清真寺)附近。此处因在大相国寺之东，人们称之为“寺东山”。“寺东山”成了试骑大道，故而得名马道街。

马道街形成于明中期，据《如梦录》一书记载，到了明朝末年，马道街已经很热闹了，来自京城、临清、南京、泰安、济宁、兖州等地的商贩络绎不绝。

清光绪二十九年(公元1903年)，清政府要求全国各省、县都要建立商务总会和分会。在商会的带动下，外地商户纷纷落户马道街。马道街地处开封市区中心，首先是大清银行进驻该街，继而开封商会、劝业商场相继在这里建立和开业。

在商场的带动下，武安帮的德庆恒、德庆成、德茂恒、老德记等绸布庄从西大街迁来。紧接着，义丰厚、云锦章绸布店和同丰、华丰泰两大百货店亦在此相继开业。首批迁到马道街的店铺还有照相馆，最多时达到 8 家，它和绸布、百货成为马道街发展初期的三大主要行业。开封人爱逛马道街，外地人到开封也要到马道街转转，它就像北京的王府井、上海的南京路一样，是开封商业区的代表。

清宣统二年（公元 1910 年）在马道街建河南省第一个现代式剧场"丰乐园"，宣统三年（公元 1911 年），又在马道街建立号称"中原第一"的大商场。1913 年，由于马道街硬化了路面，安装了电灯，吸引了更多的商户，更使马道街成为开封的商业中心。民国初年，马道街作为开封市的商业中心已渐成雏形，并逐渐发展成为全国著名商业名街。直到建国时，马道街仍是南到武汉、北到北京、东到天津青岛、西到西安这一区域中最为繁华的商业中心。

一直以来，马道街均保持着十八世纪欧洲巴洛克建筑风格，外形追求动态，喜好富丽的装饰和雕刻，与对应的书店街东方小阁楼风格形成了鲜明对比，成为开封一道独特的风景线。

然而，随着时代的变迁、风雨的侵蚀以及人为的改造，马道街传统的民国巴洛克风格建筑出现了不同程度的毁坏现象，更有一部分在马道街彻底消失。为了打造集创意、文化休闲于一体的高品质民国特色商业街区和恢复马道街历史文化街区原貌，提升商业街区功能，改善购物环境，2016 年，开封市政府决定对马道街进行综合整治和改造提升。

我们邀请到哈尔滨工业大学建筑设计院专业设计师到马道街实地测量考察，拟定专业设计方案。经过反复论证，最终确定了一套极具民国风情的建筑设计方案，新方案实现了与马道街传统的建筑风格的一脉相承，是开封在文化坚守中寻求突破的生动实践。马道街综合整治和改造提升工程历时一年有余，为了突出民国风格，在建设之初就明确要在民国绘画、民国建筑形制上苦下功夫，力求街道立面建筑民国风格立体布置，街道家具、门牌招牌凸显民国元素，这才有了我们现在眼前看到的这条集观光、旅游、购物、拍照、休闲、文化趣味于一体的特色街区了。

如今，走在马道街路灯照耀下的青石板路面上，置身于民国范儿十足的街道中，徜徉于林林总总的商品海洋里，犹如穿越到了霓虹闪烁的上海滩，让人在现代都市高楼林立的审美疲劳中收获一份独特的心灵慰藉。

游客朋友们，马道街我就介绍到这里，接下来就是大家的自由活动时间了，请注意劳逸结合，我们半个小时后在大巴车上集合。

（资料来源：开封市鼓楼区政府办公室. 马道街. 开封市鼓楼区政府官网。）

模拟实训

书店街

游客朋友们：

现在我们所处的位置就是开封市最著名、最繁华的街道——书店街了。这里是开封市中心繁华商业区，书店街全长 620 米，宽 19 米，南起鼓楼广场，北至东西大街，以中部的十字路口为界，南北分别称名。书店街是开封古城历史风貌的典型街道，也是唯一一条没有进行大拆大建的历史老街。纵观中国历史上以“书店”命名的街道，国内仅此一家，而世界上另一著名的书街——日本东京的神田书街是在1890年以后成为书店聚集区的，比这里晚了100多年。

书店街的历史可追溯到千年前的北宋，当时名为高头街。据《东京梦华录》记载，高头街一带是东京城里最繁华的街市，“屋宇雄壮，门面广阔，望之森然”。交易的商品主要有书籍、字画、古玩、衣物以及中药等。

到了明代，易名为大店街，与建于明洪武十二年（公元1379年）的鼓楼相毗邻，经营品种仍然以书籍、文化工艺品及文房四宝为主，店铺云集，文化气氛浓郁，是全城最繁华的商业区。

到了清朝乾隆年间，大店街因书铺集中，更名为书店街。而真正让书店街扬名全国是在清光绪年间。1901年10月14日，慈禧、光绪在开封行宫下诏，第一次将顺天乡试、会试搬到北京以外的地方——开封。除了“国考”，还有“省考”，这导致开封在短短二十个月里，要先后举行六次重大科举考试（两次顺天乡试、两次河南乡试、两次全国会试），这对清代开封的许多方面都产生了重要影响，其中就有“考试经济”应运而生。

1902年的壬寅科乡试和1903年的癸卯科会试，进行了试题改革。第一场试题是中国政治史论五篇，第二场试题是各国政治艺学策五篇，第三场试题是四书义二篇、五经义一篇。《德宗实录》记载：“凡四书、五经义，均不准用八股文程式，策论均应切实敷陈，不得仍前空衍剽窃。”士子以往所学内容，只能应付第三场，其余的都需自学补课，急需教材教辅。商家在最短时间内，出版了无数应景书籍。为获取更大利润，商家将教材教辅以“丛书”形式出版，如点石斋《五大洲政艺全书》、慎记书店《西政丛书》、鸿文书局《万国政治艺学全书》等，都成了畅销书。

六次大考，尤其是两次“国考”，有几万士子云集开封，他们是“教材教辅”读者，商家纷纷抢先由京、沪等地贩书到开封。大公报记载：“汴中风气尚未大开，书坊时务各书多不全备，自上海贩运新书者，无不利市三倍。”1903年，上海开明书店运来200余种新学书，在开封设店经销。这批书量很大，到20世纪40年代中后期，范沛潍还常在开封旧书摊上见到。

不久，商务印书馆、百城书馆、龙文书局、大东书局、开明书店、世界书局等都来到开封，绝大多数都设址书店街，商家挣了钱，也促进了新思想、新文化在开封的传播。

清代科考试卷的供应，一向由商家经办，癸卯科会试试卷由京都懿文斋经办，为保证不出差错，“懿文斋主人牛姓、张姓先派人在书店街开设支店，以便在彼支应一切。按河南省城内向无京城南纸店（文化用品店）的分庄，自去夏始有秀文斋，今年又有懿文斋，皆借闱考试使之然也。”

继秀文斋、懿文斋后，各种新式文具店，如振华阁文具店、德玉祥书签铺、钢笔大王义聚奎、鲍乾元笔墨庄等先后出现在书店街。

五四运动以来，李大钊、萧楚女等知名人士曾在此宣传进步思想，一系列的知名进步刊物如《中州评论》《青春诗刊》等都在此刊发，书店街及其周边都肩负着出版、发行革命刊物，传播革命思想的使命。1925年8月10日，在李大钊、王若飞开创的河南国共合作新局面下，中共豫陕区委成立并设立在这里，王若飞任区委书记，书店街成为我党早期在中原地区重要的机关所在地。

20世纪50年代之前，开封是河南省政治、经济和文化的中心，上海、北京、武汉等地的各家书馆竞相在此独占一隅，开设分号。当时的书店街，是全国书刊、纸张和文物的主要集散地之一，与北京的琉璃厂齐名。随着开封政治、交通地位的变化，渐渐地，书店街不像以往那样“显赫”了。

基于发展旅游的需要，书店街于1986年和2004年进行了两次小改造。1986年的改造，以“保持街道尺度与建筑原貌、退住为商”为原则，按清末民初建筑形式修复，间隔保留一些民国初期建筑。南书店街入口西南角饺子馆，采用清末建筑，灰瓦顶、木格栅装修。北书店街入口改造为对称的两层转角楼，饰以龙凤雕花。书店街上小胡同口增设了垂花门，增加了街道的连续性。这次改造，奠定了目前的基本风貌。2004年的改造，细节上更加精益求精。

2011年，作为宋都古城风貌保护与重现工程的标志性项目，开封市政府投资2000多万元，用4个多月对书店街进行了综合整治。开封市将书店街定位成“以大宋文化、古都历史和人文底蕴为主体背景，以书籍文化、书画文化、书房文化为主要内容，以品游、休闲、赏购、展示为基本功能，将文化历史保护和旅游景区建设相结合的高标准、高水平的特色历史文化名街”。

为使建筑体现出含而不露、美而不艳、浓淡相间的建筑风格，对94栋建筑进行整治与整修，增设了廊桥一座、四柱三楼式牌坊一座、两柱一楼式牌坊一座、新建门楼5座、深度改造建筑立面4座，添加富有寓意故事和具有书店文化内涵的艺术井盖及地雕，使人漫步其上，便觉得与闹市的喧嚣拉开了距离，仿佛能感受到老街悠远的气息。

经过改造后重新开张的书店街，保持了清末民初的建筑风格，门楣飞檐古色古香，招幡匾额藏于树后，依稀透出昔日的气派。整条街上共有商户200多家，其中大小书店40多家，文化用品商店100多家，仍保持着书店聚集的文化形态。

一走进书店街，古色古香的感觉迎面扑来，就像走进了遗存千年的书院。书店街店铺建筑青砖白缝，小瓦盖顶，飞檐挑角，坡顶花脊，高低错落，雕梁画栋，美轮美奂。书店街独特的建筑风格令人惊叹。建筑按风格样式可分为两类，一类是仿明清样式，即中国古典商埠式建筑；另一类是西式建筑和中西合璧式建筑，也称民国建筑，这些20世纪二三十年代建造的老房子，完好无缺地被保留了下来，连绵排列在书店街，成为开封市一个重要历史阶段的标记。

结实厚重的雕花木门、精巧华丽的各式格窗、拙朴凝重的横额牌匾，还有杏黄缎底镶红火焰边的店铺旗幡随风招展，阁楼上各式走马灯、宫灯灯光摇曳，店铺牌匾笔致老到，楹联对仗工整。书店街的匾额楹联也是一大特色。那放眼皆是的匾额高悬门楣之上，气派而又高雅。匾上书法或潇洒飘逸，或庄重古朴，或瘦削挺拔，个个出手不凡。

花岗岩铺成的石板路透着古朴，刻有“笔”“墨”“纸”“砚”“琴”“棋”“书”“画”字样的金色地雕从南向北均匀排开，店街浓厚的人文底蕴还体现在街边那些惟妙惟肖的雕塑上。街道旁边的一组以“学子阅卷”为主题的雕塑，或持书望远深思，或静坐翻书细读，或从书架取书，仿佛走进了一座古代的图书馆，欣赏着一个个塑像，揣摩着他们的感受，让人身心俱静。

如今，漫步书店街，那种浓郁而又厚重的文化气息，悠闲而又雅致的古老韵味，无不使人感受到中国传统文化的渗透力、创造力和深厚的根基，不时触发人们的怀古悠情。

游客朋友们，书店街我就介绍到这里，接下来就是大家的自由活动时间了，大家可以在鼓楼夜市品尝到我们开封的各类小吃，我们1个小时后在大巴车上集合。

（资料来源：盛夏，李梦竹. 宋至清 书店街书香馥郁[N]. 大河报，2012-04-05；安娟娟. 书店街：千年古街 氤氲书香[N]. 汴梁晚报，2013-10-15.）

模拟实训

双龙巷

游客朋友们：

现在我们所在的位置就是历史上走出两位帝王的开封市著名街区双龙巷了。这里位于开封老城中心略偏东北，原来是人口密集居民区，双龙巷长约560米，宽约9米，是开封市最负盛名的历史文化老街之一，曾是龙潜之地，也流传着许多历史名人故事。这条街上曾经居住过北宋的两个皇帝，现在广场上的几组雕像反映的就是两位皇帝在此居住时的情景。双龙巷是开封"七角八巷"的八巷之首，巷内四合院住宅是中原地区保存较为完整的四合院片区，也是清末民初民用建筑的典范。

距双龙巷西口不远处一幢房子的北墙上我们可以看到一块石雕龙头。距离龙头不远处有一铁制牌楼，是部队与地方共建修筑的，牌楼西面有对联曰："双龙巷栖双龙双龙共业，军民街颂军民军民齐飞"，牌楼东面也有一对联："卫边关血愿洒疆场，干四化功已盖双龙"。现在这个金属牌坊因为风雨侵蚀早就不见了，但是附近的石雕龙头依然在墙内，面目古朴，十分优雅。

石雕龙头可以说代表着整个双龙巷的形象，而且是双龙巷的文化符号之一。《如梦录》记载，双龙巷是宋太祖、宋太宗旧居之地。据开封本土传说，五代十国的时候，天下大乱，战火焚烧，民不聊生。有一个名叫陈抟的人，看到天下争杀不已，没有太平日子，于是就隐姓埋名，潜心钻研学问，特别是对周易研究较深。后来，经人指点学会了"龙蛰法"，到华山修行，得道成仙，据说可以呼风唤雨、预测未来。

有一天，陈抟下山游玩，见一群难民中有一中原人挑着两个孩子气质不凡。问之则知道是洛阳人赵弘殷从夹马营逃难出来，一副挑子两个箩筐，一头儿坐一个小孩儿。陈抟一看那两个孩子都是"真龙天子"，不觉哈哈大笑。行人问他如何这样高兴，他说："我道天下没有真龙天子，谁知一担挑了两条盘龙。天下自此定矣。"于是，他给赵弘殷一些银两，叫他好好抚养这两个孩子。

赵弘殷挑着担子逃到开封，箩筐里面坐的孩子大的叫赵匡胤、小的叫赵匡义。赵弘殷挑着两个孩子走到一条巷子里面，累得走不动了。他们举目无亲，只好在鸡儿巷里的一座破庙里住了下来。时值寒冬，北风凛冽，夜里两个孩子被冻得哇哇直叫。那汉子找来一些柴草，为孩子生火取暖。庙里的和尚梦见有火龙飞入庙内，惊醒后随即对那汉子说：你的孩子是龙……后来，陈桥兵变，赵匡胤黄袍加身，成了大宋的开国皇帝，史称宋太祖。他去世以后，弟弟继位，赵匡义为避讳改名赵光义，后来继承大统，史称宋太宗。于是，人们将鸡儿巷更名为双龙巷，还在巷中立了两尊汉白玉龙头石雕，修了牌坊，以示对潜龙之地的纪念。

作为双龙巷街名的由来，这个传说代代相传，已有千年历史。传说是真是假已无从考究，也无须考究。据《开封市地名志》记载，双龙巷又称寿昌坊，自宋沿用至1935年，双龙巷与鸿影庵街一起改称法院东街。1937年，小巷又恢复原名双龙巷。

开封民间常将双龙巷冠以"开封第一巷"，原因是一条巷子出了俩皇帝，且这俩皇帝是大宋文明肇始者，所以我们的学者甚至讲，千年大宋文明，开启于这条小巷。这个巷名持续千年之长，在开封独一无二，称为"第一巷"，也是名副其实。

随着朝代的不断更迭，双龙巷在宋代之后就失去了记载。直到明代，明末抗清名将、民族英雄史可法在这里居住，但由于黄河泛滥冲毁了开封城，我们就无缘见到他的故宅了。我们的左手边是开封市第八中学，原来就是明代末年史可法的旧居。史可法，字宪之，号道邻，开封人，是明末崇祯时期的进士，官任兵部尚书大学士。清兵入关后，史可法率师赴扬州抗清，但后来扬州城被清兵所破，史可法被俘，从容就义。故此，史可法的旧居院中曾立一碑石，上刻"明史道邻故居"6个大字。此后，这个宅子多次易主。在20世纪20年代末，这里被天主传教士所购买后，石碑丢失。1932年，教会修女盖夏姆姆在此处创建了以她中文名字命名的静宜女子中学，现在位于中国台湾的知名天主教大学静宜大学的校史就可以追溯到这里。

双龙巷里还曾有过山西会馆、河南省法院、刘茂恩公馆、梅家老宅、胡家老宅等等，门楼成排、套院深深。但如果您是3年前来到这里，大约只能看到破败的街道，难寻名人故居。2016年，开封市将双龙巷历史文化街区更新改造定位重点文化项目。项目总占地面积约217亩，核心区面积约60亩，总投资约17亿元。通过住户搬迁，恢复原有街区、院落肌理，挖掘展示历史、名人、非遗文化，结合文化旅游需要，以文化主题客栈为主要业态，恢复历史街区既有活力，这才有了我们现在看到的这样一处文化体验景点。

游客朋友们，双龙巷就先介绍到这里，接下来大家可以走走逛逛，拍拍照片，20分钟以后我们在大巴车上集合。

（资料来源：双龙巷[N]. 开封日报，2014-03-25；刘海永. 双龙巷：石雕龙头望古今[N]. 开封日报，2014-02-18.）

模拟实训

宋都御街

游客朋友们：

现在，我们游览参观的是开封具有古城特色的街区宋都御街。

在开封历史上建都的八个封建朝代中，以北宋建都时间最长，达168年，所以，人们习惯上把开封称为宋都。当时，东京城盛世繁华的景象，在宋代孟元老的《东京梦华录》中有过翔实的记载，同时，我们也可以从宋代宫廷画家张择端的《清明上河图》中看到更加形象的描绘。当年，在宋都东京富丽辉煌的街市中，最为重要的街道就要数御街了。

御街，是东京城南北中轴线上的一条宽阔通行御道。它北起皇宫正门宣德门，经过里城朱雀门，直至外城南薰门，长达十余里。这是皇帝御驾经过的主要道路，所以称其为御街，也有称御路、天街或端礼街。御街宽阔，沿街殿宇、酒楼、茶肆鳞次栉比，豪华壮观，是东京城市街道的典范。

据《东京梦华录》记载，御街宽二百余米，分三部分。中间为御道，是皇家出行专用的道路，行人不得进入，两边挖有河沟，河沟内种满了荷花，两岸种桃、李、梨、杏和椰树，河沟两岸又有黑漆叉子为界，在两条河沟以外的东西两侧就是御廊，是平民活动的区域，临街开店铺，老百姓买卖于其间，热闹非凡。每逢皇帝出游，百姓聚在两边，争相观看皇家的尊严和气派。

宋朝东京御街以宏伟壮观著称，在我国城市建筑史上占有重要地位。首先，它可以临街设店，打破了旧制封闭的街市分离制度，促进了城市商品经济的发展；其次，它首创城市中一条街分行过往的先例，秩序井然，对于交通管理十分有益；第三，它是我国在街心设立花园和洒水防尘最早的街道，有利于美化环境和清洁卫生。这都为后来的城市道路建设提供了范例，有着相当重要的贡献。但是，岁月无情。壮观的东京城和繁华的御街，现已被滔滔的黄河泥沙深埋于地下，我们无缘相见，实在是一件憾事。1990 年，为了发展开封旅游事业，振兴经济文化，按照宋代营造法式，在原东京御街的北段兴建了仿宋一条街，重现宋时御街风采，这条街道被定为宋都御街。

宋都御街南起御街牌楼，北至午朝门，全长四百余米，街宽三十米，分快车、慢车、人行道，相似于宋代的御道、平民道。临街有大小店铺五十三家，总建筑面积 16963 平方米，御街北端与开封北宋皇宫遗址——龙亭风景区古建筑群相衔接。

我们通过高大牌楼进入宋都御街时，就会感到这条街的建筑特色别具一格，大小店铺，从它的青灰色筒板瓦曲线屋顶，十字脊，倒斗拱，菱形外柱，以及额坊、替木、彩画、装饰等，形象地再现了宋代建筑风貌。在建筑布局设计上，南高北低与皇宫大门协调一致，既有三步两店的一般店铺，又有规模较大的仿宋殿宇，既有高低错格的楼房，又有普通的平房，古朴典雅，错落有致。

我们现在来到了宋都御街前，中间是高大的牌楼，上有前国家主席杨尚昆所题“宋都御街”四个大字，在牌楼前边两侧是石刻大象，上坐手执兵器的武士，威风凛凛，显示赵宋皇家威严，在牌楼两侧是东、西角楼，一式两幢，东西对称，三面临街。这两座角楼把宋代的“十字脊”“歇山造”“顶”“龟头殿”等不同形式屋顶组合于一座建筑之上，三十六个翼角上下呼应，使这座庞大建筑变得层层叠叠、高低错落、美观和谐。

沿着街道向前走，这座两层仿古建筑，就是沿用北宋东京“惠民和剂药局”旧称而命名的开封惠民医药商场。北宋惠民和剂药局，为宋王朝于公元 1076 年在东京首设的太医局买药所，其制作的丸、散、膏、丹对外出售。它开创了世界医政管理之先河，其创建目的是“惠民”和“理财”，既济人利市，又增加国库财政收入。为继承和发掘惠民和剂局的宝贵遗产，弘扬“惠民”精神，开封药材公司投资八十余万元，于宋都御街建筑了这座“惠民医药商场”。它继承惠民和剂局的经营传统，前店后作，选用地道药材，遵古炮制，请名中医坐堂问诊，深受百姓称赞。

从这里看过去，对面有一个古色古香的招牌“稻香居”，这是一家很有名的餐馆，主营开封传统名吃——锅贴，吸引了许多中外宾客来品尝。它的隔壁是一间开封传统工艺品商店，经营汴绣、官瓷等地方工艺品，有兴趣的朋友可以过去看看。

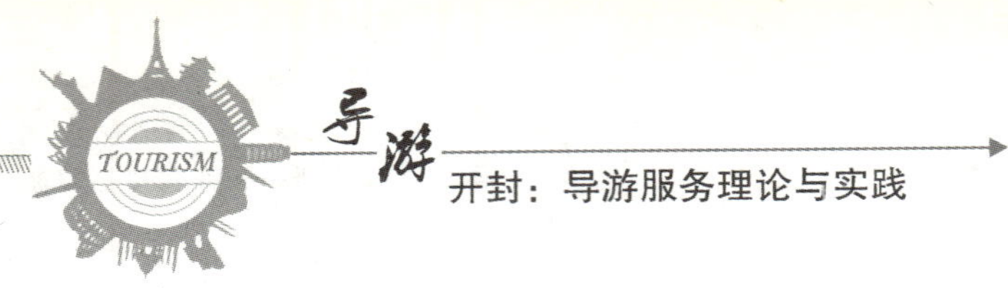

宋都御街充满了宋代传统文化色彩，现在我们来到了宣和书画店，也就是现在开封书画院。它是由宋代皇家书画院演变而来。宋代翰林书画院聚集了许多国家培养的画家，其中最著名的要数张择端了，他绘制的《清明上河图》真实地再现了北宋东京的繁华景象。现在这家书画院由开封几位书画名家坐镇，时有佳作问世，常有人慕名前来观赏，索求墨宝。

由于宋朝东京御街打破街市分离制度，推动了经济的发展，各行各业兴旺发达，其中最突出的要数饮食业，各种风格的大小酒楼林立，大酒店称为“正店”，小酒店称为“脚店”。

在御街北端，我们看到的是当年号称东京七十二家正店之首的矾楼。矾楼，以初期贩卖白矾而得名，后演变为酒楼。宋时的矾楼很有特色，是一座供富商豪门、王孙公子、文人骚客等游玩宴饮的乐园。矾楼经营有方，服务周到，重视信誉，拥有一大批有权有势的固定消费群。相传，它的名声也吸引了皇宫中的宋徽宗前来饮酒，在这里遇到了宋代京都著名歌妓、小唱领袖李师师，一对才子佳人的交情，给矾楼留下了一段美好的爱情佳话，这更使得矾楼名冠天下。

今天的矾楼，是一个由东、西、南、北、中五座三层楼阁所组成的庭院式仿宋建筑群体。它是依据《东京梦华录》记载，按宋代营造法式建造而成，“三层相高，五楼相向，明暗相通。”古朴典雅，气势宏大。

走出矾楼，看到前边两排较小的脚店，这些脚店就是地方风味小吃店，有梅花小笼包、鸡丝馄饨、锅贴、砂锅豆腐、豆腐脑、江米甜酒卧鸡蛋、八宝蜂蜜切糕、桶子鸡、酱牛肉等，应有尽有，风味鲜美，令人垂涎。品尝、欣赏都是一种美的享受。

现在我们已经来到了午门，也是当年宋代皇宫的大门。让我们回头望去，御街全貌尽入眼帘，古朴典雅的建筑群，浓厚的商业氛围，令我们在怀古寻梦时，也为今天能在此体验当年宋都东京御街之繁华而感叹！

模拟实训

珠玑巷

游客朋友们：

现在我们所在的位置就是客家源文化广场了。在宋代时期，这里是东京城珠玑巷的原址附近。广场占地面积30亩，是确立开封作为客家人祖根地地理标志性建筑群，分为开封文庙文化广场、客家文化主题广场和珠玑巷文化商业街区三个主要板块，主要依托文庙历史文化资源，突出客家文化特色，彰显宋文化魅力。

置身于客家源文化广场，您是否有一种古香古色、宋风宋韵的感觉呢？由文庙街拐进广场南门正对着的是两扇大红的棂星门，过棂星门后，中央是一座高大的孔子铜像，他双手合于胸前，目视远方。往广场两边看，我们可以看到两侧红柱缘瓦，飞阁流丹，檐牙高啄，这便是典雅而秀丽的东西碑廊及景观亭，东碑廊东侧是古风古韵的珠玑巷文化商业街区。广场最北边是一座27米高的仿宋式建筑——守望阁。一个用篆体写就的“家”字将孔子铜像和守望阁连接起来，让二者相映生辉。

孔子铜像与棂星门是文庙文化广场的核心，而儒家文化与孔庙形制则是其特色。开封文庙及棂星门是清朝开封府学的旧址所在地，开封文庙为1652年开封知府朱之瑶主持建造，东为文庙、西为儒学，后因历史原因仅存棂星门一座。棂星门是文庙中轴线上的牌楼式木质或石质建筑。棂星，即灵星，又名天田星。《后汉书》记载，汉高祖祭天祈年，命祀天田星。因门形为窗棂，故而称门为棂星门。在宋代，棂星门又称"乌头门"，文庙修棂星门，象征祭孔如同尊天。后来人们又将棂星解释为天镇星、文曲星、魁星。古人认为"天镇星主得士之庆，其精下为灵星之神"，以棂星命名孔庙大门，象征着孔子可与天上施行教化、广育英才的天镇星相比，又意味着天下文人学士汇集于此，统一于儒学的门下。

我们面前的这座孔子铜像底座高3米、像高9米，孔子双手合一，满脸慈祥，向着开封大地露出充满和善、仁爱的微笑。孔子，名丘，字仲尼，是我国著名的思想家、政治家和教育家，是儒家学派的创始人。孔子去世后，其弟子及其再传弟子把孔子及其弟子的言行语录和思想记录下来，整理编成了儒家经典《论语》。孔子的政治思想核心内容是"礼"与"仁"，在治国的方略上，他主张"为政以德"，用道德和礼教来治理国家，即"以德治国"。孔子在被后世统治者尊为孔圣人、至圣、至圣先师、万世师表，其儒家思想对中国和世界都有深远的影响。

在孔子铜像两侧绿地中设有碑廊，西侧碑廊为新刻文庙碑，东侧碑廊为遗存的康熙御碑，存放着公元1694年清代康熙皇帝应时任河南巡抚顾的请求，专为河南名胜题写了"功存河洛""昌明仁义""灵渎安澜""崇高峻极""济灵源"和一块五言诗碑等，其中"功存河洛"专为开封禹王庙（今禹王台景区）题写，"昌明仁义"专为开封游梁祠题写。当时，御笔颁赐到省，顾将其制匾分发悬挂，后来又将御笔勒石刻碑，镶嵌于开封文庙后殿墙上。著名史学家、河南大学教授朱绍侯认为，"功存河洛"碑证明了河洛地区应包括开封在内。新世纪伊始，时任世界客属大会文教基金会理事长的陈子钦，曾专门到开封察看"功存河洛"匾额，他感慨地说："到了开封才真正找到河洛文化的根。"

客家文化主题广场以守望阁、篆体"家"字地铺为核心，主要反映了客家历史文化、根亲文化与祭祖文化。地铺是以客字篆体书写的"家"字，展现开封是客家人的祖根地，欢迎他们常回家看看。

在广场的最北边为守望阁，由张锦秋大师为首的中国建筑西北设计研究院华夏所设计，区域内建筑为仿宋建筑，按照宋代《营造法式》建设施工。张锦秋，1960年毕业于清华大学建筑系，曾经师从建筑大师梁思成和莫宗江。多年来，她的设计思想始终坚持将探索建筑传统与现代相结合，其作品具有鲜明的地域特色，并注重将规划、建筑、园林融为一体。她设计的陕西省历史博物馆成为西安市的标志性建筑，不仅是我国第一座现代化国家级博物馆，还被联合国教科文组织确认为世界一流博物馆。

各位游客，请随我走近守望阁。守望阁，顾名思义，是开封（中原）人作为客家人的祖根地坚守者，期望、期盼着客家人的到来，同时守望阁也是弘扬和传播中华文化及客家文化、加强与全球客家人的交流合作的场所。守望阁建筑面积1800平方米，共4层，高27米，采用宋式阁楼建筑形式，楼阁采用十字形平面，增加了楼阁建筑的形体变化，使守望阁更加雄伟、恢宏。守望阁楼阁每层都做一个平座挑廊，挑廊围绕建筑周边一圈，用于游客凭栏眺望观景，阁楼屋面采用宋式十字脊形式，采用灰色瓦屋面。守望阁及周边建筑形式均为宋式古建筑，整个建筑高大、雄伟，斗拱、飞檐等建筑构件丰富，建筑形体错落有致，形成丰富、灵活、华

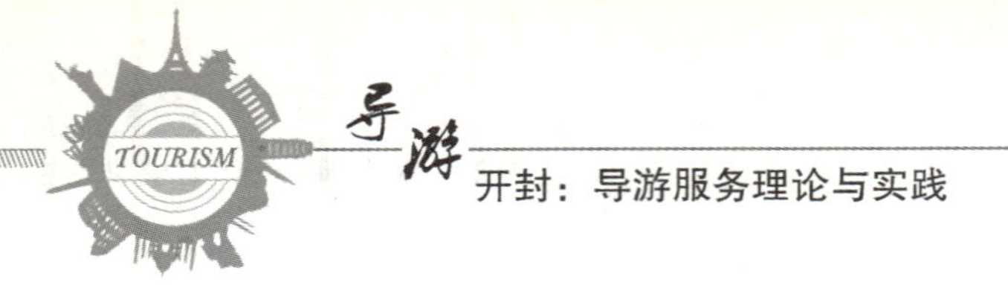

丽的建筑特色，成为开封建设“全城一景、宋韵彰显、外在古典、内在时尚”的国际文化旅游名城的一大亮点。

咱们往里走，守望阁第一层为“拜祖堂”，用于祭拜炎黄二帝、客家人祖先；第二层为“文化馆”，用于存放、查询客家人族谱；第三层为“名人堂”，介绍客家著名人士事迹；第四层为“展示馆”，用于客家文化的宣传展示和世客会情况介绍。登上守望阁即可充分了解客家的历史文化、根亲文化与祭祖文化，对中华文化、中华文明有一个新的认识。

那么客家人与开封、与珠玑巷有何渊源？开封市为何在原宋代东京城珠玑巷原址附近建了这座客家源文化广场？带着这些疑问，让我们去追寻答案，去唤醒客家人对中原、对开封的记忆。

珠玑巷，虽然是一条小巷，却是海内外众多客家人精神家园的象征。在粤港等众多客家人心中，南雄珠玑巷是一块神圣的地方，因为在很多人的家谱中都记载了自己的祖先是从那里迁来的。追根溯源，南雄珠玑巷名称来源于北宋都城东京(今开封)的珠玑巷。

珠玑巷的名称来历与北宋末年东京城难民南迁有关。“靖康之耻”后，中原人为躲避战乱大量南迁，其中一部分人迁至岭南，曾定居或落脚珠玑巷，后又向南迁徙至沿海一带。其后代或定居岭南广大地区，或移居国外，繁衍生息。这些人因战乱被迫离乡背井，对中原故土眷恋不忘，有人就把老家开封府祥符县珠玑巷的名称用来称呼新居所，于是便有了南雄珠玑巷。明末清初著名学者、诗人屈大均在《广东新语》中提道：“吾广故家望族，其先多从南雄珠玑巷而来。盖祥符有珠玑巷，宋南渡时，诸朝臣从驾入岭，至止南雄，不忘枌榆所自，亦号其地为珠玑巷。如汉之新丰，以志故乡之思也。”这包括三层说明：一是祥符(开封)有珠玑巷；二是来到南岭，给南雄沙水村珠玑巷起名的人，是北宋末年南渡时的“从驾”官员；三是为了不忘记祖籍地开封，便用开封的地名珠玑巷作为南雄出发地的地名。

古代南雄珠玑巷地处交通要道，为南迁移民和商家、兵家必经之地。每逢战乱，就是劫难，珠玑巷及其一带居住人往往再全部南迁。历史上有大量移民真正是从珠玑巷迁移到珠江三角洲，同时有许多移民自称珠玑巷人随之南迁。长时间、多批次的南迁，“珠玑巷”一词正好为他们提供了无法稽查的保护。所以选择了珠玑巷这一有纪念意义的地名，“珠玑”的谐音是“祖记”，真正的含义应是“含着泪珠记祖”。

有关调查显示，从珠玑巷走出来的移民家族有797户之多，今天这些移民后裔已经遍布广东、香港地区，从广东方志和许多族谱中可以追寻其祖先自宋都东京到南雄珠玑巷，复又辗转各地的踪迹。作为客家祖根地，开封被评为“全球华人最向往的十大根亲文化圣地”之一，开封珠玑巷更是河南3个令东南沿海客家人和海外华人魂牵梦萦的寻根圣地之一。

中国有句老话，落叶归根。虽不能归根，但也要寻根。如今珠玑巷后裔的足迹遍布世界各地，繁衍数千万人。在当今寻根问祖的热潮中，珠玑巷成为世界各地华人、华侨心目中既向往又神圣的地方。

游客朋友们，珠玑巷就先介绍到这里，大家稍事休息，我们20分钟后在大巴车上集合。

(资料来源：刘洋.客家源文化广场 古城中心新地标[N].开封日报，2014-10-15；刘洋.珠玑巷：万里犹忆宋都繁华[N].开封日报，2014-6-19.)

模拟实训

七盛角

游客朋友们：

现在我们所在的位置就是开封著名的特色街区七盛角了。开封建业七盛角位于开封市龙亭西路清明上河园的东侧，规划东起开封市大坑沿街、青云街，西至开封市西城墙，北起清明上河园，南至包公湖。全长2公里的大宋御河将龙亭湖、包公湖蜿蜒贯通。项目总投资100亿人民币，总占地24620.8平方米，总建筑面积达到14772.5平方米。七盛角是以宋文化为主题，中原民风、民俗为内涵，融入现代创意文化及时尚气息，在满足现代人消费习惯、审美需求的同时，体现开封文化特色，集时尚购物、特色餐饮、民宿客栈、娱乐休闲、文化体验为一体的中原文化魅力街区。2014年5月盛大开街以来，吸引了众多游客前来。七盛角展现的独特魅力，千年宋都深厚的民俗文化让所有到过这里的人印象深刻。

若您漫步过丽江的四方街，感受过成都的锦里，穿梭于北京的胡同，徜徉过平遥古城的院落，那您又怎能错过开封的七盛角？开封俗语有“七角八巷七十二胡同”，一语道尽老开封深含特色的城市肌理，又云“七角盛，天下昌”，所以谓之“盛”。“角”是开封对地名独有的称谓，不同于坊、里弄、胡同，是根据地态的形式或古建筑的形式而得名，这正是七盛角的名字由来。

七盛角蜿蜒曲折的院落、街巷与水岸、湖泊、荷塘、石桥相呼应，茶馆、戏楼、酒吧、手工作坊、工艺品摊点、美食小铺遍布街区，客栈酒店、主题餐饮、时尚店铺、文创空间坐落其中，水波灯影，别有一番意境。各位游客在这里可以淘文创、泡酒吧、品小吃、赏民俗、住客栈，好吃的、好玩的都能一网打尽。

1. 吃在七盛角

七盛角可以说是饮食文化荟萃的地方，这里既有开封本地的著名小吃，也有情景交融的特色酒楼，还有清新文艺的甜品小店。源于北宋东京的名吃“王楼山洞梅花包子”，“提起像灯笼，放下像菊花”的灌汤小笼包，香甜利口的凤鸣斋花生糕，“肥而不腻，越嚼越香”的庞记桶子鸡，“皮薄馅大形似船，黄焦酥脆翅淋连”的邢家锅贴，古城名吃在这里不胜枚举。街边小铺上炒凉粉、炒红薯泥、杏仁茶、羊肉烩面、烤羊肉串、鸡血汤、黄焖鱼等开封市井小吃更是应有尽有。如果人多聚餐，也可以到湘里人家品尝正宗的湘菜宴席。

除了传统餐饮，七盛角还有诱人的时尚餐饮，如追求欧洲蛋糕极致艺术的56°cake蛋糕；外皮酥脆、内陷香滑的西树泡芙……主推台湾特色美食的仙芋传奇等风格各异、菜系多样的美食店铺就更多了。

2. 娱在七盛角

在这里，各位游客朋友可以体验中西合壁的新概念茶馆，感受韩国主题咖啡文化。夜间的七盛角酒吧街，亮起一盏盏摇曳的烛光，窗口内是酒吧或悠扬或豪放的歌声，窗外是小河流水，倒映着几多浪漫。

Zoo Coffee是韩国一家很有名气的融合了动物主题、充满奇趣的咖啡店，咖啡师调制的花式咖啡更是让你叹为观止。有着具有“东方茶文化的星巴克”之称的茶啡茶。在这里既可以品尝一杯传统中国茶，也能尝试一下将咖啡与茶叶完美结合的特色调饮茶。

玩转智力的店铺内都是老板自己制作的中国民间传统益智玩具，如华容道、九连环、七巧板、鲁班锁等，玩法多样，变化多端，让人在百玩不厌中感受中国古代劳动人民的智慧。

3. 购在七盛角

当您悠然漫步在七盛角青石板街，随意走进特色商铺，观摩特产制作，挑选手玩把件，亲自创作鞋帽衣衫时，在舒适欢愉中，能够感受到多重商业文化的融合。

"上海女人"是创立于1932年的经典国货护肤品牌，主打文艺怀旧风的胭脂水粉，将传统的中国美与中医药护肤之道相结合。"富山香堂"源自台湾，经营沉香艺品、手工香炉、雕刻、手珠等，同时也是香道文玩的代表品牌。"豫游纪"是为游客设计实用并有创意的纪念品连锁店，也是河南特色的本土品牌。"韩氏女红"精品汴绣，继承北宋刺绣古朴典雅、针线细密的传统特色，以绣制仿古名画、人物肖像、现代名画、西画素描著称。"韵泓筷子"则体现着筷子的精彩，这家小店每一副筷子都雕着不一样的成图，赋予着不一样的深意。

除此之外，还有天艺坊、幸福邮局、风雅陶笛、龙泉刀剑、三奇堂手工雕刻、汴京官窑、开封印象烙画、金宇轩文玩部落等手工作坊、工艺品摊点，一圈下来绝对能淘到不少好货。

4. 住在七盛角

玩累了，在七盛角住下也是一种特别的感受。在古风浓郁的客栈和风情别致的主题酒店，让人全身心地体会古城的柔软和梦幻；在御河畔享受荡漾在心中的静止时光，重新定义时间。

阳光纳里源自丽江一米阳光旗下的连锁客栈，七盛角的阳光纳里是开在云南省外的第一家店，客栈采用中国传统的建筑装修风格，同时融入现代化客用设施，让游客体会传统民居文化的同时，也能感受星级酒店的舒适。红梅苑主题酒店是传统的天井四合院，最大的亮点就是每个房间都有不一样的情景风格，足球房、太空房、日式房、海底世界、盗梦空间等等，给人独一无二的入住体验。

5. 游在七盛角

华灯初上，暮色四合，七盛角更显瑰丽迷人。从七盛角码头上船，向两岸望去，亭榭楼台、勾栏瓦肆；感受着宋都古城的韵味儿，体验到水美、景润，更感受到休闲之美、文化之力。七盛角大门口的戏楼金碧辉煌，满街悬挂的灯笼像一串串璀璨的红宝石，水系旁各式灯盏造型独特，引人入胜。岸边的店铺里更加热闹，游客们摩肩接踵，或大快朵颐，或窃窃私语；人们或沿河散步，或围廊小憩；戏楼上的表演悠扬传出，或宋词小调，或扬琴说书，仿佛一下穿越到宋朝汴京，桨声灯影摇，人在画中游。

随着社会的发展，人们对旅游、休闲品味越来越高。为了更加充分体现宋文化的特色，向游客展示宋文化内涵，让人们在旅游、休闲的过程中感受宋文化的魅力，七盛角再次着手对街区进行大规模的调整、升级。

宋词是博大精深的宋文化中最璀璨的明珠，是中国古典文学的瑰宝。七盛角以宋词文化为主题，将丰富的宋代词文化融入景观中去，充分展现词文化作为开封、作为宋代历史名城的深厚文化底蕴。各位游客可以在脚下的道路上，身旁的坊墙上，路边的草丛里，滨水的河岸上看到与宋词相关的刻字、浮雕、石碑、塑像、壁画等。在勾栏瓦肆、戏楼水榭里欣赏宋词故事的演绎和吟诵，不小心还能迎面碰上穿越而来的苏东坡、李清照。

七盛角的业态升级后，经营特色更加鲜明。建立的非物质文化遗产展示中心，集中展示汴绣、官瓷、木板年画、叶雕、泥塑、烙画、剪纸等艺术品。同时，还引入了说唱、舞蹈、杂耍、音乐、戏曲、武术等传统文化演出，并发展具有现代气息的文创精品，研发具有七盛角自身品牌的文创产品。

游客朋友们，七盛角就先介绍到这里，我们 20 分钟后在清明上河园景区检票处集合，一起去观看《东京梦华》演出。

（资料来源：姚峰.开封建业七盛角：镶嵌在八朝古都上的文化明珠.开封网，2016-03-15.）

任务八　招牌字号，艺术瑰宝——风物特产讲解

中国是一个历史悠久的文明古国。在几千年的发展中，中华民族的先人们以自己的勤劳和智慧，创造了大量闻名于世的风物特产。这些风物特产是中华民族优秀文化的重要组成部分，也是人类的物质文明与精神文明的完美体现。

开封的风物特产种类繁多，分布面广。工艺美术品，如汴绣、朱仙镇木版年画、汴京灯笼张、官瓷等；文化艺术品，如兰考古筝、盘鼓等；风味特产，如宋茶、花生糕、小笼包等。那么，在游客观赏、体验这些风物特产时，导游员应该做些什么，讲些什么呢？

风物特产讲解

导游向游客讲解风物特产，除了起到让游客了解知识的目的，更重要的还兼具旅游购物营销的功能。导游在讲解中要注意根据情况满足游客不同的购物需要，激发他们的购物动机。因此，在对风物特产进行讲解时，要注重旅游商品价值、审美方面的讲解，同时从纪念需要、馈赠需要等方面对游客进行引导。

（1）对于旅游工艺品类旅游商品，导游应充分讲解其观赏性、艺术性、陈设性，根据商品不同，有时还可以突出其实用性。除了对工艺美术品的外观进行描述之外，还要对其名称由来、历史背景、制作工艺、选材用料等进行讲解，一定要突出该产品区别于相似产品的特色所在。有条件的情况下，还可以邀请游客进行工艺品制作的体验活动，增加游客的购物欲望。

（2）对于食品类旅游商品，要根据不同地区游客口味的不同进行有重点、分层次的讲解。如小笼包一类的需要在本地体验的风味小吃，就可以从其色香味形、制作工艺、发展历史、著名店铺、传承与获奖情况等方面进行讲解，讲解时注重声情并茂，引发游客的食欲。如兴盛

德花生、七位草一类的休闲食品，则可以鼓励游客多加购买以馈赠亲友，相比工艺美术品，食品类旅游商品价格较低，且老少皆宜。

模拟实训

汴绣

游客朋友们：

在闻名于世的开封艺术之苑中，汴绣是一颗闪烁着古城文化光芒的明珠。汴绣以构图丰满匀称、针法细密、绣面古朴典雅、幽深浑厚、意境深广、气势雄浑立足于中国刺绣之林；是刺绣艺苑中一支夺目的奇葩，2008 年，汴绣进入第二批国家级非物质文化遗产名录。

汴绣是汉族传统刺绣工艺之一，因起源于北宋，故又称宋绣，历史悠久，素有“国宝”之称。它继承了宋绣的题材、工艺特点，吸收了开封民间刺绣的乡土风味，并在其基础上创新了大量针法：长于刺绣花鸟虫草飞禽走兽，善于创作气势磅礴的山水图景，刻画人物形象更是细致传神。汴绣既具有苏绣雅洁活泼的风格，又有湘绣明快豪放的特点，形成了自己“针法精细，质朴淡雅，层次分明，形象逼真”的特色。

据《尚书》记载，远在 4000 多年前的章服制度就规定“衣画而裳绣”，至周代有“绣缋共职”的记载。唐宋时期刺绣发展到很高水平，而作为古文化的发源地河南，刺绣在很早就有了。五代梁（建都开封）张率写的《绣赋》均有记载。《东京梦华录》中记载，北宋都城开封，相国寺东门外，有专卖刺绣品的一条街叫“绣巷”，可见当时刺绣之风盛行。而统治者为了自己的享乐需求不但搜求民间绣品，宫廷也办起了“文绣院”，集中优秀绣工多达 300 人，制作大量优异绣品供达官贵人享用，即使他们的服务执事一个个也是打扮得“锦绣之衣，结束不常，一时新装，曲尽其妙”。当时开封城凡公共场所，如酒楼、饭庄均是“珠帘绣额，灯光晃耀”，甚至深街小巷，也是“绣额珠帘，巧制新装，竞夸华丽”。至于当时民间嫁娶，更是少不了刺绣品，也是“彩楼相对，绣帘相招”“锦绣交辉”的景象。可见当时北宋都城开封喜爱、使用刺绣品之风盛行。

北宋时期的刺绣艺术水平也是达到了相当的高度。明代大学者屠隆在他所著的《画笺》一书中写道：“宋之闺秀画，山水人物、楼台花鸟，针线细密、不露边缝。其用线一二丝，用针如发，细者为之，故眉目毕具，绒彩奇目，而丰神宛然，设色开染，较画更佳！女红之巧，十指春风，迥不可及。”可见当时刺绣欣赏品早已和绘画结合起来，充分发挥了刺绣的工艺特点，从而可以看出当时在开封刺绣工艺发展到了鼎盛时期。

北宋末年，文恬武嬉，国力虚弱。在惨烈的激战之后，金兵攻下开封外城迫宋投降。国蒙难，人蒙耻，艺术之瑰宝的北宋刺绣随着王朝的覆灭而跌入低谷。但深深根植在中原的刺绣，却仍在开封这块土地上顽强挣扎着、进化着、发展着。汴绣可以说是一部浓缩的历史，步履蹒跚却坚韧不拔地走出一串不朽的足痕……

新中国成立后，刺绣在有着深厚民族传统文化底蕴的开封复苏和崛起是历史的必然。

1955 年春，一个万物萌芽、开花的季节，开封第一个织绣组织“开封市机绣合作互助组”诞生。这个在当时无数个合作互助组中不起眼的小组却是今日开封汴绣的起点，被称之为“七人小组”。现在的老汴绣人一提起当年的“七人小组”，总是带着自豪和敬佩之情。

其间，热爱刺绣的人们对开封汴绣进行了挖掘、收集、整理、研究，他们从民间收集古代流传下来的绣花鞋品、衣片还有几幅精美的孔雀版绣品，发现并总结历史作品中平针的针法技艺。他们不断创新和完善着汴绣的针法技艺，在很短的时间内，掌握了十几种刺绣方法，把汴绣工艺提高到一个新的阶段。

巨幅绣品《清明上河图》古朴典雅，针法多变，立体感强，细腻光亮，达到了汴绣的最高艺术境界。《清明上河图》绣品是开封汴绣的代表之作，早在1959年，第一幅凝聚着汴绣人殷殷心血的《清明上河图》绣品就作为庆祝中华人民共和国成立10周年厚礼，被送到了北京；国画绣品《开封名胜》走进郑州中州宾馆会议大厅；国画花鸟四扇屏《春夏秋冬》绣品飞越大洋，登陆法兰西；文莱国王绣像秀丽华贵，栩栩如生；马来西亚总理夫妇绣像仪态宛然，光彩照人；邓小平肖像绣像沉着坚毅，气概非凡；《千里江山图》绣品在透明的纱上如诗如歌，更显多娇多姿，晶莹剔透；《五牛图》绣品结构自然、色调真实；《百骏图》绣品中的百骏或卧或立、或奔驰、或互噬、或舔驹、或涉渡，可谓形态万千，神妙逼真；《韩熙载夜宴图》绣品中的韩熙载身躯伟岸，长脸美髯，郁郁寡欢；《簪花仕女图》绣品取材于唐代贵族仕女游乐生活的真实面貌，时代特征鲜明，耐人寻味；《听琴图》绣品以细密的平针针法，光亮平齐的绣面，丰而不俗的色彩，在锦缎上再现了宋徽宗赵佶的原作风貌；《春妆图》绣品表现出杨贵妃"回眸一笑百媚生，六宫粉黛无颜色"的天生丽质……

汴绣近些年来为中外首脑人物绣制大批肖像，形象逼真，色彩丰富，浑厚凝重，层次分明，立体感强。汴绣在政治影响、社会效益、经济效益、工艺创新同步发展的道路上大步前进着。

"绣绷花鸟逐时新，活色生香可夺真。近世写生谁好手，熙荃画意属针神。"富有传统文化魅力的开封城，处处都流淌着汴绣的神韵；绣针闪闪，绣线长长，汴绣的发展与开封的经济建设、旅游开发、文化传播有着千般情缘，万束心结。

游客朋友们，我们马上就要到达开封文化客厅了，在其中的体验区，大家可与汴绣大师零距离接触，感受大师的精湛技艺和高超水平，体验开封文化和历史的魅力。

知识链接

开封市非物质文化遗产

国家级非物质文化遗产(9项)：朱仙镇木版年画、汴京灯笼张、大相国寺梵乐、开封盘鼓、汴绣、麒麟舞、二夹弦、撂石锁、杞人忧天传说。

国家级非遗代表性传承人(8人)：郭太运(朱仙镇木版年画)、王素花(汴绣)、田爱云(二夹弦)、沈少三(撂石锁)、刘震(锣鼓艺术·开封盘鼓)、任鹤林(朱仙镇木版年画)、张俊涛(灯彩·汴京灯笼张)、宋长(麒麟舞)。(另外，已经去世的释隆江，大相国寺梵乐，也曾获得这个称号)

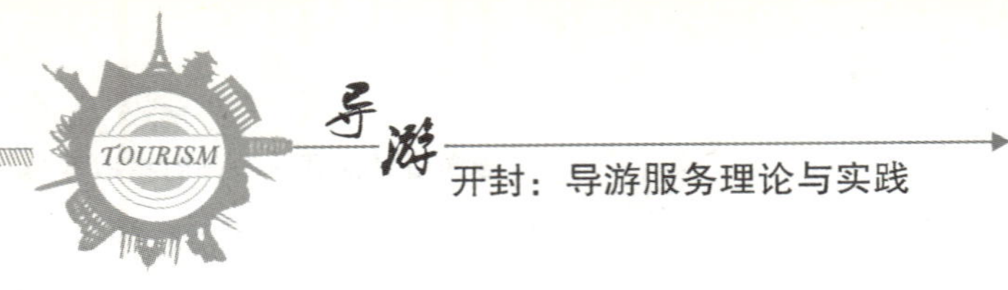

模拟实训

朱仙镇木版年画

游客朋友们：

大家都知道，古时人们在节庆时际，有在家里贴年画，门上贴门神的习惯。到了宋代，由于造纸业的发展，木版年画已经很普通了。朱仙镇木版年画历史悠久。据《东京梦华录》记载："十二月，市井皆印卖门神钟馗桃板桃符及财门钝驴回头鹿马，天行帖子。"明清两朝就更盛行了。

我们现在将要前往的开封市博物馆一楼就有一个专门的朱仙镇木版年画展厅。现在我先简要为大家介绍一下朱仙镇木版年画。

朱仙镇是中国木版年画的发祥地，而朱仙镇木版年画始于唐，兴于宋，盛于明、清，被誉为"中国木版年画的鼻祖"。它源于中国四大发明之一的雕版印刷术，经历代艺人的传承发展，从单一的线描刻印发展到彩色套印，到唐宋时木版年画颇为兴盛，孟元老在《东京梦华录》中记载：近岁节，市井皆印卖门神，亦称纸马，钟馗桃符及回头鹿马，天行帖子。清末，李步青廉方在《朱仙镇与岳飞》一书中记载：镇之最盛为明末清初，红纸门神系旧习过新年之消用物，往昔盛时，业此者三百余家，出品盛消临近各省，大有独占市场之势。在现代，朱仙镇木版年画被列为国家首批非物质文化遗产，木刻水印工艺被联合国批准为世界非物质文化遗产。朱仙镇木版年画具有较高的艺术水平。其特点是形象夸张，构图丰满，色彩艳丽，线条豪放，久不褪色，具有很高的艺术价值，目前已被20多个国家的博物馆收藏。

北宋初年，宋都东京是全国政治、经济、文化的中心，各地的商人大量涌向京城。庞大的市民阶层促进了世俗文艺的发展，活跃的世俗文艺又给年画的创作提供了丰厚的土壤。加之活字印刷术的发明，将中国雕版印刷业推向繁荣。自此，年画也由笔画转向刻版印刷。当时东京木版年画的印刷及销售盛况空前。不仅民间作坊遍布京城，就连宋室官廷也主持开办年画作坊。官办与民办作坊的融合，使木版年画的发展成为必然。

北宋末期，由于金兵的入侵，京都沦陷，繁荣的市民文化逐渐萧条。大量年画艺人流落江南，东京的木版年画业迁至东京45里外的朱仙镇。

明清时期，朱仙镇河道四通八达，随即成为中原的商业重镇。木版年画在繁荣的商埠迅速恢复，买卖兴隆，声名大振。据载，当时朱仙镇从事这一行业的有300余家。

朱仙镇年画吸取了传统绘画技法及丰富多彩的装饰手法，创作出的人物故事栩栩如生。朱仙镇年画源于民间，因此题材和内容大多取材于历史戏剧、演义小说、神话故事和民间传说。年画乡土气息浓郁，民间情趣强烈，具有独特的地方色彩和淳朴古老的民族风格。从年画作品当中，我们可以看出民族传统文化的审美观念和崇神意识，作品往往反映了农民希冀五谷丰登、富裕兴旺、和睦如意、平安吉祥、六畜兴旺等美好的生活愿望。

朱仙镇木版年画的产地，实际上并不完全在镇里。镇四周的大小村庄皆有艺人设小作坊制作生产，朱仙镇只是集散的而已。该镇的大小作坊最多时可达三百多家，足见其规模之大，木版年画年产量最高时达300万张，除销往河南本省外，还远销山东、江苏、安徽、福建、宁夏等地，销售辐射近大半个中国，足见其影响之大。

朱仙镇木版年画的刻版曾多达二三百套，由于历史上多次兵燹洗劫，老刻版已尚存无几，现多散存民间。

新中国成立后，国家对发掘艺术珍品——朱仙镇木版年画十分重视。成立了朱仙镇木版年画社，对这一古老文化进行挖掘研究。研究社有一些研究人员，还有一些老艺人。他们不仅生产一些传统产品，也研究开发出一些新产品。

我们的目的地就要到了，在感受开封厚重的历史文化之余，也让我们一起前去亲手体验一下木版印刷吧。

模拟实训

彩灯

游客朋友们：

“百年敬文斋，七代灯笼张。”接下来我们将要前往的就是汴京灯笼张民间艺术博物馆。它坐落于顺河回族区理事厅街一个叫做“敬文斋”的院落里，是依托国家级非物质文化遗产项目——汴京灯笼张彩灯制作技艺而建立的一家民办博物馆。其中布展中原传统彩灯 200 多盏，陈列与制灯相关的器物 100 多件，展示相关民间手工艺品 100 余件。

现在，我先为大家介绍一些彩灯在开封的发展历史。

彩灯又名花灯、灯笼等，是中国传统的民间工艺品，也是人们在喜庆节日寓意吉祥的装饰品。中国彩灯已有上千年的历史，最盛时期为唐、宋两朝。如此算来，开封民间近千年的灯会历史可谓悠久。

与前朝相比，北宋时期开封元宵灯会无论时间还是规模都堪称是一个高峰。首先是时间延长。前朝元宵灯会通常为 1 日至 3 日，到北宋时期，元宵灯会延长至农历正月十八。这种做法为后世所沿用，至今我国西南某些地区的元宵节仍然是到农历正月十八结束。其次是灯会规模冠绝前代，从《梦粱录》的记载中可以了解到，北宋时期开封的花灯不仅规模恢宏、制作华丽，而且题材丰富。

北宋时期，首都东京(今开封)的制灯艺人技艺更为精进，灯品材质更趋多样，制作更趋精巧。“自非贫人，家家设灯，有极精丽者”。心灵手巧的制灯人，往往将兽角、翎毛、琉璃、皮革、丝绸巧妙运用，将灯造成牡丹、莲荷、曼陀罗等花卉的形状，更有车舆灯、屏风灯、佛塔灯、鬼子母灯等，还有鲩灯、玉灯、石灯、琉璃灯、缀珠灯、羊皮灯、罗帛灯等等。灯用犀珀或玳瑁装饰灯圈、灯座。玉灯则多用白玉组成，“晃耀夺目，如清冰玉壶”。石灯为高丽进贡，“窍石烛幽，若慧镜扬彩”。琉璃灯用五色琉璃制作，其上品为“无骨灯”。“无骨灯者，其法用绢囊贮粟为胎。因之烧缀，及成去粟，则混然玻璃球也。”这种灯没有圈骨，其圈片浑然一体，上面可绘饰龙综、鱼纹等图案，分光叠翠，效果良好。缀珠灯以五色珠为网，下垂流苏，飘逸亮丽。羊皮灯即在羊皮精镂细刻，“妆染如影戏之法”，是一种皮影灯。罗帛灯之类尤多，或为百花之形，或成网眼之状，间以红白二色，名为“万眼罗”的最为珍奇。

北宋在彩灯制作技术方面取得了举世瞩目的成就。据《东京梦华录》记载，北宋东京的灯节上，机械传动的大型灯组逐渐增加，更有人用辘轳把水引到灯山最高处，用大木柜贮放，

“逐时放下，如瀑布状”，又用草把扎缚成巨龙，“草上密置灯烛数万盏，望之蜿蜒，如双龙飞走”。

当然宋朝元宵张灯，其代表之作还是“鳌山”灯。鳌山是上古神话传说中的海中高山。宋代元宵灯节，京城、州府普遍以这一传说立意，设计大型鳌山灯组，其构思既与传说关联又有变通，其造型通常为一只或数只巨鳖背负山峦，山上荟萃千百盏华灯，山石、树木齐备，点缀以佛、仙、神的雕塑、绘画。山上可容乐工伶宫奏乐，山前设有大露台，供歌舞演出或工艺品展示。鳌山灯气势恢宏，体量巨大，叠翠堆金，浮光耀影，常为灯会压卷之作，寓“江山永固，长治久安”之意。故帝后、嫔妃、臣僚都要在特定的时辰观赏鳌山灯。

除此之外，北宋时期还出现了不少后世皆效法承袭的灯品灯组，比如将灯放护城河上组成的“灯桥”，在闹市区街上空悬挂于彩索上的“过街灯”等。由盏盏彩灯组成的各种造型，如彩树、人物、百戏、飞鸟走兽等，更是做工精细，巧夺天工。华灯初上，如同碧天银河，与月争辉。

北宋东京的灯会集中地区主要有宫中及皇城门外、御街、寺院，及酒楼、店铺等。每当夜幕降临，宣德楼前“华灯宝炬、月色花光，霏雾融融，动烛远近”；待到三更，宣德楼的数十万灯盏熄灭后，贵家车马，鳞次栉比，都去游城内的寺庙。京城四大寺院（相国寺、开宝寺、景德寺、大佛寺）的彩棚华灯相映生辉。有诗人形容此景“火树银花合，星桥铁锁开”，各大寺庙游人如龙，灯火鼎盛，大相国寺更是热闹非凡。大殿前设乐棚，供乐队演奏，月上东山，多彩绚烂的灯展使大相国寺彻夜灯火辉煌，远远望去，宛如仙境，人们通宵达旦观灯；各酒楼茶肆及店铺也都张灯结彩，灯烛也都各出新奇。即使是一般的街巷，也是处处灯火，处处人流。

“上元”，指的是上元节，即每年农历正月十五，多称元宵节；历来元宵节有通宵张灯的习俗，因此元宵节又称“灯节”。在上元节期间，人们出门赏月、燃灯放焰、喜猜灯谜、共吃元宵，合家团聚，在一起同庆佳节的习俗由来已久。

元宵节时，由于元宵灯会规模空前，北宋时期开封百姓观灯规模超越前朝。元宵节的重要内容是外出观灯游玩，古代即使是深闺中的大小姐这天也可以上街观灯，后来更发展出“打灯虎”“转三桥”“摸门钉”等习俗。北宋时期开封已是百万人口大城市，元宵观灯的人特别多，盛况空前。《东京梦华录》对北宋时期百姓观灯时的情景也有描述：“万姓皆在露台下观看，乐人时引万姓山呼。”

元宵灯会自北宋不间断地延续了下来。

为深入挖掘彩灯这一人民喜闻乐见的民俗文化，并致力于将其传承下去，发扬光大。2015 年，开封市决心将龙亭灯会转型升级，打造国家级品牌节庆活动宋上元灯会，并首次尝试联合多个景区共同推出。无论在彩灯数量和规模上均超过往年，不仅将古今中外文化艺术精粹与现代科技相结合，融形、色、声、光、动于一体，突出时代性、民族性、艺术性、娱乐性，而且在总体布展上针对地形和环境特点，充分做到张弛有度、疏密有致、重点突出。同时，在彩灯布展的基础上，增添了丰富多彩的大型演艺、互动活动等。结果，2015 年大宋上元灯会在全国同类型灯会中脱颖而出、大放异彩，受到全国游客瞩目，吸引了央视多次前来报道，在微信、微博等自媒体上更是引起了轰动。

开封能够谱写“灯火辉煌耀九天，流光溢彩汴梁城”的华章，离不开彩灯制作的大师传人。

汴梁灯笼张的第一代先祖为张泰全，他少年拜师学艺，青年时代成为开封城内制作彩灯的能手，当时官府门前高悬的宫灯及府内悬挂的各种彩灯，大多出自他手，是汴梁灯笼张的创始人。道光二十一年(公元 1841 年)，开封遭黄河水患，张家迁至山东济宁谋生。张弘八九岁随父学艺，后亦成高手。张氏父子在济宁为人做彩灯、扎顶棚、裱字画。因技艺精良，不仅生活无虑，后来成为河东河道总督府的附属“活户”(为官府服务，由官府使用的工艺匠人)。同治八年(公元 1869 年)，张氏父子返回开封，在理事厅街西口路北创建“敬文斋”装裱店。适逢河东河道总督苏廷魁在北三圣庙街新建河道总督府行台，随即参与行台的装饰、布置。光绪二十七年(公元 1901 年)八月二十四日，慈禧太后与光绪皇帝自西安启程，回京途中，于十月初二日(11 月 12 日)抵达开封，并在开封行宫住跸 32 天，至十一月初四日(12 月 14 日)离汴返京。河南巡抚松寿等地方官员为取悦慈禧，事前对行宫进行了大规模的修葺。受官府指派，张弘率工匠装修、布置行宫。张弘之子嘉猷、嘉信、嘉义随父进宫做帮手。经修葺、装饰、布置，据《庚子西狩丛谈》记载：行宫陈设极壮丽，入仙瞻仰一周，俨然有内廷气象。由此敬文斋张家名声大震，汴人赞誉为“汴梁灯笼张”。

博物馆马上就要到了，让我们一同去欣赏琳琅满目的优秀彩灯作品吧。

(资料来源：豆敏. 北宋东京节庆出游活动研究[D]. 河南大学，2006；杨桂杰. 北宋东京节日研究[D]. 西北师范大学，2009.)

模拟实训

官瓷

游客朋友们：

北宋官瓷是中国五大名瓷之一，是宋徽宗引入汝窑及开封东窑等窑口制作精华创制的青瓷巅峰之作。作为国仪之用，北宋官瓷造型古朴、典雅，釉质淳厚、匀润，釉色温润如玉，纹片如宝石冰裂，器口微微泛紫，底足褐色如铁，其清籁幽韵、趣雅拔俗的艺术风格和追求，是其他瓷种所望尘莫及的。同时，北宋官瓷作为一种尊贵和权势的象征，是中国历史上唯一没在市场上流通的瓷器，其出身皇室，只供朝廷专用，于一般百姓来说，实乃不敢想象的难求之物，故北宋官瓷向有“识得官瓷面，江山坐一半”之说，足见北宋官瓷之稀有罕见。

宋代官瓷以烧制青釉瓷器著称于世。器型也有仿周、汉时期青铜器的官窑葵瓣洗鼎、炉、觚、彝等式样，器物造型往往带有雍容典雅的宫廷风格。其烧瓷原料的选用和釉色的调配也甚为讲究，所用瓷土含铁量极高，故胎骨颜色泛黑紫。器之口沿部位因釉垂流，在薄层釉下露出紫黑色，俗称“紫口”；又底足露胎，故称“铁足”。

宋代官窑瓷器不仅重视质地，且更追求瓷器的釉色之美。其厚釉的素瓷很少施加纹饰，主要以釉色为装饰，常见天青、粉青、米黄、油灰等多种色泽。釉层普遍肥厚，釉面多有开片，这种开片与同期的哥窑有很大不同，一般来说，官窑釉厚者开大块冰官窑弦纹瓶裂纹，釉较薄者开小片，哥窑则以细碎的鱼子纹最为见长。

宋代官窑瓷器与汝、哥、钧窑瓷器一样，特别注重釉色美。其凝厚的釉层是采取先素烧坯体，然后多次施釉的方法完成的，釉层厚度往往大于坯体的厚度。烧成过程中，选用优质木材作燃料，以保证窑内的温度和气氛。官窑瓷器多为素面，既无精美的雕饰，又无艳彩描绘，多用凸凹直棱或弦纹为饰，在釉面自然优美的片纹点缀下颇显高贵典雅。

“紫口”“铁足”是北宋官瓷的独特风韵。不涂不绘、不雕不琢、不渲不染，北宋官瓷以“极简之美”征服世人。宋代官窑瓷器主要为素面，既无华美的雕饰，又无艳彩涂绘，最多使用凹凸直棱和弦纹为饰。其上纹片粼粼，愈显高洁古雅。这件官窑圆洗是宫廷御用器，在造型、工艺及装饰技巧方面都十分考究，尤以釉色及片纹突出。同时，借助于烧成后期的二次氧化作用，在釉层较薄的器口或未被釉层遮盖的器底部分，形成“紫口铁足”，使器物愈显古朴庄重。每一道工序都需要烧制者付出全部的精力和耐心。一抔素土，一窟窑火，在泥与火的碰撞中，千锤百炼，终成大器。

开封文化客厅马上就要到了，在那里我们可以欣赏到这些以“极简之美”征服世人的北宋官瓷了。

模拟实训

书法字画

游客朋友们：

走过书店街，在鼓楼广场的西北角，就是我们将要前往的下一站，中华老字号——京古斋。

开封这座古城与中华民族独创的书法艺术有着不解之缘。古往今来，这片钟灵毓秀的土地孕育了许许多多的书法大师、艺术宗匠。他们以自己的卓越成就，为中国书法史谱写了一页页辉煌篇章。

北宋初年，书法史上极负盛名的《淳化阁帖》在开封问世。宋徽宗时，又一著名丛帖《大观太清楼帖》诞生于开封。从此书界兴起刻帖之风，为宋元以后书法的传承提供了便利条件，并形成了一个影响深远的学派——帖学。宋徽宗时的宣和书画院，是历史上第一个皇家书画机构。书画院的书画博士们编纂的《宣和博古图》《宣和书谱》和《宣和画谱》在金石书画史上均有划时代的意义。

与开封关系密切的古代书法家不胜枚举。东汉的蔡邕，北魏的郑道昭，北宋“宋四家”的苏轼、黄庭坚、米芾、蔡襄及宋徽宗赵佶，明代的周亮工，清代的李鹤年，都是艺绝神州、大名鼎鼎。近代以来的冯友兰、靳志、谢瑞阶、陈玉璋、武慕姚、庞白虹、于安澜、李白凤、牛光甫、靳选、王宝贵、桑凡、李逸野、王澄、周俊杰等都对中国书法艺术发展产生了深远的影响。2008 年，开封被中国书协命名为“中国书法名城”。

我们现在前往的京古斋是一家具有 200 多年历史专门经营书画用品和名人字画为主的中华老字号。在清代中期，京古斋主要是以经营文房四宝为主，由书画界名家管理和经营的，因而很专业，也很权威。凭着这些得天独厚的条件，他们与北京、上海、苏州、杭州、南京等书画界和书画用品产业界建立了广泛的联系。很快，京古斋在河南省名声大振。书画界把它与著名的浙江湖州王一品斋笔店及北京的荣宝斋、天津的荣宝斋(现杨柳青)、上海的朵云轩、杭州的西泠印社等并列在一起,视为全国八大名斋之一。

1966年,这个书画用品商店,因形势变化,一时业务不景气而被撤销合并,几位书画内行被调离,京古斋的招牌遂被横扫而去。

随着时代的变迁,到了1978年,古城开封的传统文化事业也随之勃然兴起。于是,久负众望的书画用品商店——京古斋又迎来了一个新的春天。

1978年年末,京古斋又在古城开封的中心——鼓楼广场的西北隅新生了。重新开业的京古斋,门面为三层古式建筑,使用面积达310平方米,营业面积120平方米,二楼为揭裱字画的作坊。开封市书画界知名人士刘梦璋、桑凡和王宝贵、王胜全等担任商店领导和从事业务经营管理工作。京古斋一开张,店里的领导和老同志就凭着他们精湛的技艺和熟练的业务技能等优势,四处奔走,广泛联系,不但迅速恢复了原有的进货渠道,还进一步扩大了进货的新品种和新途径,经营的品种也从原来的几百种,迅速发展到1000多种。其中仅书画用笔,就有300多种。当时,京古斋就是品牌,人们很信赖它。书画爱好者和我省书画名家大都以收藏笔管上刻有"京古斋鉴别"字样的名笔为荣。

1980年,京古斋进一步扩大经营范围。店铺由原来的3间扩大为6间,先后调入一批具有专业技艺的工作人员,在原来只卖书画用品的基础上,又增加了出售名人字画、代写匾额、揭裱书画、金石篆刻等业务,深受省内外书画界的欢迎。当时京古斋的揭裱、装裱技艺也是国内闻名。

到了20世纪80年代中期,开封市的书画行业进入了一个相当兴盛的时期,京古斋的生意更是日渐红火。在很多开封人的记忆里,京古斋每天的生意应该是书店街里最好的。当时开封市许多书画界名人名家都先后活跃在京古斋的装裱室内,谈古论今,泼墨挥毫,留下墨宝,供人鉴赏。当时的京古斋,不仅为促进本市也为促进本省的书画、文化事业的发展做出了贡献。京古斋的商品不仅畅销国内的许多城市,京古斋也成为许多国际友人光顾的地方。

游客朋友们,我们面前这座建筑就是京古斋了,让我们一同走进这家历史悠久的百年名店参观感受吧。

模拟实训

盘鼓

游客朋友们:

在开封的街头巷尾,随便问一位市民,很少有人不知道开封盘鼓。恢宏的气势、变幻的动作、有力的呐喊、震天的鼓声……这个曾经让整座城市沸腾的开封本土民间艺术,2007年入选河南省第一批非物质文化遗产名录,2008年被确定为国家级非物质文化遗产。

开封盘鼓又叫"开封大鼓""开封太平鼓""迓鼓",是古城开封特有的一种民间传统鼓乐表演艺术,早在北宋时期,它就已经在开封流行起来。

古人对雷电等自然现象十分恐惧，于是发明了鼓，从而激励人们不再害怕。鼓的作用有三。冷兵器时代，鼓被用于军事领域。在作战中，击鼓可以增加士气，同时还能作战指挥、传递讯息。成语“一鼓作气”，便来源于此。后来在祭祀活动中也有鼓的出现，鼓手们排成鼓阵击鼓，一方面表达对祖先的敬仰，另一方面也显示出国家的威严与帝王的治国有方。之后，鼓还被用于民间活动，尤其是春节和抗旱求雨之时。开封盘鼓是一种纯鼓乐形式，历史悠久、源远流长，所用乐器只有大镲、人鼓、马锣三种打击乐器。这种形式的乐队，起源于古代军队中流行的一种鼓乐——迓鼓。迓，即“迎接”之意。

据《东京梦华录》记载，宋代皇城的军队里有一种杖鼓，是用于朝廷庆典的集体鼓乐形式。皇宫里还有一种鼓乐，称作迓鼓，在礼仪迎宾时集体表演。北宋熙宁年间，迓鼓开始与民间舞蹈相结合，人们装扮成各种历史人物及神话传说中的人物，在迓鼓的伴奏下，踏着鼓的节拍而舞，称作“迓鼓戏”或“舞迓鼓”。由于这种表演形式很受人们欢迎，很快就在民间广为流传。到了明代，几乎所有民间舞蹈的表演都由迓鼓伴奏，因此，迓鼓便成广义的民间舞蹈的统称。

开封盘鼓可以由十几人或几十人，甚至上百人组成。每位鼓手斜肩挎着一面直径 50 厘米、高 32 厘米、重 15 公斤的盘鼓，柳木鼓槌有拇指粗细，可以原地表演，也可行进演奏。

开封盘鼓代表性传承人、开封盘鼓协会会长刘震说：“开封盘鼓的特点就是‘击之如雷，动之如涛。鼓中有舞，舞中有鼓。’同时还有一种黄河奔腾、磅礴的气势在里面！”

开封盘鼓是一种群体活动，需要多人参与。过去农村吃面要用磨盘磨，人多，村子里的磨盘自然也就多。反过来，磨盘多也展示出村子里人丁兴旺，再加上盘鼓形似磨盘，开封盘鼓的名字也就流传了下来。

开封盘鼓作为独具中原特色的民间艺术，表现的是火爆虎威、击之如雷、动之如涛的黄河气魄，以鼓喻人也好，将人比鼓也罢，气势恢宏的开封盘鼓总能将黄河儿女爽朗而强烈的情感通过声震天中的鼓声表达出来，动人心魄。

游客朋友们，清明上河园景区就要到了，在一会儿的开园仪式当中，大家就可以一睹开封盘鼓的磅礴气势了。

模拟实训

戏曲

游客朋友们：

豫剧起源于河南，是中国五大戏曲剧种之一、中国第一大地方剧种。古都开封是豫剧的发源地之一，有着“中国戏曲之乡”的美誉。接下来我们就要前往位于鼓楼广场东北角的大宋戏楼去感受一下戏剧文化魅力。

祥符调是开封戏曲文化的重要代表，它作为发源于开封的一个豫剧流派，得名于祥符县，不仅与北宋时期的杂剧有着千丝万缕的联系，而且也直接承接着明清弋阳腔、女儿腔、汴梁腔、乾梆戏、河南讴的艺术精髓，被称为“豫剧之母”，为标准的中州正韵，是最正宗的豫剧唱腔。

作为豫剧的主流，祥符调在继承了宋代“路歧人”演唱风格的同时，又吸取了在开封一带盛行的锁南枝、傍妆台、山坡羊、耍孩儿、驻云飞、醉太平、寄生草等戏曲艺术，逐步形成了自己古朴醇厚、委婉含蓄、俏丽典雅的风格。在豫剧“五大名旦”中，陈素真、马金凤、阎立品都是在开封师从祥符调艺人，由此踏上成就大师之路。常香玉成名于开封，正是在豫西调的基础上借鉴了祥符调的声腔特点，才使其演唱艺术迈上新的台阶，形成自己的艺术风格。

千年祥符调彰显着千年的中原文明，抒发着大河儿女千载的心声。小宋城马上就要到了，等一会儿我们在用餐的过程中就能欣赏到开封这独有的戏曲艺术魅力了。

模拟实训

小笼包

游客朋友们：

今天中午我们将要在中华老字号——开封第一楼用餐。接下来，我先简单为大家介绍一下。

小笼包子原名灌汤包子，俗称汤包。包子在北宋都城东京(今开封)的市场上已有售卖，是当时七十二家正店之一“王楼”的名品，时名为“山洞梅花包子”，号称“在京第一”。北宋南迁传到临安(今杭州)又称“灌浆馒头”，为当时著名的市井小吃。20世纪30年代，第一楼名厨师将大笼蒸制改为小笼蒸制，且连笼上桌，始称“小笼灌汤包子”。

20世纪20年代，名厨黄继善创办“第一点心馆”，主营灌汤包子。30年代，他适应市场需求，对包子的制作方式加以革新，将原来用半发面皮和瘦皮、瘦肉掺猪皮冻糕加江米、料酒、子母油、甜面酱、小磨香油等制馅，改为用死面制皮和用白糖、味精为馅提鲜。通过“三硬三软”和面，使面皮盘筋韧光滑，不漏汤，不掉衣。还改大笼为小笼蒸制，就笼上桌，旋吃旋蒸，既保持了包子的热度和形状的完美，又便于经营，备受顾客欢迎，此即为灌汤小笼包子。

新中国成立后，灌汤小笼包子得以发扬光大。尤其是黄继善开创的“第一楼包子馆”所经营的灌汤小笼包子，经过名师的不断改进，更具特色。其皮薄馅大，灌汤流油，软嫩鲜香，洁白光润，提起像灯笼，放下似菊花，被誉为“中州膳食一绝”。远近闻名，吸引了大批开封市民和中外游客，多以品尝此名食为乐事。80年代末和90年代初，“第一楼”先后发展了系列产品“小笼包子宴”和“速冷包子”。“小笼包子宴”又称“什锦包子宴”，依馅料不同分为鸡丁、笋丁、韭菜头、鱼仁、虾仁、山楂、三鲜、南荠、麻辣汤和灌汤十大风味。“速冷包子”先后投放本市及郑州、洛阳、杭州、北京等市场，受到欢迎。

90年代后期，随着第一楼集团公司的成立和规模的日益扩大，各地要求联营或设店经营灌汤小笼包子的客商越来越多，至1996年年底，已在外地设连锁店20余家。1989年以来，“第一楼”小笼包子先后获得商业部优质产品金鼎奖和中国烹饪协会认定的“中华名小吃”等荣誉。经过九十多年的发展，如今的开封第一楼有限责任公司已进入全中国餐饮业五百强行列。

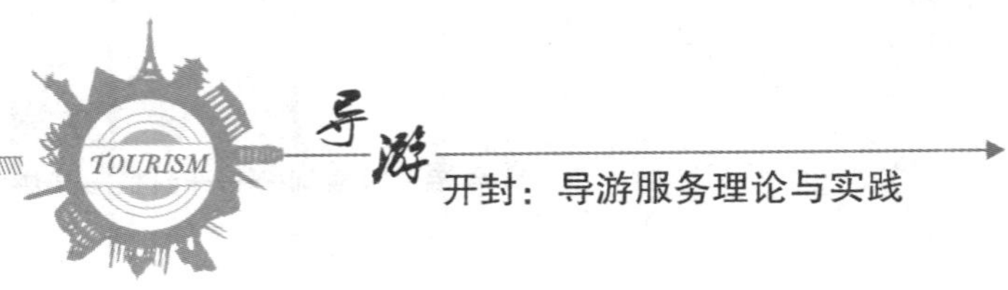

一会儿，我们在品味美味佳肴的同时，还可欣赏到一道带有浓厚地方的文艺大餐——歌舞、杂技、魔术、地方戏和时装表演，这些自编自演的节目，一定会给大家留下深刻的印象。让我们一起去“吃一楼包子，品宋都文化”。

模拟实训

宋茶

游客朋友们：

我们接下来将要前往的皇宋大观文化园位于晋安路 26 号，现已开发经营的一期占地面积为 45 亩，建筑面积 4 万余平方米，目前涵盖翰林图画院和大观美术馆、大观茶城、大观书院、宋茶文化博物馆、大观古琴学院、吃街、创意文化园、开封民俗博物馆、古典红木区等功能区。其中大观茶城面积 10000 多平方米，现有各类大小文化类商家约 200 家，包含茶产品展示交易区和古玩字画交流区。

有了解的朋友可能能够看出，“大观茶城”名字就来自《大观茶论》，那么现在，我先简单为大家介绍一下北宋时期的茶文化。

北宋东京城社会安定，市民富庶，文化昌盛，为中国茶文化的传承升华提供了文化元素和物质条件。此时，品饮之雅上自皇帝，下至民众，举国皆崇，茶到此时，方成国饮。“茶兴于唐，而盛于宋”，中国茶文化发展历程中，唯有宋代茶文化堪称精绝，上升到无所不臻的至高境界，且为当时乃至今日的优雅生活注入了情趣。

宋代茶饮风俗形式，在其历史时间与空间具有时代的特征、社会的特色。在宋代，全国范围内出产茶叶 200 多个品种。其中，皇家的贡茶最具有代表性。北宋王朝初立，宋帝设立茶局，派重臣督造皇家御茶，他们最终选定福建建州凤凰山北苑贡茶为皇家御茶，旷世奇茗也由此诞生，掀开了中国茶叶史上新的篇章。据记载，皇家贡茶“龙团凤饼”为宋真宗时期宰相丁谓所创，小“龙团凤饼”是宋四大书法家、福建转运史蔡襄所造。宋徽宗年间，郑可简改制的“龙团胜雪”成为中国制茶史上的一个神话，至今无法超越。宋代贡茶之美、茶叶之精，使得大量文人墨客为之倾倒。饮茶不仅成了人们物质生活的重要组成部分，而且进入上层社会的精神生活，成为文学艺术的主题之一。在“两宋”时期，先后有 180 多位诗人、词人用文章赞颂宋代贡茶，诗词达 400 篇。宋代的贡茶记录着宋代人深耕茶史的足迹，记录着宋茶创造茶史的辉煌。建茶入诗，比比皆是。北宋文学家苏轼把佳茗和佳人联系在一起，写出了“从来佳茗似佳人”的佳句，为人们所传诵。陆游写了 300 多首茶诗，成为历代诗人中写茶最多的一位。陆游对建茶更是情有独钟，他入闽做茶官，就生活在建茶之地建州。“建溪官茶天下绝”的名句，出自他的《建安雪》。欧阳修在病中喜得建茶，品尝之余，遂作《和梅公仪尝茶》。“莫夸李白仙人掌，且作庐仝走笔章”，这是梅尧臣的诗句，是说北苑“龙凤团茶”可以比得上“仙人掌茶”，也可与“阳美紫笋茶”媲美。

宋茶成为国饮和宋代茶文化的繁盛，与宋徽宗赵佶密不可分。据《宣和北苑贡茶录》记载，宋徽宗在位的时候，武夷山北苑的御茶园不能再囿于传统上贡的“龙凤团茶”，必须跟着皇帝的心思变花样，以悦龙心，精制了几十种贡茶，让皇帝来玩赏：白茶、“龙园胜雪”“御苑玉芽”“万寿龙芽”……不一而足。受宋徽宗喜爱的北苑贡茶“龙团凤饼”，别小看它仅有皮带扣大小的茶饼，却不知凝聚了多少人的智慧和汗水。每年清明前后，七万人为皇帝制茶，取上好的茶叶嫩尖中心的白色细线，经几十道工序，以研膏蒸青法制作成饼。而每年进贡给皇帝的上级贡茶产量也不过寥寥几十饼而已。一饼茶折算成现今的人民币就是近 20 万之多，不仅价值连城，且一饼难求。

赵佶喜茶，不仅在于他精于茶事、擅长茶艺，还写了一本《茶论》，后世称之为《大观茶论》，谈制茶之法与点茶真韵。茶中极品，不是用沸水冲泡就能饮用的，其饮用方法更加考究。《大观茶论》中记载有“七汤点茶”法，“点”在此做注水和击打之意。小小的茶饼经过“砸，碾，磨，罗”变成细粉，放入建盏之中调和成膏状，注入清水再用茶筅不停地击打，这便是一汤。经过击拂，黑色的茶汤表面浮现出了泡沫，宋徽宗将它取名为“乳钵”。而每一汤完成的标准，就以乳钵的疏密程度来定夺。七次注水、七次击拂之后乳钵白如凝雪、厚而细腻，中间高，称为“云头”。这就是点茶完成的基本标准。宋徽宗说：“茗有饽，饮之怡人，虽多不为过也。”可见这厚厚的乳饽才是人们所饮用的茶中之精华所在。书中还说，饮茶有道，首先讲究色、香、味。由此可以看出，宋徽宗不但懂得如何点茶泡茶，还清楚了解制茶的过程与饮茶的香气效果。在皇帝带头下，随着饮茶在社会生活中所处地位的日益重要，宋代茶书的撰述也大大超过了唐人，超过 30 种，其中不少成了流传至今的经典，成为中国茶文化著述中的宝贵遗产。

宋代的饮茶之风继唐之后深入社会各个阶层，渗透到日常生活的每一个角落。宋代开封城内遍布茶庄、茶肆、茶馆等。孟元老的《东京梦华录》以及张择端的《清明上河图》中都描述了东京汴河两岸茶坊生意兴隆的繁荣景象。宋代茶馆十分重视摆设，有的悬挂名人字画，有的则放置鲜花、盆景，很注意环境的优美。《梦粱录》在记载当时的茶馆时说：“汴京熟食店，张挂名画，所以勾引观者，留连食客。今杭城茶肆亦如之，插四时花，挂名人画，装点门面。”从皇宫、官府的欢宴到亲朋之间的聚会，从各种场合的迎来送往、交际应酬到人生喜庆的礼俗，无处没有茶之清风洋溢、香气飘拂，斗茶、茗战更是情趣盎然、格韵高雅。

茶道兴，茶宴盛。斗茶之风浓烈，讲究茶优、水质、器美，茶以新贵，水用活水，器要精良。选团茶碾细末入盏，注沸水搅动，茶汤纯白为上，青白次之，灰白又次之；盏无水痕为绝佳，水痕先出者为负。茶王“斗品充官茶”，民间有茶农、百姓的世俗斗茶；高僧爱斗茶，寺院有佛教僧侣的禅门斗茶；名士好评水，官宦有诗人墨客的文士斗茶。文人雅士们还不满足于此，又发明了能在茶汤中形成文字和图像的技艺——分茶。将研磨好的茶粉，加水调和成茶膏，以茶针沾上这茶膏，便能在乳钵之上写字、作画。史书中记载小小的一个碗口竟能写下 52 字之多，令人惊叹。在宋徽宗和一大批文人、僧人的推崇下，不仅把分茶做到极致，也将中国茶文化推向历史高潮。

宋代的茶馆，经营灵活，除白天营业外，还设有早茶和夜茶。据《东京梦华录》记载，北宋时开封有“每五更点灯”的早茶馆。服务项目除供应茶水外，同时也供应汤水茶点。除了茶肆、茶坊、茶楼在固定的地方专门卖茶水等诸种饮料外，北宋开封至夜半三更还有提瓶卖茶者，“盖都人公私营干，夜深方归也”。南宋时杭州则在“夜市于大街有车担设浮铺，点茶汤以便游观之人”，为深夜仍在活动、游玩的吏人、商贾或市民提供饮茶服务。在“巷陌街坊，自有提茶瓶沿门点茶，或朔望日，如遇吉凶二事，点送邻里茶水，倩其往来传语”，为市民的日常生活提供了极大的便利。

宋代的茶风、茶道盛行天下，开封曾是全世界茶文化的中心，茶叶经济约占当时财政收入的5%。宋代的饮茶文化更加深厚，且影响到日本、韩国等茶道的形成。日本有茶，大约是在平安时代之前。据当时的文献记载，茶是由当时留学中国的日本僧人最澄带回日本，并首先在寺院推广开来的。与中国茶异曲同工，日本茶也经历了由药用至饮用的过程。被尊为“日本茶祖”的荣西禅师由宋朝携回茶籽，并分送筑前背振山等，分植于宇治等地，并将宋朝禅院吃茶仪规完整地带入日本。1235年，日本僧人圆尔辩圆入宋求法，并带回径山寺茶种种在自己的家乡静冈。自此，日本茶道“禅茶一味”的寺僧传统被牢固地确立下来。日本“抹茶道”主要是承袭自中国宋代茶道。

宋代的斗茶和“茶百戏”就是中国茶文化的传奇。鉴于茶马贸易的旺盛，宋代开始，朝廷设茶马司专门负责以茶叶交换周边各少数民族马匹的工作。马匹是重要的战备物资，北宋朝廷设置了茶马司便于朝廷控制各少数民族地区。同时，茶马贸易也促进了对少数民族的文化特别是茶文化的推广，并由此逐步产生了专供少数民族地区的茶叶——黑茶(边茶)。

中国茶从药用、食用演变到后来的饮用，不仅使用价值被充分挖掘，而且围绕茶的饮用也形成了独特的茶文化。以“唐煮”“宋斗”“明冲泡”，则分段成为古典之饮、浪漫之饮、自然之饮，但唯有宋代的茶文化，才上升由“品”到“玩”的浪漫境界，可称为中国茶文化的巅峰。

今日之开封，宋风浩荡，古韵犹存。2016年，开封成功举办了第14届国际茶文化研讨会，开封的茶艺师生动还原了宋代茶文化巅峰时期的点茶、斗茶和茶百戏等技艺，再现了宋茶文化的魅力，传承和创新中原茶文化，推进茶文化的交流与合作，以茶文化为平台，展示了一个全新的古都形象。

游客朋友们，皇宋大观就要到了，让我们一同去感受宋茶的无限魅力吧！

(资料来源：庞志民.宋代茶文化：中国茶文化的巅峰.开封网-综合资讯，2014-08-12.)

任务九　文化传承，现代开封——旅游展馆讲解

展览馆是作为展出临时陈列品之用的公共建筑，按照展出的内容分综合性展览馆和专业性展览馆两类。其中，博物馆是我们最常见到的展览馆形式。博物馆是征集、典藏、陈列和研究代表自然和人类文化遗产的实物的场所，并对那些有科学性、历史性或者艺术价值的物品进行分类，为公众提供知识、教育和欣赏的文化教育的机构、建筑物、地点或者社会公共机构。

陈列展览表达了展览所要叙述的中心思想或是关键概念，展览馆导游词就是最能直接

突出这个主题的工具。相同的展览与展品，由不同的导游员使用不同的导游词来解说，带给观众的感觉是完全不同的。那么导游员如何开展讲解服务才能帮助观众在有限的时间里收获最多的知识与体验呢？

展览馆讲解

展览馆受众较广，在开始讲解之前要先做好讲解对象分析，从而做到因人施讲。因人施讲要求我们会针对不同职业、民族、年龄、性别、文化水平的各种观众，组织不同的语言来进行讲解，让受众更加容易且接受较多的讲解内容。

(1)普通群众。普通群众来展馆参观，往往是以休闲为主，学习为辅。给他们讲解时，做到简单、明了较为妥当。除非是观众自己提出较深层次的问题，讲解员最好不要主动涉及，当游客休闲时，让他们接受、消化复杂的内容会打消他们参观的积极性。

(2)专家学者。因专家学者往往有备而来，他们最重视与自己研究范围相关的展区，看得非常仔细。给他们讲解前，最好先了解对方的业务范围，以便心中有数。对他们的提问我们要实事求是作答。

(3)政务接待。领导一般行程比较匆忙，给讲解员留的时间很有限，因此要抓住重点，做到“有所讲，有所不讲”，力求在最短的时间里给领导留下展馆最有特色地方的深刻印象。

模拟实训

开封博物馆

游客朋友们：

现在我们面前这座雄伟的建筑就是开封市博物馆新馆了。

开封博物馆于1962年3月成立，前身为开封市展览馆，原址位于三胜街，是在河南省博物馆迁往郑州后的原址上筹建起来的。1986年在开封市包府坑中路扩建新馆，于1988年9月建成，并正式对外开放，馆藏文物8万余件，包括陶器、瓷器、铜器、书画、雕刻、石刻、货币、玉器、漆器、服饰及杂项等十八类。2017年被评为国家一级博物馆。

这座新馆则是在2018年才建成开放，新馆位于开封郑开大道五大街和六大街之间，总面积为5.4万平方米，是目前河南省建成的面积最大的地级市博物馆。建筑总体平面设计突出北宋开封城三重城格局特点，由外围、环形内院和中心主体三部分组成，造型遵循“外在古典，内在时尚”原则，四周以较低的建筑拥簇中央高耸的殿阁，体现出宋代建筑组群的建筑特征。

总体建筑东西长249米、南北长120米，外围形体为2层，高15.6米，四角各设角楼，角楼高约30米；主体建筑3层，总高度为23.4米，单层高度7.8米；主体局部为5层，总高度

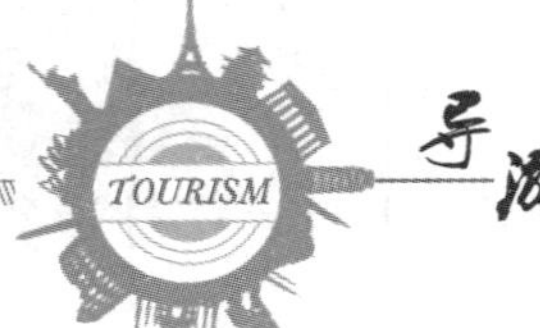

为 53.36 米，顶层设有室外观景平台，可以总览开封中意新区。

博物馆展区分为两层。

一层由公共服务区、陈展区、文物修复区组成。其中公共服务区包括游客服务中心、学术报告厅、教育体验区、文创展示中心、4D 影院、贵宾接待室等。陈展区包括开封朱仙镇木版年画展、书画精品展、石刻精品展、明清佛像展、明清皇家用品展和宋代科技展 6 个专题展厅以及两个临展厅，总面积为 5000 平方米。

二层由基本陈列区、会议室、办公区组成。二楼陈展区展厅总面积为 6855 平方米，共有 7 个展厅，包括 5 个开封古代历史文明展厅、近现代开封史展厅以及大晟乐舞演出厅。其中开封古代历史文明展面积为 4840 平方米，突出展示北宋 167 年的建都历史，在其范围内辟出约 700 平方米的清明上河图专题展厅，展示各时期不同版本、不同创作形式、不同材质的有关《清明上河图》的文物及史料。

现在我们进入一层大厅。

1. 开封时间

悬挂在我们进门上方的这只钟，叫做开封时间，在钟面上，您能看到 15 个地名，它们分别是开封在不同历史时期的名称，从夏朝的老丘，一直到今天的开封。一只钟，二十四时，十五个名称，只是一个昼夜的轮回，便已是逐鹿中原，金戈铁马，勾栏瓦肆，千年风华。

2. 源远流长

沿着中轴线上刻画的象征黄河水波纹的地板砖向前，展现在我们面前的是一幅叫做《源远流长》的金属镂雕的壁画作品，是和水流的第一处交汇。我们可以看到，在画卷的右上角是开封地表之上至今保存最完整的北宋时期的建筑——铁塔，也是一个王朝鼎盛的象征。在距离铁塔不远的地方，有载着货物的驼队走在丝绸之路，宋代开封因“丝绸之路”而昌盛，“丝绸之路”因开封而绵长。

3. 瑞鹤图

这副《瑞鹤图》是北宋徽宗皇帝赵佶的传世名作，画卷中，群鹤盘旋于宣德门上，形态各异，整幅画卷闲适、安逸，晕染出祥瑞之感。而我们馆里的这幅《瑞鹤图》，采用著名缂丝工艺，用 70000 米钢管“编制”而成。钢管不是只有一排平面，每一面都是四层钢管，四层叠放，长短错落有致，内外通透，距离精密。不同角度观看，会有不同的视觉体验。这种设计方法和理念，属国内首创。缂丝工艺源自宋代，是中国传统丝绸艺术品中的精华织造技艺，它采用的是“通经断纬”的织法，成品效缂丝工艺源自宋代，是中国传统丝绸艺术品中的精华织造技艺，它采用的是“通经断纬”的织法，成品效果如同雕琢镂刻一般，极其富有立体感，但该技艺难度极大。展现在我们眼前的这幅独特的金色堆叠编织起来的《瑞鹤图》，哪怕只是浮光掠影，却已然一眼万年。

接下来我带大家参观几个主要展馆。

4. 石刻精品展

接下来我们来到的是《千年印记——馆藏石刻精品展》展厅，现在映入我们眼帘的是石刻展厅的序厅部分，整个序厅是以山岩为背景，向大家呈现古人开山取石、凿石、刻石、立石的过程，近处是古人镌刻碑志、雕佛造像的场景。

我们古人将石头作为记录文字的重要材料，历代都存在刻字于石的现象，目前我国留存的石刻，时代跨度从先秦时期一直到明清时期。现存石刻种类繁多、内容也相当丰富。我们开封市博物馆馆藏石刻900余件，主要包括墓志、碑碣、造像、经幢，具有较高的历史、艺术价值。该展厅是从中选取了一百多件精品，向大家展示我国古代留存下来的石刻艺术。

石刻展厅分为碑刻墓志和画像石两部分，其中把碑刻墓志按照时代发展序列分为汉代黄肠石、北朝墓志、隋唐墓志、宋金碑志和明清碑志。我国自秦汉以来就有写刻碑志的传统，留存下来的碑志内容十分广泛，有人物传记、典章制度以及诗赋名作等，其书体也随着时代的发展而有所侧重，有篆书、隶书、草书、行书等。不同时代的碑刻在文体、雕刻风格上都有所不同，这些碑刻也成为现在研究古代历史、政治、社会、经济、文化以及书法艺术的重要资料。

《说文解字》中解释碑为竖石。其实碑刻最初是用来歌功颂德的，像秦始皇刻石就是用来赞颂秦始皇的功绩的，后来的墓碑石刻大多也是用来赞颂死者的功绩的。从已知的考古材料来看，秦汉时期在墓中就已经有在石头上刻字的情况。只是那时还不叫墓志，称为墓记，在石头上记录死者的官职、姓名以及丧葬年月。

5. 明清佛像展

佛教产生于公元前六世纪的古印度。在东汉时期，佛教从印度沿着丝绸之路传入中国，并与中国的传统艺术相结合，形成了具有中国特色的造像艺术。这里展示的是佛门艺术中常见的装饰物，佛八宝，又叫做八吉祥。是由法轮、法螺、宝伞、宝盖、莲花、宝罐、金鱼、盘长八种器物图案组成，每一个都蕴含着不同的寓意。

例如我们看到的莲花，象征着佛法圣洁，如同莲花一般，出淤泥而不染，引导众生超凡出世，脱离污垢。金鱼则是象征着佛法具有无限生机，如同鱼儿游在水中，自由自在，象征着富裕和祥和。盘长又叫做吉祥结，象征着佛法具有强大的生命力长久传承无尽无休，具有长命百岁的美好寓意。法轮，象征着佛法像轮子一样旋转不停，永不停息地度化众生；代表着事业广大而强劲。

第一部分我们看到的是明代佛像。

明代的佛像主要有汉式佛像和藏式佛像两种，均以金铜佛像为主，工艺精湛。明代宫廷专设有造像机构——佛作，专门制作佛像。

释迦牟尼是佛教的创始人，在佛教里地位最高。他具有八种形象，有诞生像、思维像、成道像等等，而这种造像就是释迦牟尼的诞生像。表现的是释迦牟尼从他的母亲摩耶夫人的右肋降生。接下来我们看到的这组释迦铜像则为成道像，表现释迦牟尼35岁时，创立原始佛教的基本教义，他通高150厘米，宽110厘米，由于明代统一稳定的政治基础和丰厚的物质基础，寺庙雕塑不乏佳作，以精细见长。

明代不论佛、菩萨，面相都丰满端庄，脸型呈方圆，表情静穆柔和，整体造型优美，金色充足，衣纹是汉地常用的写实手法，质感较强。接下来我们看到的分别是阿弥陀佛、毗卢遮那佛、弥勒佛。

菩萨在大乘佛教中是仅次于佛的第二果位。文殊，普贤，观音，地藏，是中国佛教中著名的四大菩萨。

我们现在看到的是鎏金自在观音铜坐像，这尊明鎏金自在观音铜坐像高130厘米，宽95厘米，铜像通体鎏金，但历经岁月剥蚀、氧化，显现斑驳。铜像造型优美，工艺精湛，殊为

珍贵。

罗汉是阿罗汉的简称，在佛教中地位仅次于佛、菩萨，属于第三果位。

接下来看到的就是清代佛像的部分了。

清代的几位皇帝，全都崇信佛教。顺治皇帝几次召高僧到内廷说法，并曾想弃位出家；康熙皇帝六下江南，名山大刹无不礼拜，并自称罗汉下凡；雍正皇帝字号“圆明居士”；乾隆皇帝比以上几位更热心事佛，不仅花时八年完成《大藏经》编修，建寺造佛也达到高峰。清代的佛像艺术以寺庙为重点。由于明代丰厚的传统遗产和清代宫廷的倡导，佛寺和造像有增无减，特别是喇嘛佛教造像在朝廷的扶持下，得到了很大的发展。

现在我们看到的是一些清代的释迦牟尼佛铜像，采用了鎏金的制作工艺。清代的佛像吸收了藏传佛教的特点，一般都五官精致，双目传神，工艺精湛，造型美观。多着汉式的衣服，衣纹呈放射状。

这些手印是佛教当中常见的手印，代表着不同的寓意，例如禅定印，两只手叠压在一起，是一种身心安静，排除各种杂念，深入冥想的印相。而施愿印是左手自然下垂，掌心向外。寓意佛以普救众生的慈悲心，应众生之祈求，使其愿望得以实现。与愿印和施无畏印往往配合使用，是释迦牟尼的常用印相。

为了使佛像的形体更为高大，给人以崇敬的感觉，佛像一般都安置在台座之上，接下来大家看到的就是一些佛像的台座。佛像的台座古代多为四边形，称四方座，后来又出现了六方形，称六方座，佛座的形式多种多样，不同的佛像采用不同的台座，常见的台座形式有莲花座、岩座、云座等等。

看到这么多佛像，我们会发现在这些佛像手上都握着一些器物，而且这种器物就被称之为法器。法器种类繁多，大致可以分为三类，那么第一种是植物类，第二种是器物类，这两种都是用来弘扬佛法的。第三类是兵器，兵器是用来降服恶魔，保护佛法的。最为常见的就属观音像当中，一手执净瓶，一手持杨柳枝的造型，寓意着瓶中的净水可以普度众生，消灾除病。

6. 藏式佛像

中国佛教的三大系统是南传佛教、汉传佛教和藏传佛教，而我们现在看到的就是藏传佛教的佛造像。在明清时期，藏传佛教得到了当时统治者的大力推崇，使得藏传佛教艺术迅速发展，逐步形成了独特的艺术风格，是中国佛教艺术中璀璨的明珠。

宗喀巴是藏传佛教格鲁派的创始人、西藏佛教史上著名的宗教改革家和佛学大师。藏传佛教尊奉他为文殊菩萨的化身，而我们现在看到的这尊佛像就是鎏金宗喀巴坐像，头戴尖顶帽，也称通人冠，双手于胸前结说法印，两肩之上原饰有莲花各一支，左边莲花中有经箧，右边莲花中有宝剑，“左经右剑”是宗喀巴像的明显标志。铜坐像身披藏式袈裟，跏趺坐于莲花座上。

弥勒在藏传佛教地区被称之为强巴佛。这尊弥勒菩萨铜坐像通体鎏金，头戴宝冠，头冠和璎珞上镶有绿松石。这些宝石虽然历经岁月的洗礼，部分遗失，但我们仍然可见他当初的风华。

藏传佛教的工艺传入中原地区，在遵从藏传佛教造像规则的同时，又融汇了汉族造像的表现方法，注重写实和细节刻画，造像精美华丽。明代和清代的佛像面相和身材都比较相似，但从莲花底座可以看出区别，明代时期的花瓣长且精细，而清代时期的花瓣比较大和平整。清代以康熙、乾隆年间的金铜造像为最高水准。

7. 明清皇家用品展

这个展厅的文物是1980年故宫博物院拨交给我们开封博物馆的一批文物，有瓷器、玉器、珐琅、织绣品、竹雕漆器等皇家御用品，共254件，其中国家一级文物就有23件。本展览共分宫廷食器，宫廷文房用具，宫廷陈设用品，宫廷服饰、配饰四个部分，此分类方法区别于传统按质地单纯分类的方法，旨在为观众带来一个明清皇家用品的功能展，希望通过此次展览，我们能一同触摸到那些沉睡的文物，感知宫廷生活深厚的文化底蕴，一览明清时期的大美江山。

第一部分——"皇家风范，钟鸣鼎食"主要为我们介绍一些宫廷饮食器具，有杯盘碗盏、食盒、奓斗等饮食器具。

首先我们看到的这一组是黄釉碗、盘。黄色具有特殊的含义，是帝王尊贵的象征，明清两代仅限于皇室专用。这件明弘治时期的黄釉瓷盘，属国家一级文物，明弘治时期黄釉颜色适中，是明代黄釉的代表，达到了历史上低温黄釉的最高水平，后世清代大量烧造黄釉深受明代的影响。此盘黄釉娇嫩鲜艳，犹如鸡油，釉面光亮，属难得佳品。在彩釉装饰中，黄釉的多少标志着使用者身份的高低，由全黄釉到以黄釉为地，再到以黄釉作彩，及至没有黄色，等级规定严明，不得簪越。我们看到的前三件全黄釉碗盘，应是皇帝、皇太后、皇后所专用的。

这件永乐白釉暗花瓷碗，口径21.1厘米，底径7.5厘米，高10.4厘米，深腹，圈足，底微凸似鸡心，内外满饰暗花，内壁口沿印波浪纹，腹部印蕉叶纹一周，外壁口沿划回纹，腹部划缠枝牡丹和菊花纹各三朵，互相间隔，颇为美观。甜白瓷诞生于永乐时期，其釉质洁白，温润似玉，肥厚如脂，与前代瓷器相比，甜白瓷胎质更加细腻光净，堪称中国白瓷史上的极品。其釉层有厚薄之分，薄釉常施于薄胎及脱胎圆器上，釉面平整晶莹，甚至薄到半脱胎的程度，能够照见光影，釉色更加白亮莹润，给人一种甜美的感觉，固有"甜白"的美誉。此碗胎骨较薄，胎质纯净洁白，内外施粉白色釉，微闪青色，釉质细润如脂，是典型的薄胎甜白瓷。

第二部分——"古砚藏珍，笔墨春秋"为我们介绍的是宫廷的文房用具品。

首先映入我们眼帘复原二维半场景的是三希堂，三希堂是乾隆皇帝的书房。希，有两层含义，第一层是希望，三希即"士希贤、贤希圣、圣希天"，士希望自己能够成为贤人，贤人希望成为圣人，圣人希望成为知天之人，也就是鼓励自己不懈追求，勤奋自勉。第二层，希是稀少，三希是指三件稀世珍宝。乾隆皇帝文韬武略，博学多识，尤擅书法，乾隆十一年，在此收藏了晋朝大书法家王羲之《快雪时晴帖》(现存台北故宫博物院)、王献之《中秋帖》、王珣《伯远帖》，这三件古代墨宝，被乾隆帝所珍爱，特意贮存在此。

下面我们看到的是一组砚台。砚，是由原始社会的研磨器演变而来，伴随着笔、墨的发展而发展起来。端砚、歙砚、澄泥砚、洮砚并称中国四大名砚。端砚石质温润，纹理缜密，贮水不干，磨墨无声，利不损耗，享有"群砚之首"盛名。歙砚，其石质坚韧，清亮莹透，纹理细密，发墨迅速细润，严寒不冻，呵气可研，易于清理。澄泥砚质地细腻，犹如婴儿皮肤一般，而且贮水不涸，历寒不冰，发墨而不损耗。

接下来我们看一套江南织造文熙恭呈棉花图墨，这套墨出自江宁织造，苏州织造署与江宁、杭州织造署并称"江南三织造"，供宫廷御用或官用。这套墨共16锭，分装在两个黑漆描

金龙纹木匣中，每锭墨呈长方形，单个尺寸：长 11.7 厘米，宽 3.6 厘米，厚 1.2 厘米，每锭墨正面绘有《棉花图》，套墨用连环画的形式表现了棉花从布种到成布的工艺流程，墨的背面在金漆框内镌刻乾隆御题诗句，并有简单文字说明每项生产工序及经验，侧面有“江南织造奴才文煦恭呈”十字楷书款。

文房还有“第五宝”，就是水丞。水丞又称水中丞，一般多称水盂，是种古老的汉族传统工艺品。它是置于书案上的贮水器，用于贮砚水，多属扁圆形，有嘴的叫水注，无嘴的叫水丞，制作古朴雅致，为文房重要器具。接下来我们看到的是豇豆红釉团花水丞。豇豆红，是康熙晚期出现的似豇豆的红釉品种，这类水丞又叫太白式水丞，是一个独特品种，它口径短小，腹部宽大，底平实，外形像鸡罩或鱼篓，因此又称鸡罩尊或鱼篓尊，而起名太白水丞，大概是文人仰慕唐朝大诗人李白的缘故。

第三部分——“博采众长，精美绝伦”为我们介绍的是宫廷陈设器物，这些器物多陈设于多宝阁和几案之间，宫廷陈设器物按其质地可分为瓷器、玉器、牙器竹雕、珐琅等。

明清时期，国富力强，有着强大的经济基础，制瓷、玉器制作、雕漆等工艺所也取得了卓越成就，是广泛汲取各门类艺术精华的结果。

接下来我们来了解一件馆藏国家一级文物——双猴捧桃。它高 11.6 厘米，厚 5.5 厘米，重 1400 克，用新疆和阗玉制成，玉料是羊脂白玉。此器物采用圆雕技法，雕琢的桃枝遒劲富有张力，猴身上的毛发细如发丝，根根不乱，排列有序，刀法精绝，抛光细润。整件器物的造型可谓是动中有静、结构疏密有序，把双猴与桃的形象雕琢得栩栩如生，宛若天成，给人以完美的感觉。能在方寸的石头上将双猴捧桃的形态神情表现得如此惟妙惟肖、趣味横生，当称清代玉器的代表。

第四部分——“纤手弄巧，锦绣未央”为我们介绍的是一些宫廷饰物。

清代皇帝的服饰基本上分为三大类，即礼服、吉服和便服。礼服包括朝服、朝冠、端罩、衮服、补服；吉服包括吉服冠、龙袍、龙褂；便服即常服，是在典制规定以外的平常之服。

龙袍，是上下连属的通身袍，比礼服略低一等，是皇帝在一般性的吉庆宴会、朝见臣属的时候穿用的常见礼服，也是我们常常见到的帝王服饰。而在仅次于盛典、上朝的公众场合，皇帝一般穿袷袍。首先我们看到的是两件龙袍，清代龙袍以明黄色为主，也可用金黄、杏黄等色。清朝皇帝的龙袍，绣有九条龙。龙袍的下摆斜向排列着许多弯曲的线条，名谓水脚。水脚之上，还有许多波浪翻滚的水浪，水浪之上，又立有山石宝物，俗称“海水江涯”，它除了表示绵延不断的吉祥含义之外，还有“一统山河”和“万世升平”的寓意。

我们看到的这件玉扳指，又叫玉谍（音同射），本意是拉弓射箭时扣弦用的一种工具，是套在射手右手拇指上，以保护射手右拇指不被弓弦勒伤的专用器物。后来引申为能够决断事务，具有身份和能力的象征。

现在我们看到的是清乾隆玉雕花柄桃皮鞘兔胆腰刀。清乾隆十三年（公元 1748 年）乾隆皇帝共命人铸造了天字号宝刀三十把，地字号宝剑三十把，这也是乾隆皇帝铸造的第一批宝刀。这六十把刀剑按天、地、人再各分上下，五把一份，盛放在十二个长方箱内。盛刀的长方箱总命名为“湛锷韬精”，盛剑的名为“神锋握胜”。

8. 宋代科技展

英国现代科学技术史专家李约瑟，也被称为中国人民的老朋友，他说过这样一句话，每当人们在中国的文献中查考任何一种具体的科技史料时，往往会发现它的主焦点在宋代。

的确，宋代是中国古代科学技术体系高度发展的时期。火药、指南针、活字印刷此时得到发明、应用和推广，对中国和世界文明的进步形成了广泛的影响。接下来让我们一起走进宋代科技成就展，领略宋代科技成就的风采。

整个展览分为六个单元，分别从天文、军事、航海、医药、冶炼等方面展现了宋代科学技术的巨大贡献。

我们先来看第一部分——“斗转星移，宇宙寻踪”。宇宙的神秘始终吸引着人类不断探索的步伐。中国古代的先人们在遥望星空的同时，在天文、历法研究方面做出了众多贡献。

接下来我们就来认识这一伟大的发明——水运仪象台。水运仪象台建于北宋元祐年间(元祐元年为公元 1086 年)，距今 900 多年，台址位于北宋京城东京，也就是今天的河南开封，是一座集计时报时、天文观测和星象显示三项功能于一体的大型天文钟。整个水运仪象台高近 12 米，台底 7 米见方，是一座上狭下广、呈正方台形的木结构建筑。水运仪象台的建造工作由当时的宰相苏颂领导，由通晓天文和机械技术的官员韩公廉等人负责设计，并带领能工巧匠施工，于公元 1092 年建成。水运仪象台分为三层：顶层为浑仪，用于观测星空，上方的屋形面板在观测时可以打开；中层为浑象，用于显示星空；底层为动力装置及计时、报时机构，通过齿轮传动系统与浑仪、浑象相连，使这座三层结构的天文装置环环相扣，达到与天体同步运行。水运仪象台正面的底层，为塔形报时装置，塔的最上一层有 3 个木人，中间着绿衣的每到一刻击鼓一声，右侧穿红衣的每到时初摇铃一次，左侧紫衣木人每到时正叩钟一下；最下两层为夜间值更者，举牌显示更点，并敲击金钲告诉人们某个更点已至。

水运仪象台的动力来源是水，但并非一般想象的用水冲击水轮，而是通过精巧的机械设计，利用流量稳定的水流实现等时精度很高的回转运动，藉以计时，并采用水车、筒车、桔槔、凸轮和天平秤杆等机械原理，把观测、演示和报时设备集中起来，组成一个整体。水运仪象台堪称当时世界上最先进、技术综合程度最高的大型机械装置，可见我国古代劳动人民的聪明才智和创造精神。

接下来我们进入第二部分——“刀光剑影，战场新声”。火药是中国古代四大发明之一。公元 10 世纪初，由于频繁的战争需要，火药逐渐受到军事家和统兵将领的重视，开始从方家炼丹炉中解放出来，应用于军事上。在以冷兵器为主体的军事技术日臻成熟的基础上，火器的研制和使用不断得以改进，这标志着火器与冷兵器并用的新时代到来。

北宋庆历四年，由曾公亮等人编纂刊行的《武经总要》，正式刊载了“火球火药方”“蒺藜火球火药方”“毒药烟球火药方”三个火药配方和配制技术。三个火药配方的正式刊布宣告了火药发明阶段的结束，进入了军事家把火药制成火器的新阶段，具有开创新时代的意义。

第三部分是“磁针指南，海上扬帆”。

由于西北少数民族政权与宋朝的对峙，在宋朝统治的 300 多年中，路上丝绸之路基本被阻断，中国同欧洲之间的外交、贸易、文化往来主要依靠海上航运。指南针在宋代被作为导航仪器应用于海上航行，这使得船舶具有了全天候航行的能力，不仅提升了航速，也降低了海上行船迷失方向的风险，从而促进了中国海外贸易的发展。随着指南针的西传，也为欧洲航海家的远洋航行和地理大发现创造了重要条件。

接下来我们来了解几种指南仪器。这是指南鱼的复原模型，指南鱼是将磁化的鱼形铁

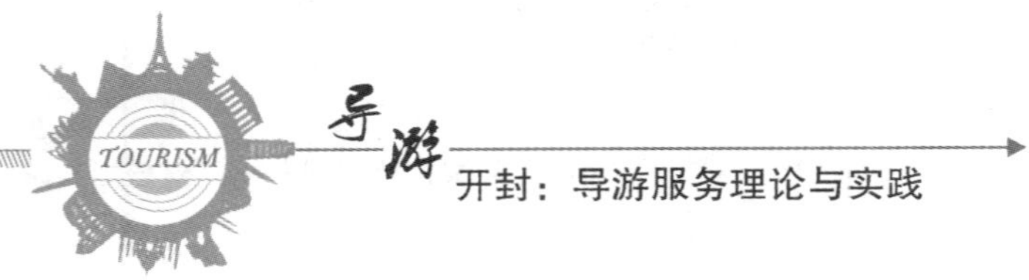

片放入盛水的方位盘中，从而出现鱼首指南的现象。指南针，以铁针针锋摩擦磁石制成人工磁针，然后用针贯灯芯草(后来用鸡翎)浮于水中做成悬浮磁针。磁针问世后，先后用于堪舆和航海。

第四部分是“印刷新秀，活字墨香”。印刷术是中国古代四大发明之一，对人类文化的传播和普及做出了重要贡献。在隋唐雕版印刷术的基础之上，庆历年间，平民毕昇发明了活字印刷术，这是继雕版印刷之后，印刷技术发展史中的又一里程碑。活字印刷术的发明者毕昇是北宋时期的一位印刷铺工人，1045 年左右发明了胶泥活字印刷术。沈括的《梦溪笔谈》中有关于活字印刷术的详细记载。先准备一块铁板，板上放一层松脂、蜡和纸灰，再放一铁范于铁板上，以承容和固定活字，在铁板上紧密排布字印，满铁范为一版。用火给铁板加热，使药熔化，这样就可以将活字固着在铁板上，再用平板按压印面，使字面平整、固定。印完后再次用火烘烤铁板，使药熔化，用手指剥落活字。活字版印完后，可以拆版，活字可重复使用。

第五部分是“悬壶济世，医者仁心”。宋代是我国古代医学发展的一个繁荣时期，无论是在草本和方剂学领域，还是在药物检验、方剂种类和医学理论方面都取得了新的突破和进展，解剖学和法医学更是取得了卓越的成就。

宋代是针灸学发展的重要时期，北宋政府重视中医学与针灸学的发展，建立较为完备的中医药机构。宋仁宗诏令著名的针灸学家、尚药奉御王惟一对前代针灸腧穴文献进行系统整理。王惟一奉旨后，大量查阅文献资料，并结合自己的临床实践，加以反复考证、校勘、推敲，于天圣四年，公元 1026 年，撰成《铜人腧穴针灸图经》，又名《图经》。《图经》集宋代以前针灸学之大成，记载腧穴 657 个，统一了各家之说，使经络循行和腧穴位置客观化、规范化，补充了腧穴的主治作用，增添了新的腧穴。《图经》成书后，宋仁宗命王惟一铸铜人两具，铜人身高 162 厘米，为青年男子直立裸像，躯体外壳可以拆卸，体表用黑漆涂记十四条经脉循行路线，并将 354 穴凿于各条经脉上，穴位旁记有穴名，经穴与体腔相通。王惟一铸造的铜人，是历史上明确刻记经络、腧穴的金属人体针灸模型和解剖模型。自北宋天圣铜人之后，历代也有铜人制作，并作为针灸。针灸铜人的铸造成功开创了针灸模型教学的先河，从某种程度上讲，也成为近代实验针灸学的先驱，它补充了《图经》和石碑的不足而相映生辉，使多年的纸上图像变成了直观立体模型，也使针灸考核趋于标准化、统一化，给学习和临床治疗提供了极大的方便，大大提高了针灸教学和治疗的效果。铜人设计之精确，铸造之完美，不仅是中医学史上的一大创造，而且在世界医学史上也是绝无先例的，体现了中华民族的聪明才智和文化成就。

下面，请各位游客跟我前往二楼参观“八朝华章——开封古代历史文明展”。分为“文明曙光”“三族际会”“启拓封疆”“州县治所”“汴水涛声”“东京梦华”“中原重镇”等七个部分，我们在沿途的时候已经为大家介绍了开封的历史，在此就不再赘述，大家可以自行参观。

接来下，我们步入今天博物馆之旅的最后一个展馆——开封近现代社会生活展。

开封在清末民国时期，依然是政治、经济、文化中心，是中原地区城市发展的典范，便利的交通、繁荣的民族工商业、厚重的文化底蕴、精湛的曲艺民俗，孕育出贴近基层民众的各种社会行当和文艺形式。

在民国年间，活跃在开封甚至是整个中原大地上最常见的交通工具，就是您面前的人力车。这辆是民国时期的小木车，长 159 厘米，宽 72 厘米，高 56 厘米，是当时常见的交通运输工具之一。除此以外还有独轮车、马拉轿车、牛车等。

在1934年，交通还不是很发达的时候，开封是整个河南省第一个拥有公共汽车这种交通工具的城市，运营线路主要是开封至许昌、周口、兰考、杞县、尉氏、道口和菏泽等线路。

我们现在看到的照片是民国时期的开封火车站，想必大家都对陇海铁路有所耳闻，陇海铁路是国家一级铁路，是贯穿中国东、中、西部，最主要也最重要的铁路干线。这条铁路首先在开封动工修造，从光绪二十五年1899年选线初测，直到1915年陇海铁路开封至徐州段铁路通车，也使得开封首先成为这段铁路上拥有火车站的城市，有力地带动了近现代开封商业经济的发展。

一座老城，一段历史，一张照片，一个回忆。下面给大家一些自由时间来观看近现代开封城的一些照片，感受下当时的开封城。大家也可以再到一层的木版年画展厅进行体验，亲身感受一下这一古老民间艺术的文化魅力和内涵。我们40分钟后在车上集合。

模拟实训

文化客厅

游客朋友们：

在我们面前这座仿古建筑就是开封文化客厅了。左手边我们可以看到碧波荡漾的龙亭湖畔和六朝皇宫所在地龙亭景区。文化客厅于2014年3月开始筹备，整体契合古城开封的“宋韵彰显、亲切温润、外在古典、内在时尚”的人文诉求，是由宋都古城文化产业园区承建的开封市政府2015年重点文化工程。客厅是在原东湖逸园大酒店建筑基础上融合宋文化和当代开封文化元素改建而成，于2015年5月1日正式对外开放，是系统展示开封文化的窗口，也是河南省及中原地区文化艺术和艺术品创作、展示、交流的综合平台。展厅共分三层，分别从开封文化高度、历史变迁和开封人文文化交流平台三方面展示古都开封，祝您参观愉快。

1. 一楼序厅

老木门、年画：大门是我国历史上一种无法用纸和笔记载的文化，这里的老木门已经有400多年的历史，放置在这里寓意开门迎宾，欢迎各方宾朋来到开封旅游，来到开封文化客厅做客参观。大门上的两幅画作，是独具特色的开封木版年画，也是朱仙镇木版年画的起源所在。中国木版年画始于北宋，发祥地是开封，是农耕社会的缩影，其田神、仓神、井神等作品，揭示了古代汉族劳动人民对丰年的祈盼，对于研究中国农耕社会的生产发展及民俗风情、意识形态等具有重要价值。

俗话说“高朋远方来，当以墨宝待”，这样方可显示古人君子之交的洁净品德和雅士之乐的行为标准。序厅书画区分为：宋韵菊香、春和景明，笔端春秋、画内山河和翰墨书香、溢彩流金，共计三个小展区。

烙画：《清明上河图》是中国十大传世名画之一，是一副北宋风俗画，也是北宋画家张择端仅见的存世精品，属国宝级文物。虽然现藏于北京故宫博物院，但是开封人对于《清明上

河图》热情依旧，这里展示的两幅都是开封民间工艺大师的作品，一副为丝绢烙画。烙画也称烫画，古人称铁笔画，火针刺绣，烙画创作在把握火候、力度的同时，注重“意在笔先、落笔成形”。这幅作品将烙画的材质更换为丝绢，工艺难度更上一个层次，其作品多次被人民大会堂以及国内外博物馆收藏展出。

剪纸：另一幅画是剪纸《清明上河图》，剪纸也是我国民间工艺之一，古代又称刻纸。2006 年 5 月 20 日，剪纸艺术遗产经国务院批准列入第一批国家级非物质文化遗产名录。2009 年 9 月 28 日至 10 月 2 日，在举行的联合国教科文组织保护非物质文化遗产政府间委员会第四次会议上，中国申报的中国剪纸项目入选“人类非物质文化遗产代表作名录”。

东京梦华图：在您面前展示的长卷作品是中华人民共和国建国之后的国内首批工艺美术大师王启玟先生的工笔画作品《东京梦华图》。这副画卷历时十余年时间完成，以《东京梦华录》为主参考了大量史籍资料，全图分两卷展示，左侧为《大内宣德门图》，右侧为《城外南薰门图》。从外城百姓民生和内城皇族出巡展示了北宋的繁华。

宋徽宗作品：左上角是北宋皇帝宋徽宗赵佶的《秾芳诗帖》，宋徽宗以瘦金体和工笔画著称，人称天才皇帝，《秾芳诗帖》是宋徽宗皇帝在四十余岁时写下的一幅字作，奠定了徽宗皇帝在中国书法史上的地位。宋徽宗人称天才皇帝、文化皇帝，除书法与绘画之外，还完成了中国历史上唯一一种皇家垄断的瓷器“官瓷”的研制，并且著作《大观茶论》一书流传至今，其在文化方面的成就让世人惊叹。

王希孟作品：《千里江山图》是宋代年轻画家王希孟的作品。王希孟在 16 岁时进入皇宫，后得到徽宗皇帝赏识，亲自指点其历时半年完成此幅作品。这幅画卷也让王希孟成为中国历史上仅凭借一幅画卷就千古留名的画家。

汴绣清明上河图：开封简称汴，汴绣是汉族传统刺绣工艺之一，历史悠久，素有“国宝”之称，早在宋代就已驰名全国。2008 年，汴绣进入第二批国家级非物质文化遗产名录。这幅作品的作者韩氏女红工作室创办人、汴绣非物质文化遗产传承人韩玉琴老师，耗时三年时间将清明上河图中 814 位人物，100 多座房屋和桥梁建筑，20 多艘船只，94 头牲畜，179 棵树木，按照一比一的比例完全复原出来。其针法细腻繁复，栩栩如生。

书画展区：开封素有“书画之乡”“宋词之都”的美誉，我们效仿古人，在古城文化客厅精心选取了宋代最为著名的艺术家的代表作品，一来款待至宾远朋，二来诠释和构建整个序厅的古色古香、翰墨书香的悠远意境。其中有宋徽宗的《秾芳诗帖》、苏轼的《黄州寒食帖》、米芾的《研山铭》、王希孟的《千里江山图》、赵伯驹的《江上秋色图》、李公麟的《维摩演教图卷》、张择端的《金明池争标图》等，共计 20 个作品。钟灵神秀、地灵人杰。正如对联所书“书画之城人人能书苏黄米蔡、宋词之都家家善吟宫商角徵”。

汴梁书吧：汴梁书吧展柜收录了 600 余种有关开封的书籍，其中不乏濒临失传的古籍和散本，对考证开封的历史和文化具有重要的借鉴意义。可以在这里免费阅览书吧的图书，同时这里也是游客休息区，让您在休息的同时更多地了解古城开封的人文文化、历史文化。

汴梁大观：站在楼梯之前映入眼帘的是“大梁汴观”的浮雕。整个铸铜浮雕用色考究、层次分明、意蕴深远，涵盖了古城开封的铁塔、龙亭等代表建筑，是文化客厅的迎客名片之一。浮雕两侧是“半城碧水黄河源四河五湖绮丽洗练尽显汴梁水城风情、满城菊香宋韵根千头万朵纤秾冲淡都道东京阆苑奇葩”的对联，是对“大梁汴观”浮雕的具象诠释。

鸡爪牌坊：说到典型建筑，就要提起代表开封“仁、义、勇、信”人文精神的鸡爪牌坊。浮雕下方的全木质手工鸡爪牌坊，由中国宋史研究会副会长程民生先生提出，由开封民间著名工匠采用中国最古老的榫卯工艺，耗时数月纯手工制成。仿制山陕甘会馆的“关公牌坊”，去中间留两边，因形似鸡爪，故称鸡爪牌坊。此牌坊开封民间著名工匠耗时数月精制而成。

2. 二楼展厅

电梯到了，各位游客请跟随我上二楼。

厚重沧桑灵韵地，开封自古帝王都。开封有八朝古都之称。

二楼有“城市变迁”和“古韵遗风”两个综合性展厅，一个多功能厅和休息室。各位领导请看，“穿历史长廊阅八朝古都厚重沧桑、登时光短亭上当下开封古韵遗风”的对联就是对两个展厅的诗意阐释。

城市变迁厅：从时间范畴的维度，详略得当地展示出开封4000年的建都史，包括起源夏都老丘、开封名字的由来启封大梁、历史上发生故事最多的隋唐汴州时期、宋代世界上最大的都城宋都东京、北方水城开封发达的水路运输，共计五个综合展项，展示演绎古城开封的大昌大盛，其中“宋都东京”展占据城市变迁厅的二分之一。

各位游客也知道，宋都东京是开封最具繁华的历史阶段，近几年，古城开封一直在做古城复兴的文化旅游项目，宋都东京的昔日繁华也备受关注。

左手边，是“万国来朝”的情景，通过幻影成像来形象展示。各位游客请看，这条直通皇宫的大道就是宋都御街。当然各位游客也知道“开封形胜甲天下”乃古代中原兵家必争之地，数千年来历经战火水灾，宋都御街始终是古城开封的中轴线，民间说它是王气最盛的街道，但它在一定程度上也确实见证了古城开封的千年沧桑变化。

开封原来有七朝故都之说，七朝指的是战国时期的魏国，五代时期的后梁、后晋、后汉、后周以及北宋和金七个王朝，是夏都老丘使古城开封的八朝故都的称号，实至名归。

下面是“北宋东京盛世万象”综合展项，包括北宋东京的城垣区划、北宋东京发达的水运、北宋东京城市水系、北宋东京发达的商业、科技与文艺，共计五个小项。

下面是“盛世东京的荣耀”，用“世界文明中心迁移图——北宋时开封处世界文明顶端”“北宋的中国之最和世界之最”的铭牌和自动查询来展示。

世界文明中心迁移图展板详细展示了世界上的文明中心的迁移和时间，其中中国在世界历史上曾两度成为世界上的文明中心，而在公元1000年的宋都东京城一举成为当时世界上最大的都市，有学者指出北宋是中国古代历史上经济文化最繁荣的时代。此期间儒学得到复兴，科技发展突飞猛进，政治也较开明，经济文化繁荣。咸平三年(公元1000年)的GDP为265.5亿美元，占据世界比重的22.7%，人均GDP为450美元，超过当时西欧的400美元。北宋时期，人口从太平兴国五年(公元980年)的3710万迅速增至宣和六年(公元1124年)的12600万。

北宋的中国之最和世界之最：最浩繁的小说总汇——《太平广记》，最早的商业街，最早的营业性戏院——勾栏，最早的跳水运动——水秋千，最早的夜市，最早的船坞——奥屋，中国最宽的街道——东京御街，最早最完整的建筑学著作——《营造法式》，最早的纸币——交子，最早发现地磁偏角，最早记录蟹状星云超新星爆发，最古老的天文钟——水运仪象台，最早的火药配方——火枪火药法、蒺藜火毬火药法，最早的国家药店——官药局，最早的人工压缩喷油装置——猛火油铜柜，最早发现的二项式系数法则，最早的警察和消防队——军巡铺、潜火队，最早的人体经脉穴位模型——天圣铜人。

"中远名城"是城市变迁综合展厅最后一个综合展项。其中包括开封汴梁、明清城池对比、明周王府紫禁城遗址、开封鼓楼以及黄河治理之镇河铁犀和林公堤，共计 6 个小项。

多媒体厅：魅力开封是一间球形屏幕多媒体厅，每日定时播放"魅力开封"，央视系列宣传片"大美开封"等开封文化宣传。

多功能会展中心：会展中心可以容纳 120 人，设备齐全，既可以承接各种大中型的拍卖活动，也可以举办各种论坛、讲座，或者举行一定规模的演艺活动。

3. 三楼展厅

请各位游客随我移步三楼展厅。三楼是我们客厅的文化交流体验区。设置了最具开封特色的开封木版年画、大宋官瓷、中国汴绣、开封书画名家、北宋五大名窑、金麦艺、兰考乐器、北宋贡茶表演等工作室，使游客零距离感触大师们高超的技艺和精湛的艺术水平。

4. 一楼西厅

西厅原为"魅力开封"综合展厅，现响应国家"双创"精神改为文化创意品展销区。三层各个工作室老师的作品、入驻企业作品，以及作为河南省众创空间所在地的开封文化客厅自主研发的一系列文化创意展品都在这里集中展销。

作为开封市重点文化工程，开封文化客厅也利用优质资源，汇聚了本市的知名地方特产，让游客朋友们可以以最好的质量、最优惠的价格将开封文化带回家，有喜欢的不妨带一些回去馈赠亲友啊。

模拟实训

智慧开封展示体验中心

游客朋友们：

我们现在已经来到智慧开封展示体验中心，它是开封市 2016 年十大新增基础设施项目，是开封智慧城市建设成果展示平台和智慧应用体验基地，中心展示面积 950 平方米，分为接待引导、大数据云计算展示、时光长廊、城市综合运行管理指挥平台、综合项目展示、智慧民生以及智引未来七大展区。

首先，让我们一同欣赏以"智传宋韵、惠美开封"为主题的城市形象宣传片。

现在我们即将步入"大数据云计算展示区"。在这个区域内，我们可以了解到大数据的概念、特征，国内外大数据产业的发展趋势，政府如何搭建平台成为公众大数据的领跑者，以及从国家层面到省委省政府针对大数据及互联网产业发展的相关政策文件。开封市的智慧城市建设起步于 2011 年，2015 年 4 月，住房和城乡建设部将开封定为国家智慧城市试点；同年的9月份，开封市智慧城市领导工作小组成立，全力推进智慧城市建设；2016年1月，中国信息协会等单位授予开封“2015智慧城市建设惠民发展优秀城市”。在我右手边的弧幕当中大家可以看到开封市智慧城市发展历程，包括开封“十二五”期间经济社会发展的关键指标数据，及“十三五”期间开封建设河南省新兴副中心城市的核心目标。智慧城市的建设是一项系统工程，对于开封这座千年古城，文化是生生不息的血脉，互联网则带来青春勃发的活力。开封以战略眼光积极融入“互联网＋”国家战略，并在2015年4月，独创性地在全国提出“文化＋”发展理念，分别提出十项专项行动。“双＋”战略引领，定会更好地助推智慧城市建设。基础设施建设历来是城市发展的先导工程，也是惠及大众的民心工程。今年政府工作报告中明确提出以路网、水网、光网、电网、热网、气网、绿网和云网为核心的八网工程建设，尤其是其中的云网。我们将积极整合“政务云”等云端资源，并在“十三五”期间建设26项智慧城市项目助推开封智慧城市建设。城乡一体化示范区是开封经济社会发展的增长极和排头兵。“十三五”期间，城乡一体化示范区将建设开港经济带、郑汴产学研结合示范带、沿黄生态带，打造郑汴一体化升级版，成为开封建设河南省新兴副中心城市的核心增长极。

请各位随我步入时光长廊，脚下流动的清明上河图向前动态延伸，渐变为开封新区新貌，寓意开封这座古都将从繁华的过往走向美好的明天。右手边是开封独有的世界奇观城摞城。左手边的十二块屏幕将开封的菊花、官瓷、宋词词牌等城市元素一一呈现。

穿过时光长廊，步入城市综合运行指挥平台，正对面我们看到的是开封市入口迎宾门的实时监控画面，右手边是开封市重点公共区域、公安卡口等实时画面；左手边的是城市运行管理监控可视化图表。这套系统未来可用于城市应急指挥中心使用。在这一区域主要展示的是开封市“数字城管”的项目情况以及智慧城市建设的空间地理信息数据基石“天地图”。

这里是智慧医疗小屋，在这里您可以体验智慧医疗给我们带来的人性化服务。

开封是知名的历史文化名城、中国优秀旅游城市。近两年来开封市城市知名度不断提高，旅游市场持续火爆，为了让来汴游客能够充分感受大宋文化魅力，领略开封的时尚气息，开封市“智慧旅游”项目起步于2013年，目前一期项目基本完工并投入使用，实现了全市主要景区的WIFI全覆盖，主要有景区出入口的高清视频及流量监控，旅游大巴车的GPS定位及实时监控，手机导航和手机导游以及强大的电子商务功能。在“智慧旅游”区域，我们为您展示了用于开封市旅游集散中心及旅游咨询服务中心的“360全景虚拟导览”，开封市人民政府与腾讯合作的“中国·开封”公众号等内容，可以走近感受一下“开封人讲开封故事”的微信服务、13项城市服务功能查询以及“开封人群迁徙”的微信大数据分析。水墨汴梁，道不尽的繁华与富丽；风卷荷塘，描不完的清雅与秀美。走到这儿，相信您已经感受到开封人文风景的诗情画意。“一带一路”发展战略提出后，开封作为重要的节点城市，为了更好地融入“一带一路”发展战略，在2015年10月17日，开封市政府牵头，与全国32个城市联合发起了“一带一路城市旅游联盟”。

现在我们步入的是智慧民生展区，这是开封市的“市民之窗”。李克强总理多次鼓励行政审批制度要强化互联网思维。作为我省省辖市最大的行政服务机构，2014年投入使用，设立窗口近300个，提供400多项便民服务，为全市企业和市民提供一站式服务。市民之家的智慧应用系统建有并联审批、网上办事大厅、重大项目管理监察等应用系统。今年，为了更好地方便市民、惠及普通百姓，将启动“市民之窗”社区服务自助终端项目。（演示）整个智慧民生展区还介绍了开封市智慧人社项目，以及未来智慧教育、智慧养老、智慧社区等解决方案。

最后我们步入智引未来区，为大家展示当前智慧城市建设领域的各种顶尖科技和产品。创意产生思维，创新汇聚能量，创业开拓未来！在智慧城市建设过程中，我们就是要以“创造、创新、创业”，通过“智能、智慧、智造”一系列服务举措，最终实现惠民、惠企、惠政目标。

接下来大家可以自由参观，20 分钟后我们在车上集合。

模拟实训

小宋城

游客朋友们：

现在我们所在的地方就是开封人的待客厅小宋城了。小宋城位于大梁路西段，由原“东京艺术中心”改造而成，改造建筑面积约 50000 平方米，其中特色民俗餐饮商业街区面积约 20000 平方米，于 2013 年 11 月 18 日开城营业，主要经营开封特色小吃及全国各地风味，并先后获得“开封人的待客厅”“外地游客的首选地”“开封市的新名片”“文化旅游新地标”等美誉。

大型多媒体歌舞秀《千回大宋》，是以 300 年大宋历史文化为背景，以千年开封历史人文为主线，重点展现开封的水、花、人、城、市五大元素，全剧以《千年一叹》为序，让《禅音》《市井》《忠烈》《清风》《梦回》5 篇章呈现宋朝繁华，以《盛世花开》为结尾等 7 个篇章构成，将舞蹈、武术、音乐、杂技等艺术熔于一炉，刚健与柔婉的风格相得益彰，环环相扣，诉说一幕幕独有的大宋风情。

小宋城的综合营业区设置在一、二层，整个营业区内以木质仿古建筑为主，回廊流水、亭台楼榭及戏台上传出的传统戏曲演唱声，仿佛瞬间把人带回了质朴又轻缓的北宋时代。大家抬头看，房顶喷绘的蓝天白云是不是十分逼真呢。再加上周围小吃摊贩身上的古装，制作木版年画的老师傅纵横的皱纹，以及路边一排绣娘手中的银针，您一定能够一时忘忧。

1. 民俗餐饮区

民俗餐饮区位于小宋城西部一、二层，面积约 20000 平方米，拥有大小店铺和摊位 100 多个，展现了开封的饮食文化。小宋城汇聚了流传千年的开封传统小吃上百种，有薄皮大馅、灌汤流油、软嫩鲜香的鹿家包子；有被誉为中华一绝的齐氏大刀面；有黄焦酥脆带翅鳞的邢家锅贴；有酱味浓郁、焦而不糊的罗记炒凉粉；有骨酥肉烂、汤鲜味醇的无腮黄焖鱼；还有风味独特的炒红薯泥，汤醇甜的冰糖红梨，香气浓郁、酒味甘醇的江米甜酒。昆虫宴的炸蝎子、炸蚂蚱、炸蜈蚣、炸海马也争奇斗艳，大有“百味小吃闹宋城”之势。

2. 特色文化商业区

特色文化商业区位于中央一层和西部三层，主要经营有开封文化特色的工艺美术品、艺术品和珠宝玉器，是一个高端文化旅游商品展销街区。重点展现开封八朝古都的旅游文化，采用古色古香的北宋建筑装修风格，一幅时空美景重现眼帘，在购物同时感受千年大宋的繁荣昌盛。待会大家看到有喜欢的纪念品都可以带一些回去馈赠亲友。

3. 千回大宋演出

我们马上就要欣赏到的《千回大宋》剧目以千年开封历史人文为主线，分《千年一叹》《禅音》《市井》《忠烈》《清风》《梦回》《盛世花开》七个篇章。待会儿您可以看到最先进的舞台特效、全息技术等创意手段和高科技，体会到现代时尚元素与历史传统文化的交融。《千回大宋》以恢宏的气势、绚丽的色彩，再现汴京繁华，让您在亲近美声美色美乐之时，尽享宋文化信息，感受宋文化魅力。

请各位游客按照演出票上的号码就座，演出马上就要开始了。

首先，开场前的序，周群生导演用先进的4D效果打造出来一种让我们身临其境的感觉，那缥缈虚幻的场景已经让我们对这座古老的开封城有了想进一步了解的欲望。

然后随着一声婴儿的啼哭，我们进入第一篇章禅音。这个可怜的弃婴也是为后面李师师的出现做了很好的铺垫，同时也描述了河南的禅文化。

随着一声熟悉的东京“京腔”叫卖：“黄焖鱼！”我们渐渐进入到第二篇章市井生活，看着来往的人流，络绎不绝的各国商贩，我们能够深刻地感受到北宋时期都城汴梁的繁华景象。我们可能没有机会在那个昌盛的时代生活，但我们今天在这儿完全可以真实地感受到。特别是穿插在里面的杂技表演更是让我们的心为之一颤，默默地伸出双手为演员喝彩。

第三篇章忠魂。用情景再现的形式为我们展示了北宋忠烈杨家将的风采，着重让我们了解杨门女将穆桂英的飒爽英姿！

第四章清风。一曲为我们河南人骄傲的豫剧，唱出了北宋名臣包拯的铁面无私和傲骨清风。用豫剧的形式再现铡美案，不仅让我们了解了包拯，更让我们欣赏了中国的艺术瑰宝豫剧，妙哉！

第五章梦回。这部分是用悠扬动听的宋词歌赋完美诠释了李师师和宋徽宗的绝美爱情故事。让我们对宋词有了进一步的了解，更增加了我们对宋词的欣赏和喜爱。

我们也能在演出中看到河南的特色文化。比如穿着瓷器形状的衣服，头顶瓷器制品的美女们款款向我们走来，这是让我们欣赏河南的钧瓷和汝瓷文化呢。

还有别致的“菊花仙子”，让我们领略开封各种各样的菊花，一饱眼福。

突然点点雨滴落在我们脸上，让我们真实地感受到大自然的变幻莫测，一股洪流冲开了堤坝，淹没了勤劳的开封人民。这是黄河水泛滥，但是尽管如此我们顽强的劳动人民，用自己的双手一次又一次地重建自己的家园。以至于形成了现在的开封城摞城脚下还有几座城的奇观。

最后来一个盛世大融合，让我们在一片辉煌富丽的场面中，依依不舍地结束整场演出。

这不单单是一场震撼人心的视觉盛宴，也不仅仅只是开封文化的抒写，而是更具体而又形象地表现了一个朝代的特色和一代代中国人的精神！这是来到开封必看的一场演出——千回大宋！

模拟实训

电视塔

游客朋友们：

现在我们途经的地方是开封的一个地标建筑——开封电视塔。这里位于开封市黄河大街中段，电视塔高268米，钢架结构贯穿上下。主塔于1999年建设竣工，是河南省第二座建成的电视塔。2012年开封市将实施电视塔改造工程，在塔的中部设有旋转餐厅，闲暇之余可以登塔将开封新老城区尽收眼底。灯光绚烂且变化无穷，各种灯光效果可以跟随不同节日进行调换，是娱乐与休闲集一体的综合场所。开封电视塔作为休闲观光区、生态游览区，对游客与市民开放，这个集吃喝玩乐为一体的综合社区，将成为中原大地上一个新的文化中心、娱乐中心、休闲中心和度假胜地。

一直以来，担负着电视信号发射功能的开封电视塔，是开封人眼中的第一高度。然而，随着开封市经济社会的快速发展，城市框架逐步拉大，原本在郊外的电视塔慢慢地“移”到了市区。既为承接开封这座4100多年历史名城的文化底蕴，同时体现开封现代化城市的人文特点，展示开封人勇于开拓、进取、拼搏的精神风貌。开封市引入新理念、新构思，以集群型、引领型、市场化、产业化的运营模式，打造了开封中原明珠文化旅游产业园区这一将开封文化、旅游休闲产业推向更高水准的平台。

中原明珠文化旅游产业园区项目占地96.8亩，总建筑面积13万平方米，是经典的欧式风格建筑。星光天地购物中心由A馆、B馆、地下、电视塔广场4个区域组成，按区域功能和定位划分为星光婚庆、星光演艺、星光影院、星光小镇、星光汇、星光购物中心、星光大道文化广场、星光塔、星光游客中心等九大主题板块。现已形成包括电视塔旅游业、广播电视服务业、娱乐休闲业、网络文化产业、影视图书业、美术工艺类产业、动漫创意文化业等为主导产业的文化产业聚集区，是开封市民的休闲娱乐中心及对外宣传和文化交流的重要窗口。

本章小结

本章主要介绍了导游词的表述方法和讲解技巧。其中导游词的创作是一个难点，需要导游员掌握渊博的专业知识，具有一定的文字功底，具备不断求变的创新精神。导游词的讲解与表达则需要在实践中不断锻炼，通过经验的积累，达到根据不同游客进行有针对性的创新讲解的效果。本篇是本书的重点实训环节，需要学生能够独立开展开封市沿途介绍与各个景点的讲解工作。

知识训练

一、选择题

1. 导游讲解的虚实结合法，要求导游不能只讲故事和传说，还应当进一步说明故事和传说反映的历史事实或者科学原理。（　　）

A. 正确　　B. 错误

2.“说起花，大家可能马上会想到洛阳的牡丹，无锡的梅花，广州的木棉，昆明的茶花等诸多名贵花木，它们以各自独特的风采成为一个城市或地区的美好象征，而开封的菊花也不例外。菊花是开封的市花，开封也因此被称为菊城。”这里导游运用的讲解方法是（　　）。

A. 制造悬念法　　B. 典故传说法
C. 烘托类比法　　D. 分段讲解法

3. 在午朝门广场，导游说道：“这对形体高大、造型奇特、雕工浑放的石狮在恭候大家的光临，东边雄狮足踏彩球，威猛异常；西边雌狮爱抚幼狮，形态慈祥。”这段导游词运用了（　　）的修辞手法。

A. 比喻　　B. 拟人
C. 夸张　　D. 映衬

4.“龙亭高耸碧云限，趁晓登临眼界开。”“八角十三层，高耸入云天。”这种导游讲解运用了（　　）的修辞手法。

A. 夸张　　B. 引用
C. 双关　　D. 映衬

5. 导游在讲解菊花时向游客介绍说：“今年，开封市耗时 1 年培育出了世界上嫁接品种最多的大立菊，它共由 641 个不同品种的菊花嫁接组成，直径长达 3.8 米，创造了嫁接品种最多菊花的吉尼斯世界纪录。”这是运用了（　　）的导游讲解方法。

A. 平铺直叙法　　B. 分段讲解法
C. 突出重点法　　D. 夸张饰美法

6. 在旅游团参观包公祠景区前，导游为大家介绍了包拯在戏剧当中的形象，当游客追问历史当中真实的包拯形象时，导游告诉游客等进入景区后再告知答案，这种导游讲解方法属于（　　）。

A. 触景生情法　　B. 虚实结合法
C. 客问我答法　　D. 巧设悬念法

二、问答题

1. 导游词的表述方法有哪些？

2. 导游词的讲解技巧有哪些？

3. 根据不同对象，在导游讲解中需要注意什么？

能力训练

1.通过查阅文献资料、观看影音图像、进行实地考察，创作一篇完整的开封市景区通用导游词。

2.请选择至少2个不同团型，如研学旅行团、政务团、建筑专业教师团、普通游客，进行开封府景区的导游词撰写，并进行模拟讲解。

3.设计一个研学旅行团队开封两日游线路；查找相关资料，编写导游词；创设接团情景，模拟练习沿途讲解。

情景三

导游送团服务

DAOYOU SONGTUAN FUWU

【学习目标】

知识目标：掌握地陪导游送团服务程序和服务规范；掌握送团前的业务准备、离店服务，掌握欢送词的主要内容与讲解技巧，做好遗留问题的处理和善后工作。

能力目标：能够创作具有针对性的欢送词，做好送团服务，撰写带团总结，处理后续事宜。

情感目标：培养学生的诚信品质、团队协作与爱岗敬业的精神，培养学生的服务意识与终生学习意识。

模块七

送站服务

案例引导

用完早餐后，旅行团成员都拿着手提行李登上旅行车，准备乘火车离开开封返回北京。地陪小丁匆匆赶到，清点完人数后又向全陪了解行李的情况，然后就示意司机开车前往火车站。在车上小丁对大家说："各位团友，早上好。现在我们前往火车站，将乘坐 G1561 次列车返回北京。在本地的两天观光游览中，不知大家过得怎样。反正我很开心，交了好多朋友，学到了好多东西。我非常感谢大家，希望有机会与各位再次相逢。最后预祝大家旅途愉快，一路顺风。好，开封北站到了，请每个人手持火车票进站等候。我因为马上要到飞机场去接团，就在此与各位告别了。"说完就离开了客人。

请思考：导游小丁的做法有何不妥，为什么？

【点评】

送站服务是旅游团接待工作的最后阶段。如果说迎接是导游员树立好形象的开端，接待是保持良好形象的关键，那么送行是旅游者对导游员良好印象的加深。因此，导游人员必须善始善终，以饱满的工作热情和良好的精神状态做好最后阶段的工作，使旅游者顺利、安全地离开。本案例中导游小丁不够重视接待工作的最后阶段，无论是离店工作还是送站服务都做得不够专业，送团前没有提前到达集合地点，也没有协助办理退宿、安排行李等工作；在旅游车上草草致欢送词，特别是没有把客人送进火车站，这就犯了导游接待服务工作中的大忌。有时会因为某些原因，计划中的车次(航班)会延迟或取消，导游必须留下来处理这些突发事件，因此小丁至少应该把客人送到检票口，并等游客乘坐火车离站后，送站工作才算基本结束。

任务一　送站准备

为使旅游活动圆满结束，就必须重视旅游团的送行服务。送行服务既是旅游接待服务的最后环节，也是对前面接待服务不足的一种补救。那么，送行服务中，地陪应做好哪些准备工作呢？

一、核实、确认离站交通票据

旅游团离开本地的前一天，地陪应认真做好旅游团离开的交通票据核实工作，核对团名、团号、人数、全陪姓名（如非集体票，则要核对每一位旅游者的姓名、身份证号是否与有效证件吻合），航班（车次）和始发到达站、起飞（开车）时间（要做到四核实，即计划时间、时刻表时间、票面时间、问讯时间的核实）；弄清启程机场（车站）的位置等事项，如班次有变更，应问清旅行社相关工作人员是否已通知下一站，以免下一站导游漏接；提醒全陪向下一站交代有关情况。

假如地陪是送乘飞机离境的旅游团，应提醒或协助领队提前 72 小时向民航确认机票（团体机票确认一般用传真向有关民航售票处确认即可）。

二、商定集合及出发时间

在叫早和早餐、集合、出发时间确定后，地陪要通知饭店有关部门和旅游者。如果该团所乘交通工具班次时间较早，无法在饭店餐厅用早餐，地陪要及时做好相应的准备工作（如带路餐盒饭），并向旅游者做出说明。

三、协助饭店结清与旅游者有关的账目

地陪应在旅游团离店前一天提醒、督促旅游者尽早与饭店结清所有自费项目账单（如洗衣费、电话费、饮料酒水费等），如有损坏客房设备，地陪应协助饭店妥善处理赔偿事宜；同时，地陪应通知饭店总台或楼层旅游团离房的时间，提醒他们及时与旅游者结清账目。

四、提醒有关注意事项

地陪应提早告知旅游者行李托运的有关规定，提醒其将有效证件，所购买的贵重物品及发票放在手提包里随身携带，如是离境团，还应该提醒其准备好海关申报单，以备出关时查验。

五、填写意见反馈表

请全陪、海外领队、全体旅游者或旅游者代表填写意见反馈表，并表达感谢。

国内游客意见反馈表

尊敬的游客：

您好，欢迎来开封旅游，对于您的合作我们表示衷心的感谢！希望此次旅程能为您留下难忘的印象。为不断提高开封市旅游服务水平和质量，请您协助我们填写意见反馈表（见表7-1，在每栏其中一项里打“√”），留下您的宝贵意见。欢迎再次来开封旅游！

表 7-1　国内游客意见反馈表

游客姓名：　　联系电话：　　时间：　年　月　日

项目	满意	较满意	一般	不满意	游客意见与建议
线路设计					
日程安排					
住宿条件					
餐饮质量					
车辆状况					
司机服务					
导游讲解服务					
导游仪容仪表					
导游的服务态度					
服务质量总体评价					
其他					

请留下您的宝贵意见：

感谢您对我社工作的大力支持与合作，衷心祝您工作顺利，生活幸福！

开封市青年国际旅行社投诉电话：0371-22××××××

任务二 离店服务

为了能够按计划准时离开酒店，集合去机场或车站，地陪应做好哪些离店服务工作呢？

一、办理退房手续

地陪应在中午 12:00 之前协助办理退房手续，提醒旅游者结清饭店账目，提醒旅游者将房卡交回饭店总台，或者由地陪收齐房卡，集中交到总服务台。地陪与饭店工作人员核对用房情况后结清账款。

二、集合登车

旅游者上车后，离开饭店前，地陪要清点人数，并得到领队的确认。再次提醒旅游者查看有效证件是否随身携带，有无遗漏物品等。一切妥当后方可开车。

客房浴巾不见了

青年国际旅行社的导游小丁接待了一个旅游团。旅游团在开封市的行程已经结束，游客们已经登车准备离开饭店开始返程。这时，饭店工作人员敲开车门，称旅游团所住的 206 房间少了一块浴巾。小丁从分房名单表中查到住在该房的两位游客后，就在旅游车上当着众多游客的面开始指责："你们客房的浴巾找不到了，按照饭店的规矩，客房的物品少了是要赔偿的。你们如果拿了就现在交出来。"206 房间的一位游客听了，当即火冒三丈，责问小丁道："你怎么知道是我们拿了？"小丁也没好气地回答："浴巾找不到了是事实。"两人你一句我一言，互不相让，车上的气氛顿时凝重。此时，206 房间的另外一位游客说："你们别吵了，是我不好，我想起来了，我昨晚洗澡后把浴巾带到了207房间。"最后，饭店服务员果然在207房间发现多了一块浴巾。

请问，你怎么看待导游小丁的做法，为什么？

【点评】

客房浴巾不见了，要么是客人使用后放在了某处，要么是被客人拿走了。客人拿走，或出于"顺手牵羊"，或不懂规矩，以为可以拿走。不管是哪种情况，都要本着尊重顾客的原则处理。把酒店的规矩告诉客人，客人一般都会配合。对于客人的"顺手牵羊"，需妥善处理，稍有不慎，会引起很大的矛盾。为此，导游员应向店方了解真实详细的情况，然后单独跟游客沟通事情的来龙去脉及后果，引导他们主动配合帮助寻找遗失物品，并顺带交出物品。注意用词，禁用"偷"等敏感性字眼，可以说"如果喜欢的话，饭店商品部有相关物品出售"等比较"平和"而"有力"的语言。本案例中，正是导游员说话不注意技巧，没有把握分寸，生硬难听，才导致了本该避免的不愉快。

任务三　送行服务

如果说迎接途中的讲解是地陪首次亮相的话，那么，送站途中的讲解则是地陪的最后一次表演，有始有终。通过地陪最后的讲解，让旅游者对旅游地或者旅游景区产生一种留恋之情，加深旅游者不虚此行的感受。送行途中地陪应讲解哪些内容呢？

一、行程回顾

在去机场（车站）的途中，地陪应对旅游团在本地的行程包括食、住、行、游、购、娱等方面做一个概要的回顾，目的是加深旅游者对这次旅游经历的体验。讲解方式可用归纳式和提问式两种，讲解内容可视途中距离远近而定。重点突出各旅游景点的特色以及总结旅游活动中的趣事，引发大家的情感共鸣，使游客在美好的回忆中结束旅游。此部分内容的讲解也

可融入欢送词中。

二、致欢送词

导游人员致欢送词能加深彼此间的感情，增加告别气氛，令人难忘，所以地陪在致欢送词时要真诚。致欢送词的场合多选择在行车途中，也可选择在机场或车站。欢送词的内容主要包括以下五个方面。

(1)感谢语：对领队、全陪、游客及司机的合作分别表示谢意。

(2)惜别语：表达友谊和惜别之情。

(3)征求意见语：向游客诚恳地征询意见和建议。

(4)致歉语：对行程中有不尽如人意之处，向游客赔礼道歉，并请求原谅。

(5)祝愿语：期望再次相逢，表达美好的祝愿。

同步案例

欢送词

各位朋友：

新郑机场就要到了，我们两天的开封之旅接近尾声，我也要和大家说再见了。正像歌词所唱：说再见，再见就在眼前；道离别，离别不会太遥远！这两天，我们游览了中国第一个以绘画作品为原型的清明上河园、以宋代开封府衙为原型的开封府，参观了北宋皇宫遗址龙亭，体验了万岁山·大宋武侠城的大宋武侠文化，还品尝了小宋城的各种美食。这一路上，留下了大家的欢声笑语，相信这一段旅程会给大家留下美好的回忆。在这里，周导非常感谢大家对我工作的支持和配合；其实能和大家达成这种默契真的是很不容易，大家出来旅游，收获的是开心和快乐；而我作为导游带团，收获的则是友情和经历。我想这次我们都可以说是收获颇丰吧。希望大家回忆自己开封之行的时候除了描述美丽开封、文化开封之余不要忘了加上一句——在开封有一个导游小周，那是我的朋友！

如果在旅游活动中周导有什么不足之处，请大家多多谅解。希望大家能再次来我们开封，感受厚重的历史文化。最后祝愿大家一路平安，合家欢乐，身体健康！谢谢大家！

【点评】

欢送词是导游服务工作的重要环节，地陪致欢送词要语言诚恳，情感真挚，回顾与游客一起的美好时光，抚慰游客的不悦情绪，为旅游行程画上完美句号。

三、提前到达机场或车站

如旅游者乘坐出境或沿海城市的航班离开，则要求提前 2 小时抵达机场；如旅游者乘坐国内航班离开，则要求提前 90 分钟抵达机场；如旅游者乘火车离开，则要求提前 1 小时抵达车站。

旅行车抵达机场(车站)，下车前，地陪应提醒旅游者带齐随身行李物品，准备好旅行证件，照顾全团旅游者下车，请司机协助检查车内有无旅游者遗留物品。

四、移交交通票据

到达机场(车站)后，地陪应将交通票据交给全陪或领队，并一一清点、核实。

五、协助办理离站手续

进行完交通票据移交工作后，地陪仍不能马上离开旅游团。若是乘坐国内航班(车)，地陪应协助旅游者办理离开手续(帮助旅游者交付机场税、领取登机牌，并请领队分发登机牌；帮助办理超规格行李托运手续)；若是乘坐国际航班，地陪将旅游团送往隔离区，由领队帮助旅游者办理有关离境手续(因为地陪、全陪不能进入隔离区)，但地陪要向他们介绍办理出境、行李托运和离站手续的程序。

六、告别

当旅游者进入安检口或隔离区时，地陪应与旅游者告别，并祝他们一路平安。如旅游者是乘坐火车或汽车离开，地陪应等交通工具起动后方可返回；如旅游者是乘坐飞机离开，地陪应等旅游者安检结束后，才能离开。

七、结算事宜

送走旅游团后，地陪导游应与旅游车司机进行车费结算，当面结清账目并收齐车费发票，或者让司机在车费签单条上签字确认。这样方便地陪导游到旅行社进行报账。

同步案例

游客的物品遗忘在酒店

导游员小王接待的某旅游团计划于 12 月 23 日 16:00 乘飞机由新郑市飞往北京市，该团即将抵达机场时，游客张女士神色慌张地告诉小王，她将一条钻石项链放在枕头下面，因离店时匆忙，忘记取出，要求立即返回饭店。

请分析：在此情况下小王得知张女士将项链遗失时又该如何处理？

【点评】

不小心将物品遗忘在下榻的酒店也是旅游活动中常见的情况。遇到这种情况，导游小王应从以下方面进行处理。

(1)劝阻张女士返回饭店寻找项链，并说明原因(一旦误机，将会影响后续行程，也会给全团带来不可挽回的经济损失)。

(2)立即与饭店联系请其协助寻找。

(3)如能找到项链，请饭店或旅行社立即派人将项链送到机场，交给张女士。如果时间来不及，请他们将项链快递至游客家中，所需费用由张女士自理。

(4)钻石项链是珍贵物品，如确定遗失，地陪应明确告知游客张女士，由她决定是否报案处理，地陪积极协助，提供方便。

模块八

总结善后工作

案例引导

小李的做法有何不妥?

某旅游团离开本地前,一位老年游客找到地陪小李,希望他帮忙将一个密封的盒子转交给一位当地的朋友,并告知小李盒内是一些贵重物品。小李本着尽心尽力服务游客的态度接受了老人的请求,并承诺在下团后亲自将盒子交给该游客的朋友。可是一周后,该游客致电旅行社,称朋友没有收到小李代为转交的物品。旅行社对此事进行调查,双方各执一词。由于小李承认了确实从游客手中接受了盒子,但又没有证据能够显示他转交了该物品,导致旅行社蒙受了经济上和信誉上的双重损失,小李也受到了旅行社领导的严肃批评。

请思考:怎样正确处理游客转交贵重物品的委托要求?

【点评】

送走旅游团后,并不意味着全部接待工作的结束,地陪还必须做好善后工作。本案例中地陪小李处理游客转交贵重物品的要求有些不妥,一是违背了处理游客转交物品要求的一般原则,二是在不请示领导、不知盒中为何物时就接受游客转交贵重物品的委托,三是既没有让游客写委托书,也没有让收件人写收据。

对待游客转交贵重物品的要求,导游员的正确做法是:一般要婉言拒绝;让游客亲自将物品交给朋友或帮其联系快递公司;游客确有困难又坚持请导游转交时,地陪务必请示旅行社领导,经批准后方可接受游客的委托;务必请游客打开盒子看清是什么物品,若是应税物品先让其纳税,若是食品应婉拒;务必让游客写委托书,并在委托书上写明物品名称和数量、收件人姓名和详细地址,物品送交收件人后要让其写收据;导游应妥善保管委托书和收条,或交旅行社保管,以备查验。

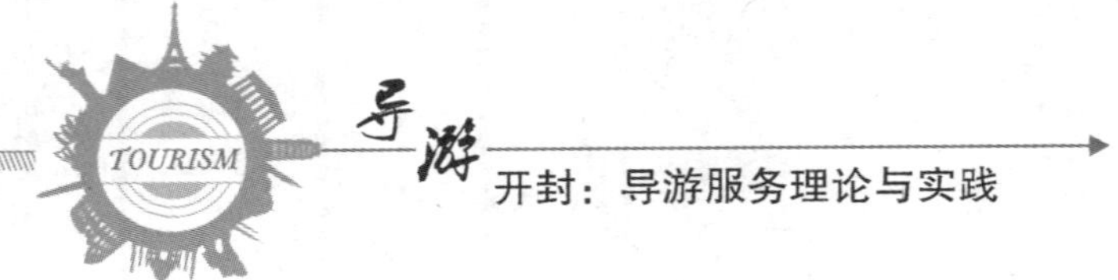

任务一　处理有关遗留问题

处理有关遗留问题是导游服务工作中的最后环节，直接关系到旅行社对游客的售后服务，是增加游客满意度和忠诚度的重要途径。地陪应注意哪些事项呢？

下团后，地陪应妥善、认真处理好旅游团的遗留问题：如果旅游团离开后，发现游客遗忘了某些物品应及时交回旅行社，设法尽快交还失主；如果游客曾委托地陪办理一些事情，应该向旅行社有关部门反映，尽快帮游客处理完毕；如果出现游览当中游客受伤未随团离开，应配合旅行社处理好游客就医、住院等问题。

客人委托导游代购汴绣

河北H旅游团一行18人参观某汴绣厂后乘车返回饭店。途中，旅游团成员韩先生对地陪小王说："我刚才看中一幅汴绣，但当时没拿定主意，跟太太商量后，现在决定购买。您能让司机送我们回去吗？"小王欣然应允，并立即让司机驱车返回汴绣厂，并以5000元买下汴绣。但当店方为其包装时，韩先生发现汴绣有瑕疵，于是决定不买了。两天后，该团离开开封之前，韩先生委托地陪小王代为订购同样款式的汴绣，并留下5100元作为购买和快递费用。地陪小王本着"宾客至上"的原则，当即允诺下来。韩先生十分感激。送走旅游团后，地陪小王与汴绣厂联系并办理了购买和快递事宜，并将发票、快递单、78元快递手续费收据及余款寄给韩先生。

请思考：

地陪小王处理此事有不妥之处吗？你若是地陪应如何处理？

【点评】

客人在购物当时没拿定主意，又要求返回购买，导游员应予以协助，但不能无视同团其他客人的感受而全车返回，耽误其他客人的时间。客人请导游代为购买，为防止意外发生，导游人员一般应婉拒。实在推脱不掉也要请示领导，不能当即允诺下来。答应客人的请求而代为购买后，应注意保留发票、快递等单据的影印件，以备查验。

任务二 财务结账

旅游团顺利送走，遗留问题也都一一解决之后，导游服务工作也就落下帷幕了。但服务工作的结束不代表带团工作的终止，那么下团之后，导游还需要做好哪些收尾工作呢？

地陪应按旅行社的具体要求并在规定的时间内，填写清楚有关接待和财务结算表格，连同保留的各种单据、接待计划、活动日程表等按规定上交有关人员，经审核后到财务部门结清账目。

地陪下团后应对借出物品进行检查，确认无损后及时归还，办清手续。

某旅游公司团队账目审批流程

(1)所有团队、散客一经签订合同，应及时把所收团款交到财务部，不得个人保留团款，一经发现处以100—1000元罚款。

(2)原则上团款专款专用，导游外出带团需从财务部借款时，现金会计必须查看该团团款回收情况，以计调部出具的预算单上所需金额为准借出费用。如需垫款必须经总经理同意，以保持公司正常的现金流量。

(3)所有团队的支出一律由计调部出具团队预算单并签字后报给财务部，财务部要严格审核各项开支是否在预算内，各种票据数字是否吻合且有效后，方可予以报账。

(4)所有团队团款出团前付80%，余款在团队返回后三日之内必须全部结清，出现呆账、坏账追究责任，谁造成的损失谁负责；散客出团前必须全部交清费用，否则不予发团，特殊情况须经总经理批准。

(5)所有团队在报账时必须有合同、计调部预算单、行程、报销清单、意见反馈表、导游日志，缺一不可，否则不给予报账。

(6)计调部每天下班之前把当天的所出团队情况报给财务部，以便财务及时掌握所出团队的情况，并做好团款的预支。

任务三　带团总结

许多导游，尤其是年轻导游，认为自己送完旅游团并到旅行社报完账后，自己的导游工作就结束了。其实，以一个老导游的眼光来看，到了这时，导游的带团工作才仅仅进行了一半，或者说还不到一半，还有更重要的工作没有进行，那就是送团后的总结。它对于导游个人成长来说，比带团的过程更为重要。那么，送团后要从哪些方面进行总结呢？

一、进行自我反思

成熟的导游每送完一个旅游团后都要进行工作总结，仔细回忆整个接待过程中的每一个环节。比如，带团活动中有哪些地方做得好，为何得到客人的认可和好评，获得了什么工作经验，好的地方如何继续发扬；哪些地方做得欠缺，处理方法和说话方式怎样改进。要仔细回忆在与客人交流的过程中，自己有哪些地方说得模糊不清，回答问题不够准确，甚至根本回答不上来，然后根据这些情况有针对性地补充知识。有时自己总结出来的经验教训才会印象深刻，才能真正帮助自己逐步提高，逐步减少出错的次数，最终达到不出错或者把错误消灭在萌芽状态。

二、总结接团情况

地陪认真做好带团小结，除了从自身查找优缺点以外，还需要实事求是地反映接团情况。涉及游客的意见和建议，力求引用原话，并注明游客的身份。

地陪应及时将《国内游客意见反馈表》交到旅行社有关部门。此表对旅游活动中旅游服务的各方面都有一个比较客观的反映。旅行社各部门在接到此表时，会认真对待游客的评议。凡是针对地陪的表扬或意见，地陪应主动说明原因，反映客观情况，必要时写出书面材料。如果属于针对餐厅、饭店、车队等方面的意见，地陪也应主动说明真实情况，由旅行社有关部门向这些单位转达游客的意见或谢意。如果反映的意见比较严重，地陪应写出书面材料，内容要翔实，尽量引用原话，以便旅行社有关部门和相关单位进行交涉。如有重大事故发生，地陪应实事求是地写出事故报告，及时向旅行社汇报。

三、形成书面报告

地陪应认真做好带团总结，实事求是地汇报接团情况。带团总结内容主要涉及旅游接待工作情况、游客对各方面接待服务的反映及导游接团的个人感受等。具体如下。

(1)旅游团名称、人数、抵离时间、旅游线路等。

(2)旅游团成员的基本情况及在旅游活动中表现出的兴趣与特点。

(3)旅游各项接待服务的落实安排情况，有无出现失误或事故，发生的重大事情及处理办法。

(4)导游的讲解水平与服务态度。

(5)一般游客对接待工作的反映及重点游客的反映，力求引用原话，并注明游客的姓名和身份。

(6)导游本次带团的工作体会：成功经验与失败教训。

(7)导游急需补充完善的接待技巧与知识。

成熟导游总结时不一定要落实到书面上，但在自己心里一定要有带团之后进行总结的这根弦，即使仅进行了短暂的回想，也是有益的。要避免犯经验主义的错误，不要认为自己已经有经验了，可以不总结了。其实不然，每一次的带团过程都会碰到不同的客人，遇见不同的问题，处在不同的时间与场合，处理过程与方式也不尽相同，必须区别对待，具体问题具体分析。

新导游的总结必须采取书面的形式，写得越详细越好，要尽可能地把带团期间发生的自己认为存在问题的地方都写出来，不要怕麻烦，因为暂时的麻烦能换取今后带团过程中少出问题。

导游工作也是一步一步地走向成熟的，要不停顿、不自满、不知足。“十年磨一剑，不敢试锋芒。再磨十年剑，泰山不敢当。”从各方面总结，是提高导游员水平和能力的重要途径，也是摆在所有新老导游员面前恒久的任务。

同步案例

地陪带团小结

日期：2018年5月3　团号：KFQL-X-20180503 带团导游：小李

团情：25+6(25大人，6儿童)

行程：略

接待情况：

(1)司机王师傅配合度高，准时；车辆卫生状况良好。

(2)××餐厅接待能力略显不足，上菜速度较慢，8菜1汤，环境良好。

(3)××酒店住宿条件良好，服务热情周到，按照团队情况给予了照顾。

(4)五一节期间景区游客数量过多，游客在清明上河园中观看节目效果不佳。

总结：

(1)态度端正，注重劳逸结合、张弛有度，真诚、热情、友好。

(2)有关中国古建筑的认识较为浅薄，需要提升知识储备。

(3)讲解不是很到位，有些历史或景观讲解不透彻，仍需继续探索更有吸引力的讲解方式。

(4)部分游客迟到导致行程拖沓，今后要对游客进行时间提醒与管理，不能碍于面子影响合同履行。

【点评】

刚开始带团的新手导游在地陪接待中难免会出现一些失误，因此带团工作总结就显得特别重要。该带团小结客观反映了接待情况，能够帮助旅行社了解合作接待单位情况。同时，该导游总结本次带团中的经验和教训，能够帮助自己通过不断总结与反思，达到提升自身素质、强化带团本领、更好服务游客的目的。

本章小结

送团服务是旅游团接待工作的最后阶段。旅游团结束在本地的参观游览后，导游人员必须善始善终，以饱满的工作热情和良好的精神状态做好最后阶段的工作，使游客顺利、安全地离开。送团服务包括送站服务和善后总结工作两个方面，具体内容涉及送团前的准备工作、离店服务、送行服务、处理遗留问题、财务结账及带团总结等方面。

知识训练

一、选择题

1. 旅游团乘坐火车离开，地陪应安排团队提前(　　)到达车站。

A. 30 分钟　　B. 60 分钟　　C. 90 分钟　　D. 120 分钟

2. 如无特殊原因，送站的地陪应在(　　)将离店手续办理完毕。

A. 当日上午 8 点之前　　B. 当日下午 4 点之后

C. 当日中午 12 点之前　　D. 前日中午 12 点之前

3. 游客如需购买开封正宗桶子鸡，导游人员应该(　　)。

A. 提供必要帮助　　B. 建议其自行处理

C. 断然拒绝　　D. 劝阻，并告知不好吃

4. 当旅游团离开当地前往下一站时，地陪应在旅游团(　　)，核实旅游团离开的交通票据。

A. 离站前一天　　B. 离站当天　　C. 抵站前一天　　D. 抵站当天

5. 送走旅游团后，地陪应按旅行社的要求，在规定的时间内到(　　)结清账目。

A. 计调部门　　B. 外联部门　　C. 财务部门　　D. 接待部门

二、问答题

1. 导游欢送词的要点有哪些?

2. 导游送站前应做哪些准备工作?

3. 导游送站后还有哪些后续工作?

4. 游客请导游为向有关部门或个人转送物品、信件时，导游该如何处理?

能力训练

1. 请设计针对研学团的欢送词。

2. 模拟老年旅游团的送团服务。

3. 模拟专家考察团的送团服务。

4. 作为地陪，你刚送走“开封二日游”的旅游团，请根据具体的带团情况，写一份带团总结。

5. 案例分析

地陪小夏接待一个 45 人的旅游团，按计划该团乘 16:40 的火车前往 W 市。中午办理完离店手续后，小夏觉得时间还很充足，于是 14:00 带全团到市中心广场自由活动或在附近购物，并要求大家 1 小时后集合。但到了集合时间只有 39 人返回。等最后几人返回时，已是 16:00 了。当小夏带着游客匆匆赶到火车站时，火车已经驶离。

试分析导游小夏在送团服务中的不足之处。

导游服务规范

（2011 年 1 月 14 日发布）

1. 范围

本标准规定了导游服务的要求和导游服务过程中若干问题的处理原则。

本标准适用于中华人民共和国境内旅行社导游员在接待旅游团（旅游者）过程中提供的服务。出境旅游领队服务宜适用本标准。

2. 规范性引用文件

下列文件中的条款，通过本标准的引用而成为本标准的条款。凡是注明日期的引用文件，其随后的所有修改单（不包括勘误的内容）或修订版均不适用于本标准，然而，鼓励根据本标准达成协议的各方研究是否可使用这些文件的最新版本。凡是不注明日期的引用文件，其最新版本适用于本标准。

GB/T 16766 旅游业基础术语

LB/T 008 旅行社服务通则

3. 术语和定义

GB/T 16766 和 GB/T 008 确立的以及下列术语和定义适用于本标准。

3.1 组团旅行社（travel agents）

从事招徕、组织旅游者，并为国内旅游、入境旅游、出境旅游的旅游者提供全程导游服务的旅行社。

3.2 接待旅行社（tour operator）

受组团社委托，实施组团社的接待计划，委派地方陪同导游员，安排旅游团（者）在当地参观游览等活动的旅行社。

3.3 导游员（tour guide）

符合上岗资格的法定要求，接受旅行社委派，直接为旅游团（者）提供向导、讲解及相关旅游服务的人员。导游员包括全程陪同导游员和地方陪同导游员。

3.4 全程陪同导游员（national guide）

受组团社委派，作为其代表，监督接待社和地方陪同导游员的服务，以使组团社的接待计划得以按约实施,并为旅游团(者)提供全旅程陪同服务的导游员。

3.5 地方陪同导游员(local guide)

受接待社委派,代表接待社实施旅游行程接待计划,为旅游团(者)提供当地导游服务的导游员。

4. 导游员素质要求

4.1 政治素质

导游员应热爱祖国,遵纪守法,恪守职业道德,自觉维护国家利益、民族尊严和旅游者与旅行社的合法权益,自觉抵制团队运作过程中的违法行为。

4.2 思想素质

导游员应有优秀的道德品质和高尚的情操,讲文明,遵守社会公德,尽职敬业,为旅游者提供热情周到的服务,完成旅游接待计划所规定的各项任务,按照旅游合同的约定兑现旅游服务。

4.3 技能素质

4.3.1 语言能力

导游员应具备过硬的语言表达能力、娴熟的导游讲解技巧和强烈的礼貌语言使用意识。

4.3.2 接待操作能力

导游员应符合法定的上岗资质,并具备独立工作能力、组织协调能力、人际交往能力和应急问题处理能力。

4.3.3 知识要求

导游员应掌握法律法规常识,旅行常识,政治经济和社会知识,旅游地历史、地理、文化和民俗知识以及心理学与美学知识。

4.4 心理素质

导游员应心胸开阔、善解人意、耐心细致,并具有良好的观察能力、感知能力、调整旅游者情绪的能力、自我心理平衡能力、承受能力和沉着冷静与有条不紊的处事能力。

4.5 身体素质

导游员应具有健康的体魄和充沛的体力。

4.6 职业形象

4.6.1 仪容仪表

导游员应仪表端庄,并按照旅行社的要求着装。服装要整洁、大方、得体。

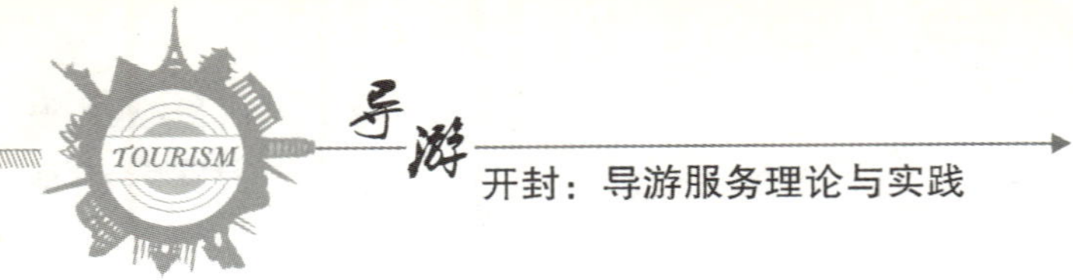

4.6.2 仪态

导游员应表情稳重自然，态度和蔼诚恳，富有亲和力，言行有度，举止符合礼仪规范。

4.7 继续教育

导游员应参加继续教育培训学习（尤其是相关应急预案培训），不断提高自己的业务知识和操作技能。

4.8 职业等级

导游员的职业等级是导游服务能力的标记，导游员应通过不断的学习考核和实操锻炼，获得更高的职业等级。

5. 导游服务通用要求

5.1 准备工作

5.1.1 熟悉接待计划与团队情况

上团前，导游员应认真查阅团队接待计划及相关资料，熟悉掌握旅游团（者）的全面情况，团队行程安排、特殊要求或注意事项等细节内容，注意掌握其重点和特点。

5.1.2 必需物品的查核与准备

上团前，导游员应做好证件、交通票据、资金以及有关资料等必需资料物品的准备。从计调人员处接收团队资料时应做好核查登记，以确保团队的相关资料与票据是适宜和可用的。对不适用的票据或资料应及时提请计调人员处理。团队资料交接记录应予以保存。

5.1.3 知识准备

导游员应熟悉旅游地的旅游及文化资源、风土人情、法律法规等情况。

5.1.4 联络与沟通

全陪导游员或地接社等相关接待单位应建立并保持有效沟通，互通情况，以确保团队接待的相关事宜得到妥善安排。

地陪导游员应做到以下几点。

a)与食宿、交通、游览等有关部门落实、核查旅游团（旅游者）的交通、食宿、行李运输等事宜。

b)确认旅游团（旅游者）所乘交通工具及其准确抵达时间。

c)与司机确认车辆停放的位置，需要时，在旅游团出站前与行李员取得联络，落实行李运输事宜。

5.2 团队出发与迎接

导游员应提前到达团队出发/迎接地点，展示旅行社团队标识，迎候旅游团（旅游者），致欢迎词并简介本次旅游行程。

团队出发时，全陪导游员应做到以下几点。

a)清点团队人数，引导旅游者乘坐约定的交通工具。

b)发放本次行程的相关资料。

c)乘坐飞机时，协助旅游者办妥登机、安检和行李托运等相关手续，并适时引导旅游者从正确的登机口依次登机。

d)乘坐火车时，全陪导游员应协助办好铺位的登记和分派等手续。

团队抵达时，地陪导游员应做到以下几点。

a)旅游团(旅游者)出站后，确认应接的旅游团，有全陪的，应及时与全陪接洽。

b)及时引导旅游团(旅游者)前往停车场，在车门旁恭候旅游者上车，并协助旅游者就座。

c)开车前礼貌地清点人数，以确保不落下旅游者。

d)需要时，协助旅游者与全陪核对行李件数无误后将行李移交给行李员。

e)行车途中，做好途中讲解，包括介绍本地概况、沿途主要景观、相关注意事项等。

5.3 在途服务

5.3.1 导则

导游员应在交通服务、食宿服务、游览服务、购物服务、娱乐服务等环节注意保护旅游者人身及财产安全，及时有效地处理各类问题和突发事件。

注:应急情况处理见附录A。

5.3.2 交通服务

在乘坐飞机或火车的途中，全陪导游员应注意以下几点。

a)提醒旅游者注意人身和财物的安全。

b)取得乘务人员的支持，照顾好旅游者的旅途生活。

c)安排好火车卧铺座位，并引导旅游者依次登车休息，单位集体包团时火车铺位可交由该单位代表分派。

d)可行时，组织适当的娱乐活动，以活跃气氛。

e)交通工具不正常运行时，与交通部门和旅行社保持有效沟通并稳定旅游者情绪，适时安排引导旅游者登机/车。

f) 因交通工具原因被迫在当地过夜时，协助相关部门/方面安排或请示旅行社安排好旅游者的住宿。

g)旅游者有需要时，提供必要的帮助和协助。

5.3.3 食宿服务

5.3.3.1 住宿

旅游团(旅游者)抵达饭店时，导游员应及时办妥住店手续，热情引导旅游者进入房间和认找自己的大件交运行李，并进行客房巡视，处理旅游团(旅游者)入住过程中可能出现的各种问题。

全陪导游员应做好分房方案，并按照方案办妥入住登记手续。属于单位集体包团或入境游团队中有境外旅行社代表的，分房方案应分别交由包团单位代表或境外旅行社代表制定。

地陪导游员应做到以下几点。

a)与饭店保持有效沟通和联系，落实住宿安排，取得客房钥匙。

b)告知旅游者饭店基本设施和住店注意事项。

c)饭店名称、位置和入店手续，有关服务项目和收费标准。

d)当天或次日游览活动的安排，以及集合的时间、地点。

e)饭店内就餐形式、地点、时间。

f)掌握全陪和旅游者的房间号，便于联系。

g)需要时，等待行李送达饭店，核对行李，督促行李员及时将行李送至旅游者房间。

h)必要时，安排次日的叫早服务。

5.3.3.2 饮食

导游员应按照旅游合同约定的安排饮食。全陪导游员应对此实施监控。

旅游团(旅游者)就餐时，地陪导游员应做到以下几点。

a)应提前与餐厅联系，核实订餐情况。

b)简单介绍餐馆及其菜肴的特色。

c)引导旅游者到餐厅入座并介绍餐馆的有关设施。

d)旅游者如需另加酒水或菜肴，应向其说明类别和价格。

e)满足有宗教习惯的旅游者的用餐需求。

f)随时关注用餐情况，解答旅游者在用餐过程中的提问，解决出现的问题。

5.3.4 行程游览服务

5.3.4.1 导则

全、地陪导游员应认真核实旅游行程，行程宜以组团社的为准。如遇现场难以解决的问题，应及时请示组团社。

在景点游览过程中，导游员应注意以下几点。

a)在计划的时间与费用标准内，使旅游者充分地游览、观赏，做到讲解与引导游览相结合，适当集中与分散相结合，劳逸适度，并应特别关照老弱病残的旅游者。

b)应注意旅游者的安全并随时提醒旅游者注意安全，自始至终与旅游者在一起活动，并随时清点人数，以防旅游者走失或意外事故的发生。

c)在服务过程中始终佩戴导游证，携带接待计划，旅游团人数超过10人时打导游旗。

d)积极配合执法部门的检查和监督，遵纪守法，不吸烟酗酒。

5.3.4.2 全陪导游员

全陪导游员应做到以下几点。

a)与各站保持有效沟通使旅游接待计划得以全面顺利实施，并监督各站服务适时到位。

b)适时向接待社和地陪提出相应的建议和意见，确保各站按旅游合同约定兑现旅游服务，确保团队接待服务质量符合要求。

c)在乘坐交通工具向异地移动途中，提醒旅游者注意人身及财物的安全，安排好旅游者的旅途生活，适时组织娱乐活动或专题讲解，努力使旅游团(旅游者)在旅途中感到充实、轻松、愉快。

d)游览过程中,协助和配合地陪导游员做好其各项工作。

e)在地陪导游员缺位或失职的情况下,兼行地陪导游员职责。

5.3.4.3 地陪导游员

地陪导游员应做到以下几点。

a)提前到达集合地点,并督促司机做好出发前的各项准备工作。

b)团队出发及每次移动前清点人数。

c)向旅游者报告当日重要新闻、天气情况及当日活动安排,包括午、晚餐的时间、地点。

d)在前往景点的途中,向旅游团(旅游者)介绍本地的风土人情、自然和人文景观,回答旅游者提出的问题,主动与旅游者进行交流。

e)抵达景点前,向旅游者介绍该景点的简要情况,尤其是景点的背景、价值和特色。

f)抵达景点时,告知旅游者在景点停留的时间,以及参观游览结束后集合的时间和地点及游览过程中的注意事项。

g)游览过程中,尽量使用生动、风趣、吐字清晰易懂、富有感染力的讲解语言,对景点做繁简适度的讲解,包括该景点的历史背景、特色、地位、价值等内容,使旅游者对游览点的特色、价值、风貌、背景及其他感兴趣的问题有基本的了解。

h)当日游览活动结束时,询问旅游者对当日活动安排的反映,并预报次日的活动日程、出发时间及其他有关事项。

5.3.5 购物服务

导游员应严格按照旅游合同的约定安排统一的购物活动,非经旅游者主动要求,不应擅自增加旅游合同约定以外的购物安排或者强迫旅游者购物。

旅游团(旅游者)购物时,导游员应做到以下几点。

a)向旅游团(旅游者)介绍商品的主要品种及特色。

b)需要时,向旅游者提供购物过程中所需要的服务,如翻译、介绍托运手续等。

5.3.6 娱乐服务

5.3.6.1 计划内娱乐节目

旅游团(旅游者)观看计划内的文娱节目时,导游员应做到以下几点。

a)陪同前往并简要介绍节目内容及其特点。

b)按时组织旅游者入场,倡导旅游者文明观看节目。

c)在观看节目过程中,导游员自始至终坚守岗位。

d)提醒旅游者在大型娱乐场所注意安全,统一集中活动,并随时注意其动向和周围的环境,以防不测。

e)剧终散场时提醒旅游者不要遗留物品并依次退场。

5.3.6.2 计划外娱乐节目

旅游者要求自费观看计划外文娱节目时,导游员宜予以协助,如帮助购买门票、叫出租车等,但不必陪同前往。若在旅游者盛意邀请下应邀前往,导游员应注意适度,且无陪舞的义务。

5.3.7 离/末站服务

5.3.7.1 离店服务

离店当天，地陪导游员应做好以下工作，全陪导游员应予以协助。

a)集中交运行李。

b)办理退房手续，并协助饭店结清与旅游者的有关项目。

c)提醒旅游者带好身份证件及贵重物品。

d)清点人数并集合登车。

5.3.7.2 送行前服务

团队送行前，地陪导游员应做好以下工作，全陪导游员应予以协助。

a)提前确认或落实联程/返程交通票据，以确保团队能按时启程。

b)商定并宣布行前集中行李、叫早、早餐以及集合出发的时间。

c)宣布有关离站注意事项。

5.3.7.3 离站送客服务

离站送客时，导游员应代表各自的旅行社向旅游者致欢送词，向旅游者派发《游客意见表》征询旅游者对旅游接待服务的意见。

地陪导游员应做好以下工作，全陪导游员应予以协助。

a)带领团队及时抵达机场(车站、码头)。

b)办妥航班登机手续，向全陪导游员移交机票即登机牌，并引导旅游团(旅游者)依次通过机场安检。

全陪导游员应做好以下工作。

a)提醒旅游者保管好自己的物品和证件。

b)引导旅游团(旅游者)在候机楼或候车室休息等候，并按机场/车站的安排按时组织登机/车。

5.3.8 其他相关服务及工作

5.3.8.1 处理遗留问题

下团后，导游员应认真、妥善处理旅游团留下的问题，按有关规定办理旅游者临行托办的事项。必要时应向旅行社领导请示。

5.3.8.2 总结工作

接团任务完成后导游员应做好以下工作。

a)填写并向旅行社递交《导游日志》，详细报告接团经过及突发事件。

b)尽快结清有关账目。

c)做好带团总结。

6. 入境游导游服务特别要求

入境游团队进出中国边境口岸时，导游员应提供必要的协助。入境时，应提醒旅游者做好需携带出境的贵重自用物品的海关登记，必要时应为入境团队办理入境签证。

离境前，导游员应向旅游者说明我国海关通关的有关规定，介绍办理出境手续的程序，如中国海关的有关规定、托运行李的要求等。需要时协助旅游者办好离境通关手续。

7. 导游员服务质量的改进

导游员应不断总结和交流带团经验，针对自身服务存在的薄弱环节或者旅游者的投诉（抱怨），分析问题存在的根本原因，并采取纠正与预防措施消除该根本原因，达到服务质量的持续改进。

附录A

(规范性附录)若干问题的处理原则

A.1 路线或日程变更

A.1.1 旅游团(旅游者)要求变更计划行程

旅游过程中,旅游团(旅游者)提出变更路线或日程的要求时,导游员原则上应婉拒,特殊情况应请示组团社核定。

如入境旅游者要求在全团旅行结束后延长在华时间,又不需要延长签证期限的,经请示接待社或组团社同意后,可同意延长,延长期间费用由本人自理。需要延长签证期限的,应经组团社同意并履行手续。如入境旅游全团持团体签证,个别旅游者需要延长或中途离团,应尽早办理分离签证,以免贻误全团出境。

A.1.2 客观原因需要变更计划行程

旅游过程中,因客观原因需要变更路线或日程时,导游员应向旅游团(旅游者)做好解释工作,及时将旅游团(旅游者)的意见反馈给组团社和接待社,并按照组团社或接待社的安排执行。

A.2 丢失证件或物品

当旅游者丢失证件或物品时,导游员应稳定旅游者的情绪,详细了解丢失情况,尽力协助寻找,同时报告组团社或接待社,协助旅游者向有关部门报案,补办必要的手续。

A.3 丢失或损坏行李

当旅游者的行李丢失或损坏时,导游员应详细了解丢失或损坏情况,协助旅游者向承运人索赔。当难以找出责任者时,导游员应尽量协助当事人开具有关证明,以便向投保公司索赔,并视情况向有关部门报告。

A.4 旅游者伤病、病危或死亡

A.4.1 旅游者伤病

旅游者意外受伤或患病时,导游员应及时探视,如有需要,导游员应陪同患者前往医院就诊,并报告组团社和接待社。严禁导游员擅自给患者用药。

A.4.2 旅游者病危

旅游者病危时,导游员应立即协同患者亲友送病人去急救中心或医院抢救,或请医生前来抢救。患者如是某国际急救组织的投保者,导游员还应提醒领队及时与该组织的代理机构联系,并立即报告组团社和接待社。

在抢救过程中,导游员应做到以下几点。

a)要求患者亲友在场,并详细地记录患者患病前后的症状及治疗情况,尽量保留相关诊断证明副本。

b)随时向当地接待社反映情况并及时通知患者亲属。

c)如患者是外籍人士,通知患者所在国驻华使(领)馆。

d)妥善安排好旅游团其他旅游者的活动,地陪应继续带团旅行。

A.4.3 旅游者死亡

导游员应立即向接待社和组团社报告,由当地接待社按照国家有关规定做好善后工作,同时导游员应稳定其他旅游者的情绪,并继续做好旅游团的接待工作。

如是非正常死亡,导游员应注意保护现场,并及时报告当地有关部门。

A.5 自然灾害及骚乱

当旅游团(旅游者)遭遇火灾、自然灾害、社会骚乱等重大突发事件时,导游员应按以下原则处置。

a)以人为本,根据现场的条件,运用相关科学知识引导旅游团(旅游者)开展自救和互救,及时带领团队脱离险境,全力保护旅游团(旅游者)的生命和财物安全。

b)及时将事件发生的时间、地点、原因、经过等情况报告旅行社和相关部门,取得指导和帮助。

A.6 接待纠纷

a)遵循合同,防止矛盾扩大化,处理问题讲求有理、有利、有节。

b)做好记录,保存证据,以利善后工作。

c)尽量保障旅游团(旅游者)后续行程的执行,减少企业经济损失。

参考文献

References

[1] 曾艳,濮元生.模拟导游实训教程[M].北京:中国轻工业出版社,2017.
[2] 王煜琴.模拟导游[M].北京:旅游教育出版社,2018.
[3] 殷开明.导游实务[M].镇江:江苏大学出版社,2018.
[4] 闫立媛.导游语言实务[M].武汉:华中科技大学出版社,2017.
[5] 王培英.北京模拟导游[M].北京:北京大学出版社,2013.
[6] 刘春迎.揭秘开封城下城[M].北京:科学出版社,2009.
[7] 刘震.最开封[M].郑州:河南人民出版社,2014.
[8] 陈振.宋史[M].上海:上海人民出版社,2016.
[9] 河南大学校史编写组.河南大学校史[M].开封:河南大学出版社,2002.
[10] 孔羽,赵国栋.文化开封——府衙文化[M].郑州:河南人民出版社,2015.
[11] 高树田.文化开封——饮食文化[M].郑州:河南人民出版社,2015.
[12] 又一村,孙玉亮.文化开封——城市文化[M].郑州:河南人民出版社,2015.
[13] 张晓林.文化开封——美术文化[M].郑州:河南人民出版社,2015.
[14] 任崇喜.文化开封——民俗文化[M].郑州:河南人民出版社,2015.
[15] 韩鹏.文化开封——宫廷文化[M].郑州:河南人民出版社,2015.
[16] 樊城,沈洁霞.文化开封——戏曲文化[M].郑州:河南人民出版社,2015.
[17] 甘桂芬,郝雪晴.文化开封——名人文化[M].郑州:河南人民出版社,2015.
[18] 金耀丽.文化开封——宗教文化[M].郑州:河南人民出版社,2015.
[19] 刘海永,张辉.文化开封——园林文化[M].郑州:河南人民出版社,2015.
[20] 范飞.开封理事厅教堂研究[D].西安:西安建筑科技大学,2004.
[21] 豆敏.北宋东京节庆出游活动研究[D].郑州:河南大学,2006.
[22] 杨桂杰.北宋东京节日研究[D].兰州:西北师范大学,2009.
[23] 岳蔚敏,高悉森.历史遗韵:天南地北开封话[N].汴梁晚报,2019-07-20.
[24] 刘洋.厚重的开封胡同文化[N].开封日报,2015-01-15.
[25] 刘洋.客家源文化广场,古城中心新地标[N].开封日报,2014-10-15.
[26] 盛夏,李梦竹.宋至清书店街书香馥郁[N].大河报,2012-04-05.
[27] 安娟娟.书店街:千年古街,氤氲书香[N].汴梁晚报,2013-10-15.
[28] 黄亮.展示古都古韵古风,开封书店街举行开街仪式[N].今日河南,2011-11-23.
[29] 刘海永.双龙巷:石雕龙头望古今[N].开封日报,2014-02-18.
[30] 刘洋.珠玑巷:万里犹忆宋都繁华[N].开封日报,2014-6-19.

教学支持说明

全国高等院校旅游管理类应用型人才培养"十三五"规划教材系华中科技大学出版社"十三五"规划重点教材。

为了改善教学效果，提高教材的使用效率，满足高校授课教师的教学需求，本套教材备有与纸质教材配套的教学课件（PPT 电子教案）和拓展资源（案例库、习题库视频等）。

为保证本教学课件及相关教学资料仅为教材使用者所得，我们将向使用本套教材的高校授课教师免费赠送教学课件或者相关教学资料，烦请授课教师通过电话、邮件或加入旅游专家俱乐部 QQ 群等方式与我们联系，获取"教学课件资源申请表"文档并认真准确填写后发给我们，我们的联系方式如下：

地址：湖北省武汉市东湖新技术开发区华工科技园华工园六路

邮编：430223

电话：027-81321911

传真：027-81321917

E-mail：lyzjjlb@163.com

旅游专家俱乐部 QQ 群号：306110199

旅游专家俱乐部 QQ 群二维码：

群名称：旅游专家俱乐部
群　号：306110199

教学课件资源申请表

填表时间：________年____月____日

1. 以下内容请教师按实际情况填写，★为必填项。
2. 学生根据个人情况如实填写，相关内容可以酌情调整提交。

★姓名		★性别	□男 □女	出生年月		★ 职务	
						★ 职称	□教授 □副教授 □讲师 □助教
★学校				★院/系			
★教研室				★专业			
★办公电话		家庭电话				★移动电话	
★E-mail （请填写清晰）						★QQ 号/微信号	
★联系地址						★邮编	

★现在主授课程情况		学生人数	教材所属出版社	教材满意度
课程一				□满意 □一般 □不满意
课程二				□满意 □一般 □不满意
课程三				□满意 □一般 □不满意
其　他				□满意 □一般 □不满意

教 材 出 版 信 息		
方向一		□准备写 □写作中 □已成稿 □已出版待修订 □有讲义
方向二		□准备写 □写作中 □已成稿 □已出版待修订 □有讲义
方向三		□准备写 □写作中 □已成稿 □已出版待修订 □有讲义

请教师认真填写表格下列内容，提供索取课件配套教材的相关信息，我社根据每位教师/学生填表信息的完整性、授课情况与索取课件的相关性，以及教材使用的情况赠送教材的配套课件及相关教学资源。

ISBN（书号）	书名	作者	索取课件简要说明	学生人数（如选作教材）
			□教学 □参考	
			□教学 □参考	

★您对与课件配套的纸质教材的意见和建议，希望提供哪些配套教学资源：